복 있는 사람

오직 여호와의 율법을 즐거워하여 그 율법을 주야로 묵상하는 자로다.
저는 시냇가에 심은 나무가 시절을 좇아 과실을 맺으며 그 잎사귀가 마르지 아니함 같으니
그 행사가 다 형통하리로다. (시편 1:2-3)

인격의 제자훈련

인격의
제자훈련

박영선

분별과 안목, 순종의 연습

복 있는 사람

인격의 제자훈련

2019년 12월 24일 개정판 1쇄 발행
2024년 12월 30일 개정판 4쇄 발행

지은이 박영선
펴낸이 박종현

(주) 복 있는 사람
주소 서울특별시 마포구 연남동 246-21 (성미산로23길 26-6)
전화 02-723-7183(편집), 7734(영업·마케팅)
팩스 02-723-7184
이메일 hismessage@naver.com
등록 1998년 1월 19일 제1-2280호

ISBN 979-11-7083-216-4 03230

이 도서의 국립중앙도서관 출판예정도서목록(CIP)은 서지정보유통지원시스템 홈페이지
(http://www.nl.go.kr/kolisnet)에서 이용하실 수 있습니다. (CIP 제어번호 2019045616)

ⓒ 박영선 2019

이 책의 저작권은 저자와 (주) 복 있는 사람이 소유합니다.
신저작권법에 의하여 한국 내에서 보호를 받는 저작물이므로 무단전제와 복제를 금합니다.

차례

개정판 서문   006

초판 서문   008

1장 _____ 제자란 무엇인가   011

2장 _____ 제자도란 무엇인가   041

3장 _____ 신자란 누구인가   075

4장 _____ 성경, 기도, 경건의 시간   113

5장 _____ 증인으로서의 삶   161

6장 _____ 성도의 삶과 훈련   205

7장 _____ 제자훈련이란 무엇인가   243

개정판 서문

제자훈련은 만족스러운 신앙 인생을 살고 싶다는 소원에서 출발하지만, 기술이나 신념으로 체득할 수 있는 것은 아닙니다. 제자가 되는 것은 현실 속에서 한 인격에 담아내는 구체적 순종의 문제입니다.

순종이란 성경이 요구하는 삶입니다. 세상의 유혹과 위협에 맞서면서 직면하는 실존에서의 책임을 말합니다. 순종은 어떤 방법론이나 공식을 따르면 쉽게 이룰 수 있는 것이 아닙니다. 날마다 반복되는 생활에서 분별하고 선택하는 과정을 통해 이루어집니다. 충성, 겸손, 감사, 용서 같은 신앙 덕목들은 외우고 주장하면 되는 게 아닙니다. 마주치는 경우마다 그에 맞게 실천해야 하는 실제입니다.

좋은 신앙생활은 오늘이라는 조건 속에서 부딪치는 도전에 응하는 방식으로 이루어집니다. 시험의 핵심은 늘 감추어져 있고 매번 모습을 달리하기에 하루의 삶조차 만족스러운 경우가 드뭅니다. 그러나 여기에 하나님의 방법이 있습니다.

신앙적 소원과 기대가 현실적인 도전 앞에서 힘을 잃는 가운데 말씀이 우리를 깨우치고 성령께서 우리를 다시 일으켜 세우시고 내일을 시작하게 하십니다. 우리는 완벽한 준비 속에서 우리의 신앙 인생을 걸어가지 않습니다. 절망과 후회 속에서 말씀이 격려하여 다시 일어설 때 우리는 자랍니다. 하나님은 우리를 목적으로 삼으십니다. 우리를 소모품으로 쓰지 않으십니다. 우리의 제자 됨은 하나님의 은혜 가운데서 완성될 것입니다.

분발하여 믿음을 지키는 일이야말로 우리 됨의 가장 큰 신비를 담고 있습니다. 십자가가 부활을 결실한다는 것을 안다면, 우리는 후회와 자책을 넘어서서 기쁨과 감사가 풍성한 더 만족스러운 신앙 인생을 걸어갈 것입니다.

그런 면에서 이 책은 이 세상 가운데 힘겹게 싸우는 교회에 제동을 거는 것처럼 보입니다. 그러나 잘하는 사람들을 나무라는 것이 아니라 미숙한 것을 재고해보기 위한 작업입니다. 제자훈련은 주 앞에서 자신의 업적을 쌓는 게 아니라 자신이 달라지는 싸움입니다. 미숙한 습관의 본질이 달라질 때까지 하는 연습입니다.

곧 여호와의 말씀이 응할 때까지라. 그의 말씀이 그를 단련하였도다 (시 105:19).

2019년 11월
박영선

초판 서문

그동안 한국 교회에 하나님께서 허락하신 여러 복 중에 구원 확신이라는 특별한 은혜가 있었고 또 성령의 은사들을 넉넉히 주신 것도 한국 교회에 허락하신 하나님의 은혜인 줄로 압니다. 그리고 제자훈련으로 각 교회들이 전도와 신앙인을 키우는 일에 열심을 내게 하신 것도 커다란 복으로 알고 있습니다.

그런데 보통 제자훈련을 시킨다고 하면 전도자를 만드는 것이 가장 중요한 내용으로 되고 있는 것을 볼 때 그것이 성경이 말하는 제자훈련의 내용으로는 조금 미흡하다고 생각이 듭니다. 제자라는 것은 그것보다는 좀 더 포괄적인 뜻을 갖지 않는가, 좀 더 넓고 깊은 뜻을 갖고 있는 것으로 생각이 되는데, 말하자면 전도가 강조되어야 되는 것이 사실임에도 불구하고 너무 전도 일변도인 듯싶습니다. 그렇게 되다 보니까 기능인을 키우는 것 같은 인상을 자꾸 받게 되고, 성도들도 실력 있는 사람이 되려고 하지 성경이 요구하는 인격적인 사람이 되는 것과는 거리가 멀어지고 있다는 생각이 있었습니다. 이런 이유들로 인해 제자훈련에 대한 보다 정확하고 성경적인 개념의 정립이 매우 절실하게 되었습니다.

그 과정에서 기존의 제자훈련들의 정의나 방법에 대하여 비평을 한다면 성경에 접근하기 위하여 일어난 일이라 생각해 주시기 바랍니다. 우리나라의 교육 분위기 속에서는 비평하기가 매우 조심스럽습니다만, 비평은 부정하고 반대하는 싸움이 아니라 더욱 중심에 접근하자는 것입니다.

미국 역대 대통령 중에 누가 제일 훌륭한 사람이며 미국인들의 사랑을 받는 것 같습니까? 워싱턴일까요, 링컨일까요? 링컨입니다. 인간적으로 그 인격적인 면에서 링컨이 미국인들의 사랑을 제일 많이 받습니다. 그러나 한 비평가의 견해는 다릅니다. 링컨도 워싱턴만은 못하다는 것입니다. 인격적인 차원이 아니라 한 쪽은 나라를 세운 것이고 다른 한 쪽은 세워진 나라를 잘 다스리는 문제인데, 세운다는 것이 훨씬 어렵다는 겁니다. 콜럼버스의 달걀과 같은 얘기죠. 우리나라도 고구려 시대에 가장 큰 영토를 가졌던 때는 장수왕 시절이고 실제로 고구려의 전성시대를 이룬 것은 광개토왕이었습니다. 구약 역사에서 다윗과 솔로몬도 그렇습니다. 어떤 일을 시작하고 처음 그것을 도입하는 사람은 대단한 위인입니다.

마찬가지로 복음을 전하는 일이나 제자훈련을 시작한 일들은 언제까지나 한국 교회에 큰 공헌으로 남아야 할 일들입니다. 그러나 한 사람이 시작과 끝을 다하기란 어렵습니다. 그래서 누군가는 처음에 시작했던 일들을 계속 보완하고 만들어 갈 필요가 있는 것입니다.

여러분들도 그런 부정과 반대를 위한 입장에서가 아니라 만들어진 것을 더 정립해 가는 안목과 초점에서 성경이 요구하는 제자훈련의 모습들을 정립해 나가기 바랍니다.

1995년 9월
박영선

일러두기

1. 이 원고는 1990년대 여러 회에 걸쳐 남포교회와 합동신학대학원대학교에서 진행된 특강과 '다시 보는 강해' 시리즈 가운데 히브리서 강해의 요지를 기본으로 삼았습니다.
2. 제자훈련 강의 내용의 특성상, 가능하면 저자 특유의 말투와 예화를 살리는 것을 원칙으로 삼아 편집했습니다.

1장

제자란 무엇인가

예수께서 나아와 말씀하여 이르시되 '하늘과 땅의 모든 권세를 내게 주셨으니, 그러므로 너희는 가서 모든 민족을 제자로 삼아 아버지와 아들과 성령의 이름으로 세례를 베풀고, 내가 너희에게 분부한 모든 것을 가르쳐 지키게 하라. 볼지어다, 내가 세상 끝 날까지 너희와 항상 함께 있으리라' 하시니라.

마 28:18-20

'오직 성령이 너희에게 임하시면 너희가 권능을 받고, 예루살렘과 온 유대와 사마리아와 땅끝까지 이르러 내 증인이 되리라' 하시니라. 행 1:8

하나님이 그동안 한국 교회에 수많은 은혜와 복을 주셨습니다. 그중에 제자훈련으로 각 교회가 전도를 통해 신앙인을 키울 수 있었던 것은 큰 복입니다. 그런데 저는 개인적으로 전도자를 만드는 것을 제자훈련의 핵심으로 삼은 것은 성경이 말하는 제자훈련의 내용으로는 미흡하다고 생각합니다. 저는 '제자'라는 것이 '전도자'보다는 좀 더 포괄적이고, 훨씬 넓고 깊은 뜻을 갖고 있다고 여깁니다. 전도가 강조되어야 하는 것은 맞지만 너무 전도 일변도다 싶습니다. 그러다 보니 제자훈련이 자꾸 기능인을 키우는 것 같은 인상을 받게 되었고, 성도들도 실력 있는 사람이 되려고 하지 성경이 요구하는 인격적 사람이 되려고는 하지 않는다는 것을 알았습니다.

우선, 이 불편한 의문을 풀기 위해서는 '제자훈련'이라는 용어에서 '제자'가 어떤 의미를 가지고 있는지 파악하는 게 중요합니다. 그래서 이번 장에서는 '제자'란 무엇인지 그 정의를 내리고자 합니다. 제자는 어떤 특수 직분을 맡은 사람인지, 아니면 모든 신자를 일컫는 포괄적이고 일반적인 명칭인지 살펴봐야 합니다.

마태복음 28:18-20에 나오는 제자

우선, '제자'가 누구인지 이해하기 위해서 "그러므로 너희는 가서 모든 민족을 제자로 삼[으라]"(마 28:19)는 말씀을 살펴봅시다. 이 명령은 "그러므로"로 시작합니다. "그러므로"가 나온 이유는 그 앞 절에 있는 "하늘과 땅의 모든 권세"(18절)를 예수께서 가지셨기 때문입니다. 따라서 우리는 "모든 민족을 제자로 삼아……내가 너희에게 분부한 모든 것을 가르쳐 지키게 하라"(마 28:19-20)고 하는 대위임령에서, 왜 모든 민족을 제자로 삼는 일에 하늘과 땅의 모든 권세를 가지신 예수 그리스도가 전제되어야 하는지 그 이유를 알아야 합니다. 이 부분이 제대로 풀려야 제자를 삼는 것이 구체적으로 무엇을 의미하는지 분명해질 것입니다.

하늘과 땅의 모든 권세

우리는 마태복음 28:19-20을 선교적 사명으로서 전 세계적인 비전이라고 막연하게 이해하고 있습니다. 물론 틀린 것은 아니지만 깔끔한 이해는 아닙니다. 먼저, 빌립보서 2:6-11을 살펴보면서 "하늘과 땅의 모든 권세"를 가졌다는 것이 무슨 뜻인지 알아봅시다.

> 그는 근본 하나님의 본체시나 하나님과 동등됨을 취할 것으로 여기지 아니하시고, 오히려 자기를 비워 종의 형체를 가지사 사람들과 같이 되셨고, 사람의 모양으로 나타나사 자기를 낮추시고 죽기까지 복종하셨으니 곧 십자가에 죽으심이라. 이러므로 하나님이 그를 지극히 높여 모든 이름 위에 뛰어난 이름을 주사 하늘에 있는 자들과 땅

에 있는 자들과 땅 아래에 있는 자들로 모든 무릎을 예수의 이름에 꿇게 하시고 모든 입으로 예수 그리스도를 주라 시인하여 하나님 아버지께 영광을 돌리게 하셨느니라.

예수께서 하늘과 땅의 모든 권세를 가지셨습니다. 모든 권세를 가지신 이유는 빌립보서 2:6-11에서 나오는 바와 같이 그분이 십자가의 고난을 감당하셨기 때문입니다. 그래서 예수 그리스도께서 가지신 권세는 일차적으로 마태복음 28:20에 나온 바와 같이 "볼지어다, 내가 세상 끝 날까지 너희와 항상 함께 있으리라"는 식의 보호자와 능력자 차원에서의 권세를 말하기보다는 죽음과 부활 차원에서의 고난으로 말미암는 권세를 말합니다.

다시 말해, 이제부터 제자들에게 "가서 모든 민족을 제자로 삼[으라]"(19절)는 명령이 가능한 이유는 그리스도께서 고난을 통해 뜻하신 바를 완수하셨기 때문입니다. 이 이유는 대단히 중요합니다. 우리가 신앙생활을 하는 데 무엇을 요구해야 하고, 무엇을 목표로 삼아야 하는지는 성경을 근거로 결정해야 합니다. 그런데 성경이 의도하는 것 곧 하나님의 뜻은 우리의 욕심과 늘 초점이 잘 맞지 않습니다. 이것이 성도의 현실입니다. 그러므로 '예수께서 하늘과 땅의 권세를 가지셨고, 우리가 그 예수의 이름으로 나가는데 뭐가 겁나냐'는 식으로 이야기하기보다는 '예수께서 십자가 사역을 완수하셨기에 이제는 그분을 믿으면 누구든지 죄의 심판에서 벗어나고 흑암의 권세에서 해방되는 은혜가 허락되었으니 너희는 마음 놓고 가서 누구든지 살리고 구원해낼 수 있다'는 의미로서 하늘과 땅의 모든 권세가 전제되어야 합니다. 우리가 모든 민족을 제자로 삼을 수 있는 유일한 근거와 확신은 능력적 차원의 이야기가 아니라 십자가와 예수 그리스도로 말미암는다는 사실을 기억해야 합니다. 다른 것은 아무것도 아닙니다.

만일 여러분이 능력을 의지한다면 지식이나 환경이나 어떤 재주를 의지할 것이고, 십자가가 모든 권세라는 것을 안다면 여러분이 하는 모든 일의 근거와 조건과 방법을 십자가에 의뢰하고 예수 그리스도의 은총을 사모할 것입니다. 이것은 굉장히 다른 신앙의 색깔을 만들어 내기 때문에 정말 중요합니다.

그리스도 안에서 통일

예수 그리스도께서 하늘과 땅의 모든 권세를 가졌기 때문에 "그러므로 너희는 가[라]"는 것이 어떤 일을 만들어 내는 힘 곧 외적 조건이기보다는 영적 차원에서 예수 그리스도의 대속 사역의 완성으로 취급됩니다. 이것은 에베소서 1:9-10에 가면 좀 더 확실하게 드러납니다.

> 그 뜻의 비밀을 우리에게 알리신 것이요 그의 기뻐하심을 따라 그리스도 안에서 때가 찬 경륜을 위하여 예정하신 것이니 하늘에 있는 것이나 땅에 있는 것이 다 그리스도 안에서 통일되게 하려 하심이라.

모든 것이 다 그리스도 안에서 통일되게 하려는 것이 하나님의 뜻이고, 하나님이 이 세상을 다스리시는 열쇠입니다. 예수께서 "하늘과 땅의 모든 권세"를 가졌다는 말씀 속에는 모든 인류의 구원과 역사 그리고 창조된 우주 전체에 대한 하나님의 섭리가 예수를 근거로 하고, 예수를 공통분모로 하며, 예수를 초점으로 한다는 선언이 들어 있는 셈입니다. 예수 그리스도로 말미암아 하늘에 있는 것이나 땅에 있는 것이 다 통일됩니다. 그리스도 없이는 모든 일이 불가능하며, 그리스도를 제외하고는 아무것도 일어나지 않습니다. 이것이 모든 민족을 제자로 삼는 일에 있어서 가장 먼저 기억해야 할 조건입니다. 온 우주 만물의 통일, 모든 인류와 역사, 하나님의 섭리와 심판이 예수 그리스도로 말미암고 그분 안에서만 그 일이 진행되며 결과가 나온다는 것을 알아야 모든 민족을 제자로 삼을 수 있습니다. 이런 일들이 꽤 중요합니다.

우리나라가 북한 핵 문제로 한참 위기감이 고조될 때가 있었습니다. 그럴 때마다 여러분은 어떤 생각을 하셨습니까? 참 불안했죠. 그런데 다른 나라 사람들이 우리보다 오히려 더 많이 걱정을 합니다. 제가 만난 미국인들은 굉장히 걱정스럽게 물었습니다. "북한에서 핵을 가졌다는데 어떠냐?"고 말이죠. "우리는 괜찮은데, 왜 당신들이 걱정합니까? 핵이 터져도 서울에서 터질 텐데 왜 당신들이 걱정하느냐?"고 하면 고개를 절레절레 흔듭니다. 물론 그들이 우리보다 신앙이 없어서 그런 것은 아닙니다. 눈앞에 그런 큰 일이 있는데, 어떻게 그렇게 느긋하게 불구경하듯 말하는지 이해가 안 되는 모양입니다.

하나님이 소돔과 고모라를 멸망시킬지 말지를 놓고 무엇을 따지셨죠? 의인 열 사람이 있는지 따지셨습니다. 의인 열 사람이라는 명수가 중요한 것이 아니라 소돔과 고모라가 영적으로 회복할 최소 단위가 있는지를 물으시는 것이었습니다. 짐작하건대 열 명은 가정의 단위였을 것입니다. 의로운 한 가족이 없었기 때문에 소돔과 고모라는 멸망합니다. 물론 소돔과 고모라는 죄악이 관영했습니다. 그럴지라도 영적으로 회복될 가능성이 있다면 멸망하지 않았을 겁니다.

또 다른 예로, 니느웨가 그랬습니다. 요나를 보내서 니느웨의 멸망을 전하게 했습니다. 그런데 니느웨 전체가 회개하고 하나님 앞에 돌아오자 심판을 선언하신 하나님이 그 뜻을 돌이켜 도시를 멸망시키지 않았습니다. 이런 일이 다 그리스도 안에서 통일되게 하려는 것을 우리에게 기억하게 하는 예들입니다.

우리나라가 잘되어야 하는 이유가 무엇입니까? 물가가 안정되고, 경제가 나아지고, 정치·문화·교육이 나아지면 좋은 이유가 무엇입니까? 그건 생각 없이 살겠다는 거 아닙니까? 그런 이유는 그리스도 안에서 통일되는 것과는 무관합니다. 물론 고달픈 인생을 좋아할 필요는 없습니다. 누구나 살기 편한 것을 좋아합니다. 그런데 놀기 위해 편하게 살기를 바란다면, 살기 좋아질 필요가 없습니다. 어려운 게 우리에게 훨씬 유익입니다. 편한 것이 사람에게 유익하다고 말할 수 없습니다. 실제로 우리가 편안할 때 손해를 본 적이 훨씬 많습니다.

그래서 에베소서 1:10에 나오는 바와 같이 "하늘에 있는 것이나 땅에 있는 것이 다 그리스도 안에서 통일되게 하려 하[시는]" 이 일이 바로 하늘과 땅의 권세를 주님이 가지셨다고 선언하는 가장 중요한 이유입니다. 이를 근거로 모든 민족을 제자로 삼는 것이지, 무조건 많이 잡아오고 멀리 가는 것만이 능사는 아닙니다. 이런 차원에서 제자의 근본 조건과 이유를 조금씩 살펴봐야 합니다.

모든 권세, 예수 그리스도

골로새서 1:15-20을 보면, 좀 더 구체적인 설명이 나옵니다.

> 그는 보이지 아니하는 하나님의 형상이시요 모든 피조물보다 먼저 나신 이시니, 만물이 그에게서 창조되되 하늘과 땅에서 보이는 것들과 보이지 않는 것들과 혹은 왕권들이나 주권들이나 통치자들이나 권세들이나 만물이 다 그로 말미암고 그를 위하여 창조되었고 또한 그가 만물보다 먼저 계시고 만물이 그 안에 함께 섰느니라. 그는 몸인 교회의 머리시라. 그가 근본이시요 죽은 자들 가운데서 먼저 나신 이시니, 이는 친히 만물의 으뜸이 되려 하심이요 아버지께서는 모든 충만으로 예수 안에 거하게 하시고 그의 십자가의 피로 화평을 이루사 만물 곧 땅에 있는 것들이나 하늘에 있는 것들이 그로 말미암아 자기와 화목하게 되기를 기뻐하심이라.

이 말씀에서는 예수 그리스도가 우리를 구원하기 위해 오신 어린양이라는 정도를 훨씬 뛰어넘는다고 설명하고 있습니다. 예수 그리스도는 누구신가? 그분은 하나님이시고, 모든 것이 그 안에서 만들어졌으며, 모든 것의 주인이시요, 창조된 모든 것에 생명을 주고 조화롭게 하고 아름답고 선한 복을 주시는 분입니다. 타락한 인류와 세상을 회복시키는 것도 오직 그분만이 하실 수 있는 일입니다. 하나님께 죄 지은 것 외에 다른 문제가 없는 인류에 예수께서 오셔서 지은 죄만 해결하려고 오신 정도가 아닙니다. 그는 하나님이시며 모든 존재 위에 뛰어나신 분입니다. 그분이 세상을 만드셨고 만드신 모든 것이 그분의 생명과 지혜와 복 주심 속에서만 살 수 있습니다. 타락하고 부패한 세상과 인간들을 회복하고 다시 아름답게 완성하는 것도 그분의 능력과 은혜와 복 주심 외에는 다른 방법이 없다고 설명합니다.

예수 그리스도는 영화관에 들어갈 때 보여주는 입장권 정도가 아닙니다. 그분은 입장권이요 스크린이요 영사기요 의자요 자막이요 돌비 시스템이요 모든 것입니다. 우리는 예수 그리스도께서 우리를 위해 죽으셨고 구원하셨다는 것은 인정하지만, 우리의 존재와 역사 곧 우주적 차원에서 예수 그리스도의 존재와 역할은 굉장히 축소하는 경향이 있습니다. 골로새서 1:16-17에서 본 것처럼, 그분은 "하늘과 땅에서 보이는 것들과 보이지 않는 것들과 혹은 왕권들이나 주권들이나 통치자들이나 권세들이나 만물이 다 그로 말미암고 그를 위하여 창조되었고, 또한 그가 만물보다 먼저 계시고 만물이 그 안에 함께 섰[습니다]." 그분이 만물의 주인이십니다. 20절에 말씀한 바와 같이 이제 부패한 세상과 타락한 모든 인류가 그분의 "십자가의 피로 화평을" 이룹니다. "만물 곧 땅에 있는 것들이나 하늘에 있는 것들이 그로 말미암아 자기와 화목하게 되기를 기뻐하[십니다]." 그분만이 이 모든 것을 하실 수 있습니다. 그래서 예수만이 모든 존재의 근원이시고 은혜를 베푸는 이시며 주인이시요 다시 화목하게 하고 회복할 수 있는 분이시기에 21-23절이 나오는 겁니다.

전에 악한 행실로 멀리 떠나 마음으로 원수가 되었던 너희를 이제는 그의 육체의 죽음으로 말미암아 화목하게 하사 너희를 거룩하고 흠 없고 책망할 것이 없는 자로 그 앞에 세우고자 하셨으니, 만일 너희가 믿음에 거하고 터 위에 굳게 서서 너희 들은 바 복음의 소망에서 흔들리지 아니하면 그러하리라. 이 복음은 천하 만민에게 전파된 바요 나 바울은 이 복음의 일꾼이 되었노라.

결국, "모든 민족을 제자로 삼[는]"것은 우주 만물과 역사와 인류를 다 만드시고 복 주시며, 타락하여 심판받아 마땅한 우리를 다시 회복하여 화목하게 하는 것을 기뻐하시는 그분이 허락하셨기 때문에 가능합니다. 전도는 주님이 하시다 남은 일을 '이제 제가 할 테니 주님은 가서 쉬십시오'라는 식으로 하는 게 아닙니다. 전도는 우리를 지으신 분이요, 죄 때문에 벌을 받아 마땅한 우리를 구원해 주시기 위해 이 땅에 찾아오셔서 십자가를 기꺼이 지신 분이 모든 민족을 제자로 삼아 은혜 베푸시기를 기뻐하시기에 우리에게 허락된 일입니다. 그런 면에서 전도의 초점은 사람들을 우리가 불러오는 데 있지 않고, 그분이 우리를 부르시는 데 있습니다. 그분이 우리를 기뻐하시고 사랑하십니다. 우리를 사랑하시는 하나님이 우리를 구원하기 위해 이런 일을 행하셨습니다.

전도가 복음 전파이고 기쁜 소식인 까닭은 우리의 창조주이시며 심판자이신 하나님이 우리를 향해 어떤 은혜와 긍휼을 베푸셨는지, 어떻게 사랑하시는지가 선포되고 전파되는 것이기 때문입니다. 우리가 어떻게 반응하느냐는 이차 문제입니다. "모든 민족"은 저 구석에 있는 한 사람까지 붙잡아 오는 것이기보다는 모든 인류, 전 생명을 향해 하나님이 사랑과 구원을 베푸시기로 허락하신 것에 가장 중요한 초점이 있습니다. 이것이 모든 민족으로 제자를 삼는 일의 근거와 기둥이어야 합니다. 이 관점이 우리의 신앙 전체에 있어서 아주 다른 분위기를 만들 것입니다.

사도행전 1:8에 나오는 제자

우리는 앞서 마태복음 28:18-20에 나오는 "모든 민족을 제자로 삼[으라]"는 명령에서 "모든 민족"에 대해 살펴보았습니다. 그런데 사도행전 1:8에 가면 주님의 명령이 다르게 나옵니다.

> '오직 성령이 너희에게 임하시면 너희가 권능을 받고 예루살렘과 온 유대와 사마리아와 땅끝까지 이르러 내 증인이 되리라' 하시니라.

여기서 말하는 "땅끝까지"나 앞서 말한 "모든 민족"은 요즘 우리에게 부여된 전도 사명에 초점이 있기보다는 근본적으로 이스라엘 민족의 경계를 넘어서는 구원에 초점이 있습니다. 구약 시대에 구원은 이스라엘 백성에게 제한되어 있었습니다. 그러나 이제는 이스라엘 백성만 아니라 모든 민족에게 허락된 하나님의 복된 선물입니다. 이런 점에서 "땅끝"과 "모든 민족"은 구원의 진정한 의미라고 할 수 있습니다. 구약 시대에는 이스라엘 민족으로 태어나는 것이 구원 조건이었다면, 이제는 예수를 믿는 것이 구원의 조건이며 하나님 백성의 범위 안에 드는 것입니다. 그리고 이방인이 받는 구원이 유대인이 받는 구원에 비해 상대적으로 열등하거나 가난한 구원이 아닙니다. 당시에는 유대인들만이 특별한 지위를 갖고 있고 그들만이 유일한 구원과 복의 대상이었습니다. 이방인은 아니었습니다. 그러나 이제는 예수 그리스도의 십자가 사역으로 말미암아 허락된 이 대위임령의 내용들은 모든 민족이 제자가 될 수 있는 구원이라고 말합니다. 대표적으로 사도행전 10:44-48 상반절을 보겠습니다.

> 베드로가 이 말을 할 때에 성령이 말씀 듣는 모든 사람에게 내려오시니, 베드로와 함께 온 할례 받은 신자들이 이방인들에게도 성령 부어 주심으로 말미암아 놀라니, 이는 방언을 말하며 하나님 높임을 들음이러라. 이에 베드로가 이르되 '이 사람들이 우리와 같이 성령을 받았으니 누가 능히 물로 세례 베풂을 금하리요' 하고 명하여 '예수 그리스도의 이름으로 세례를 베풀라' 하니라.

고넬료 가정에 구원이 임하는 장면은 아주 특이합니다. 베드로는 고넬료의 집에 갈 마음이 없었습니다. 주께서 강권하여 베드로를 고넬료의 집으로 보내셨습니다. 이것은 이방인을 향한 구원의 문이 열리는 첫 번째 사건이었습니다. 동일한 환상을 양쪽에서 보았습니다. 갈 마음이 없던 베드로는 주께서 초청하신 환상을 보고 고넬료의 집에 갑니다. 베드로는 썩 내키지 않은 채 고넬료의 집안 사람들에게 주님에 대해 전합니다. 설교 중에 성령이 말씀을 듣는 모든 사람에게 내려오는 것을 봅니다. 그때 "이 사람들이 우리와 같이 성령을 받았으니"(47절상)라고 표현했습니다. 여전히 베드로는 유대 민족의 우월감이 잔뜩 배어 있습니다. 이방인은 하나님의 백성일 거라는 생각을 감히 못합니다. 베드로는 주님의 강권으로 이 자리에 왔습니다. 내키지 않는 설교를 하는데 이방인들이 자신들과 같은 성령을 받는 것을 봅니다. 그래서 "누가 능히 물로 세례

베풂을 금하리요"(47절하)라며 할 수 없이 세례를 줍니다. 성령으로 세례를 받는 게 고급한 일인데 이방인들이 성령을 받았으니 그것보다 못한 물세례를 못할 게 없었습니다.

고넬료의 집에서 일어난 사건 때문에 베드로는 예루살렘 공회에서 다른 동료들에게 힐문을 받습니다. "네가 무할례자의 집에 들어가 함께 먹었다"(11:3)고 말이죠. 그래서 베드로가 동료들에게 답변합니다. "내가 말을 시작할 때에 성령이 그들에게 임하시기를 처음 우리에게 하신 것과 같이 하는지라. 내가 주의 말씀에 '요한은 물로 세례를 베풀었으나 너희는 성령으로 세례를 받으리라' 하신 것이 생각났노라. 그런즉 하나님이 우리가 주 예수 그리스도를 믿을 때에 주신 것과 같은 선물을 그들에게도 주셨으니 내가 누구이기에 하나님을 능히 막겠느냐?"(15-17절) 이런 면에서 "땅끝"과 "모든 민족"은 우리가 하나님의 사람으로서 이제부터 해야 할 일이 크다는 점을 알려 주는 표현입니다. 더불어 성과를 위해 포획물을 차지해야 하는 표현이 아니라 하나님이 예수 그리스도로 말미암아 허락한 구원이 모든 인류에게 동등하다는 데에 초점이 있다는 표현입니다. 이 점이 중요합니다.

제자훈련의 가장 큰 부작용은 올바른 것을 오해하는 데 있습니다. 신앙의 부작용과 비슷합니다. 구원의 확신이 한국 교회에 들어와서 어떤 부작용을 낳았는지 보십시다. 구원받은 어느 날, 어느 시, 어느 곳을 기억 못하면 믿는 게 아니랍니다. 저도 이런 공격을 많이 받았습니다. 이것은 큰 부작용일 뿐 아니라 잘못된 것입니다. 구원의 확신이 있냐고요? 있습니다. 그런데 저는 어느 날, 어느 시, 어느 곳은 없습니다. 그 어느 날, 어느 시, 어느 곳이 있는 사람도 있고, 없는 사람도 있습니다. 이 부분은 여기서 길게 설명할 수 없으니까 일단 넘어갑시다.

또 성령의 은사가 그랬습니다. 방언을 하고 예언을 하며 치유를 하는 것은 대단히 좋은 것입니다. 그러나 그 은사가 없다고 해서 하나님이 덜 사랑하시는 것은 아닙니다. 이런 비유를 들어 죄송하지만, 미운 놈에게 떡 하나 더 주는 경우가 일상에서는 흔히 있는 일입니다. 그렇지 않고서는 본인의 신앙에 어떤 전기나 어떤 확신도 줄 수 없는 경우에 은사가 등장하는 예가 더 많습니다. 그래서 은사 받으신 분들 중에 그 은사를 올바로 쓴 사람이 적고 그것을 받았다고 밤낮 재러 다니다가 허송세월로 보낸 사람이 꽤 있습니다. 그 사람들은 은사가 아니면 본인의 신앙, 하나님이 자신을 사랑한다는 확인이 안 되는 경우가 많습니다. 제가 은사를 부정적으로 이야기하려고 이런 말을 꺼낸 것은 아닙니다. 이처럼 제자훈련에서도 제자가 특수한 고급 지도자가 되는 것으로 오해되는 경우가 많아 하는 말입니다.

동일한 시민, 하나님의 권속

'제자'는 특별한 사람이 아닙니다. 더구나 '제자로 삼으라'는 것 때문에 제자를 삼는 사람은 특별한 지도층을 가르치는 더 고급한 사람인 것처럼 우월감을 가져도 안 됩니다. 오히려 하나님이 어떻게 구원과 은혜를 땅끝까지 모든 민족 곧 모든 사람에게 주시기를 기뻐하셨는지에 초점을 두어야 합니다. 에베소서 2:11-19을 봅시다.

그러므로 생각하라. 너희는 그때에 육체로는 이방인이요 손으로 육체에 행한 할례를 받은 무리라 칭하는 자들로부터 할례를 받지 않은 무리라 칭함을 받는 자들이라. 그때에 너희는 그리스도 밖에 있었고 이스라엘 나라 밖의 사람이라. 약속의 언약들에 대하여는 외인이요 세상에서 소망이 없고 하나님도 없는 자이더니, 이제는 전에 멀리 있던 너희가 그리스도 예수 안에서 그리스도의 피로 가까워졌느니라. 그는 우리의 화평이신지라. 둘로 하나를 만드사 원수 된 것 곧 중간에 막힌 담을 자기 육체로 허시고, 법조문으로 된 계명의 율법을 폐하셨으니, 이는 이 둘로 자기 안에서 한 새 사람을 지어 화평하게 하시고, 또 십자가로 이 둘을 한 몸으로 하나님과 화목하게 하려 하심이라. 원수 된 것을 십자가로 소멸하시고 또 오셔서 먼 데 있는 너희에게 평안을 전하시고 가까운 데 있는 자들에게 평안을 전하셨으니, 이는 그로 말미암아 우리 둘이 한 성령 안에서 아버지께 나아감을 얻게 하려 하심이라. 그러므로 이제부터 너희는 외인도 아니요 나그네도 아니요 오직 성도들과 동일한 시민이요 하나님의 권속이라.

이 말씀이 우리에게 그렇게 감동되지 않는 것은 여태껏 그런 줄 알고 있었기 때문입니다. 그러나 제자훈련을 하면 이를 가르치는 이가 독특한 신분을 가진 것으로 오해하는 문제가 생깁니다. 그래서 제자훈련을 받은 사람은 무슨 장교 계급장을 단 것처럼 여깁니다. 그래서 뒤로 군번을 줘서 줄을 세워 계급장을 주는 게 되었습니다. 제자훈련을 하는 게 무슨 쎈 사람이나 장교가 된 것으로 생각하는 것은 참으로 난센스입니다.

예수 그리스도 안에서는 잘나고 못난 자가 없습니다. 오로지

'먼저 된 자'와 '나중 된 자'가 있을 뿐입니다. '먼저 된 자'라는 것은 먼저 태어난 것이고 '나중 된 자'라는 것은 나중에 태어난 것에 불과합니다. 어느 누구보다 고급하거나 우월하거나 계급이 높거나 신분이 다르거나 존재 가치가 다르지 않습니다. 제자훈련을 받았거나 가르치는 것은 하나님 앞에서 내가 좋은 봉사 직분을 받은 것에 불과합니다. 맡은 일의 중요도나 계급이나 신분을 논하는 것은 아닙니다.

이런 일이 한국 교회에 비일비재합니다. 한국 교회 성도들은 이런 훈련 받는 것을 굉장히 좋아합니다. 마치 무슨 과정을 하나씩 떼서 계급이 높아지는 것으로 흔히 생각합니다. 유대인이 가졌던 우월감과 제자훈련을 받은 성도들이 갖는 우월감이 어떤 점에서는 비슷합니다. 이런 태도는 이 말씀 앞에 없어져야 합니다.

> 그러므로 이제부터 너희는 외인도 아니요 나그네도 아니요 오직 성도들과 동일한 시민이요 하나님의 권속이라(엡 2:19).

우리는 다 하나님의 자녀입니다. 손님이 아닙니다. 이방인이 유대인과 비교해서 못한 것이 없습니다. 성도들 간에는 먼저 된 자와 나중 된 자가 있을지언정 고급하고 저급한 것은 있을 수 없습니다. 그러므로 제자훈련을 받거나 제자훈련을 시키거나 제자로 부름받았거나 제자를 삼거나 모두 그리스도 예수 안에서 만물을 통일되게 하시려는 하나님의 무한하신 사랑과 높으심 안에서 부름 받은 동일한 권속입니다. 그러므로 우리는 무엇과도 비교할 수 없는 놀라운 구원의 영광과 그 소망 가운데 하나라는 것을 확인해야 됩니다.

너희는 사도들과 선지자들의 터 위에 세우심을 입은 자라. 그리스도 예수께서 친히 모퉁잇돌이 되셨느니라. 그의 안에서 건물마다 서로 연결하여 주 안에서 성전이 되어 가고 너희도 성령 안에서 하나님이 거하실 처소가 되기 위하여 그리스도 예수 안에서 함께 지어져 가느니라(20-22절).

예수 그리스도는 '우리'라는 건물의 모퉁잇돌이십니다. 어떤 의미에서는 구원 자체가 그렇듯이 우리는 그리스도와 동등한 대접을 받는 겁니다. 피조물은 성자 하나님과 비교할 수 없습니다. 하나님과 피조물의 현격한 차이가 있습니다.

그러나 여기 "모든 민족으로 제자를 삼[으라]"는 명령 속에 나타난 구원의 독특한 영광은 예수 그리스도와 함께 지어져 가는 것입니다. 유대인과 이방인을 비교하는 것도 말이 안 됩니다. 이 명령은 창조주이신 하나님과 구원받은 피조물인 인간이 그리스도와 함께 지어져 가는 영광의 자리로 부름받은 것이며, 하늘과 땅의 모든 권세를 가지신 조건과 근거 위에 허락한 것입니다.

제자로 삼는 일

앞서 말씀드린 것처럼, 모든 민족을 제자로 삼는 일은 어떤 기능적 측면에서 상고할 것이 아닙니다. 모든 인류에게 허락한 복된 구원의 영광이 동등하다는 것에 초점을 맞춰야 합니다. 그런 면에서 제자로 삼는다는 것은 특수한 임무를 가진 독특한 신분이나 지도자를 만드는 것이 아닙니다. 모든 민족을 제자로 삼는다는 말은 모든 민족이 제자가 되는 지위를 갖는다는 것이고, 열등한 구원이 아닌 동등한 구원이며, 영광된 구원을 모든 민족이 받는다는 것을 말합니다. 제자를 삼는 것은 엘리트를 만들어 그 엘리트로 하여금 특별한 기능에 맞도록 훈련시키는 것이 아니라는 점입니다. 모든 민족에게 허락한 하나님의 동일한 구원이요 동일한 영광이라는 점입니다. 독특한 지위와 책임이기보다는 영광의 부르심에 대한 동등한 지위라고 결론 내릴 수 있습니다. 따라서 여기에서 말하는 '제자'는 주의 이름으로 구원받은 모든 신자의 일반 명칭이라고 봐야 합니다. 여러분이 제자훈련을 받는다면 일반적으로 신자로서 훈련을 받는다고 생각하는 게 옳습니다. 제자로 삼고 가르친다는 것 때문에 특별 직무를 수행할 기능인을 만들어 내는 것으로 종종 오해하지만 부름받은 모든 성도가 어떻게 하나님의 사람으로 살 것인지에 초점을 맞추는 것이 옳습니다.

우리가 나중에 이 부분을 구체적으로 추적할 것입니다. 처음에는 무엇이 옳은지를 놓고 전문적으로 논쟁을 벌여야 해서 좀 딱딱할 수 있습니다. 결국, 신앙생활이라는 현실에서 성도의 일반적 대처법은 분별과 안목으로 갈 것입니다. 그 후에는 아는 것을 어떻게 행할 것인지에 대한 훈련으로 갈 것입니다. 저는 이런 것이 "제자훈련"이라고 생각합니다. 보통 우리가 제자훈련이라고 하면 명령을 받은 제자가 가서 다른 제자를 훈련시키고, 그 제자가 또 다른 제자를 훈련시키는 특수 요원을 키우는 것처럼 알고 있었습니다. 그러나 마태복음 28:19-20을 보면, "모든 민족을 제자로 삼아……내가 너희에게 분부한 모든 것을 가르쳐 지키게 하라"입니다. 엄격하게 구분하면 이 명령을 받은 초대 제자들만이 땅끝까지 갈 책임이 있었습니다. 그 외에 제자로 삼은 대상 곧 부름받은 자들은 또다시 땅끝까지 가야 되는 것이 아니라 주께서 가르친 모든 것을 배워서 그대로 살아야 하는 것입니다.

이렇게 되면 신자의 첫 번째 책임은 전도가 아니라 삶이 됩니다. 상당히 달라지지 않습니까? 그렇기 때문에 신자 된 첫 번째 책임이 전도라고 가르치는 것을 저로서는 납득하기 어렵습니다. 예수께서 제자들에게 "너희는 가서 모든 민족을 제자로 삼[으라]" "땅끝까지 이르러 내 증인이 되라"고 한 것이 마치 전도적 사명을 준 것처럼 보입니다. 하지만 앞서 이야기한 것처럼, 예수께서 땅끝까지 이르러 모든 민족을 제자로 삼으라고 하는 것은 우선 구원이 이스라엘 민족에게만 제한된 것이 아니라는 점입니다. 그다음으로 이 명령은 주님의 십자가 사역으로 모든 인류에게 허락된 것이고 인종이나 국가나 문화의 차별 없이 모든 백성이 부름받았다는 것이 초점입니다. 그 결과 모든 구원받은 자는 주의 백성답게 살아야 할 것이고, 그 삶을 제대로 가르쳐야 합니다. 그런 의미에서 신자 된 자의 첫 번째 책임은 전도하는 것이 아니라 사는 것입니다. 앞으로 더 구체적으로 다루겠지만, 신자의 첫 번째 책임이 사는 것이라면 신앙생활에 대한 우리의 안목과 초점은 근본적으로 달라집니다. 그동안 한국 교회에서는 신자의 첫 번째 책임을 '전도'라고 가르쳤기 때문에, 우리는 끊임없이 교회로 사람을 불러들여 힘을 모아 어떤 운동을 전개하기에 바빴습니다. 어떤 종교적인 운동 곧 십자군 전쟁을 하는 것 같았습니다.

성경은 여러분이 하나님의 사람으로 부름받은 순간부터 우리에게 허락된 모든 환경과 조건 속에서 반응하면서 살아야 한다고 가르칩니다. 예수께서 하늘과 땅의 권세를 가지셨다는 근거 때문에 우리가 모든 민족을 제자로 삼는 것이 가능해졌습니다. 예수 그리스도의 권세는 만물이 다 그로 말미암아 통일되는 것이었습니다. 그런 면에서 모든 민족으로 삼는 제자는 특수한 지도자 곧 기능인이 아닙니다. 반복해서 말하지만, 하나님이 예수 그리스도로 말미암아 허락하신 구원의 공평함, 모든 민족을 향한 동등한 부르심을 이야기하는 것입니다.

성령이 임하시면

사도행전 1:8을 다시 한번 봅시다.

> 오직 성령이 너희에게 임하시면 너희가 권능을 받고 예루살렘과 온 유대와 사마리아와 땅끝까지 이르러 내 증인이 되리라.

여기서 "오직 성령이 너희에게 임하시면"이라는 조건이 있습니다. 마태복음 28장에서는 "모든 민족을 제자로 삼[는 일]"(19절)의 조건은 주께서 "하늘과 땅의 모든 권세를"(18절) 가지신 것이었습니다. 한국 교회는 이 조건을 오해해서 성도들에게 담대하고 기고만장한 자세를 부추겼습니다. '주의 이름으로 나가는 내 앞길을 그 누가 막으랴?'가 된 것입니다.

그러나 앞에서 마태복음 28:18의 "하늘과 땅의 모든 권세"라는 조건이 그런 오해를 불러일으킬 차원의 이야기가 아니었듯이, 사도행전 1:8에서 "오직 성령이 너희에게 임하시면"이라는 조건도 제자들이 가서 하는 일의 성공을 위한 보호 장치나 형통을 위한 초월적 역사가 아닙니다. 땅끝까지 이르러 하는 일의 모든 근거가 예수 그리스도의 십자가 사건이고 중보자의 속죄 사건이었듯이, 하나님 백성의 회심과 출생과 성장도 성령을 조건으로 하지 않고는 일어나지 않는다는 의미입니다. 성령은 새 생명의 출생과 성장의 유일한 열쇠입니다. 성령이 아니고서는 누구도 구원받지 못하고 누구도 회심하지 못하며 성장하지도 못합니다. 이것이 "땅끝까지 이르러 내 증인이 되리라"는 명령을 이루기 위해 성령이 임하셔야 하는 조건이며 이유입니다.

새 생명 출생의 유일한 열쇠이신 성령

성령이 새 생명 출생의 유일한 열쇠라고 본 고린도전서 12:3과 로마서 8:9-11을 봅시다.

> 그러므로 내가 너희에게 알리노니 하나님의 영으로 말하는 자는 누구든지 예수를 저주할 자라 하지 아니하고 또 성령으로 아니하고는 누구든지 예수를 주시라 할 수 없느니라(고전 12:3).
>
> 만일 너희 속에 하나님의 영이 거하시면 너희가 육신에 있지 아니하고 영에 있나니, 누구든지 그리스도의 영이 없으면 그리스도의 사람이 아니라. 또 그리스도께서 너희 안에 계시면 몸은 죄로 말미암아 죽은 것이나 영은 의로 말미암아 살아 있는 것이니라. 예수를 죽은 자 가운데서 살리신 이의 영이 너희 안에 거하시면 그리스도 예수를 죽은 자 가운데서 살리신 이가 너희 안에 거하시는 그의 영으로 말미암아 너희 죽을 몸도 살리시리라(롬 8:9-11).

그리스도의 영이 없으면 아무도 하나님의 사람으로 출생하지 못합니다. 그리고 하나님의 사람으로 부름받은 자들은 성령 하나님의 사역에 의한 결과라는 것을 사도행전 여러 군데에서 증명하고 있습니다. 예를 들어, 오순절 날 성령 강림 사건을 다룬 사도행전 2장에서 나타난 여러 현상 중에 가장 대표적으로 방언이 그렇습니다. 당시 방언은 우리가 알아듣지 못하는 초월적 언어가 아니라 외국어였습니다. 예루살렘에 모인 천하 각국에서 온 경건한 유대인들이 각기 자기네가 살던 곳 방언으로 갈릴리 제자들의 설교를 듣고 놀랍니다. 아주 상징적인 현상입니다.

우선, 사도행전 2장에 나타난 성령 강림 사건이 특별히 무엇에 대한 상징이었는지 사도행전 1:8과 비교해 봅시다. 성령이 임하셔서 무슨 권능을 받았습니까? 외국어를 말하는 능력 곧 방언의 권능을 받았습니다. 이 권능이 성령께서 구속 사역을 땅끝까지 모든 민족에게 가셔서 일하실 표라는 것입니다. 땅끝까지 이르러 제자들이 하는 모든 일의 배경이고 조건이며 유일한 목표는 예수 그리스도의 십자가 사건으로 말미암아 허락된 구원입니다. 이 구원이 성령의 사역으로 회심하게 하고, 새 생명 출생의 역사가 일어날 것을 약속한 것입니다.

이것이 왜 권능입니까? 죽은 자를 살리시는 부활의 권능은 하나님만이 하실 수 있기 때문입니다. 그래서 우리는 이런 사건들을 사도행전에서 얼마든지 볼 수 있습니다. 고넬료 집안의 구원에 있어서도 성령이 임하셨고, 빌립 집사가 사마리아에 가서 전도한 것도 나중에 사도 베드로와 요한이 가서 안수하여 성령이 임하십니다. 이런 것은 어떤 의미에서 그들이 하나님의 백성이 되었다는 표요, 그 표는 사람이 한 것이 아니라 성령께서 친히 그들을 자신의 백성으로 변화시키고 불러들였다고 도장 찍으신 것입니다. 이 사건은 그 당시로서는 정말로 필요한 일이었습니다. 오늘날처럼 복음이 전 세계, 모든 민족에게 자유롭게 퍼져 믿게 되는 상황에서는 그런 일이 필요 없지만, 당시에는 그런 일이 정말로 필요했습니다. 그리고 우리에게 분명하게 기록되어야 할 사건이었습니다.

새 생명 성장의 유일한 열쇠이신 성령

모든 하나님의 백성은 다 성령의 간섭과 일하심으로 하나님의 사람으로 새롭게 출생합니다. 그래서 성령이 임하시고, 그분의 권능으로 이 일은 이루어져야 합니다. 또한 성령께서는 새 생명이 성장하는 데 있어서도 유일한 열쇠입니다. 에베소서 5:8-18을 봅시다.

> 너희가 전에는 어둠이더니 이제는 주 안에서 빛이라. 빛의 자녀들처럼 행하라. 빛의 열매는 모든 착함과 의로움과 진실함에 있느니라. 주를 기쁘시게 할 것이 무엇인가 시험하여 보라. 너희는 열매 없는 어둠의 일에 참여하지 말고 도리어 책망하라. 그들이 은밀히 행하는 것들은 말하기도 부끄러운 것들이라. 그러나 책망을 받는 모든 것은 빛으로 말미암아 드러나나니 드러나는 것마다 빛이니라. 그러므로 이르시기를 '잠자는 자여, 깨어서 죽은 자들 가운데서 일어나라. 그리스도께서 너에게 비추이시리라' 하셨느니라. 그런즉 너희가 어떻게 행할지를 자세히 주의하여 지혜 없는 자같이 하지 말고 오직 지혜 있는 자같이 하여 세월을 아끼라. 때가 악하니라. 그러므로 어리석은 자가 되지 말고 오직 주의 뜻이 무엇인가 이해하라. 술 취하지

말라. 이는 방탕한 것이니 오직 성령으로 충만함을 받으라.

잘 보시면 제자훈련은 예수 그리스도의 구속 사역과 성령의 권능으로 한 사람, 모든 민족, 땅끝까지 구원이 허락되어 모든 심령이 구원을 얻을 뿐 아니라 그 구원을 얻은 자가 하나님의 사람으로 살 것을 요구합니다. 하나님의 사람으로 출생시킬 뿐 아니라 하나님의 사람으로 살도록 성숙시키는 일이 제자훈련에 포함되어 있습니다.

먼저 제자가 되고 그다음 제자로 훈련받아야 합니다. 그래서 "오직 성령으로 충만함을 받으라"는 명령은 모두 생각하고 연습하는 것으로 되어 있습니다. 앞서 본 에베소서 5:8 이하의 말씀이 전부 그렇습니다. "빛의 자녀들처럼 행하라", "잠자는 자여 깨어 [있으라]", "오직 지혜 있는 자같이 하[라]", "세월을 아끼라." 이런 것들은 기도로 어떤 결과가 하늘에서 뚝 떨어지는 것이 아니라 하나님의 사람으로 연습하고 애써야 하는 것입니다. 그래서 제자훈련이란 어떤 특수한 임무를 위한 기능인으로 훈련 받는 것이 아니라 하나님의 사람으로 거듭난 자가 성도답게 사는 훈련을 말합니다. 이 훈련은 성도라면 누구나 받아야 합니다. 훈련의 형태나 초점이 무엇인지는 앞으로 계속 살펴보겠습니다.

새 생명 완성의 유일한 열쇠이신 성령

성령께서는 새 생명을 출생하게 하시고 성장하게 하실 뿐 아니라 그 생명의 완성과 영광의 자리에 가도록 보장하고 이루시는 분이십니다. 에베소서 1:13-14을 봅시다.

그 안에서 너희도 진리의 말씀 곧 너희의 구원의 복음을 듣고 그 안에서 또한 믿어 약속의 성령으로 인치심을 받았으니, 이는 우리 기업의 보증이 되사 그 얻으신 것을 속량하시고 그의 영광을 찬송하게 하려 하심이니라.

성령께서는 우리 기업의 보증이 되시고, 그 얻으신 것을 구속하기 위해 와 계십니다. 그래서 "오직 성령이 너희에게 임하시면 너희가 권능을 받고 예루살렘과 온 유대와 사마리아와 땅끝까지"가 되는 것입니다. 위 명령은 사람들의 힘과 재주와 열심과 노력으로 이룰 수 없습니다. 성령께서 간섭하셔서 이루시지 않고서는 될 수 없습니다. 그 일은 기능적 차원의 일이 아닙니다. 하나님이 예수 그리스도 안에서 만물을 통일시키려 하시는 커다란 계획 가운데 이루어질 일입니다. 그 계획 중 가장 중요한 내용이 인간 회복 곧 하나님의 사람으로서 거룩과 영광의 회복에 초점을 맞추고 있습니다.

그래서 성경은 "모든 민족을 제자로 삼아 아버지와 아들과 성령의 이름으로 세례를 베풀고 내가 너희에게 분부한 모든 것을 가르쳐 지키게 하라"고 한 것이고, 우리는 이 일을 지키기 위해서 '사는 것'이 첫 번째 책임이라는 것을 제자훈련을 통해 배우는 것입니다. 사는 조건과 환경이 문제가 아니라 삶 속에서 우리가 어떻게 대처하고, 반응하며, 감내하는지에 초점을 맞추는 것이 제자훈련입니다. 이런 제자훈련을 어떤 특별한 일에 대한 부르심이라고 오해하면, 우리는 끊임없이 "돈을 주십시오, 지혜를 주십시오, 시간을 주십시오, 건강을 주십시오"라고 기도할 것입니다. 오늘날 교회가 자주 하는 실수입니다.

교회는 정치, 경제, 사회, 교육 등의 일을 하기 위해서 부름받은 것이 아니라 모든 민족을 제자로 삼는 일을 위하여 부름받았습니다. 다시 말해, 교회는 예수 그리스도의 대속 사역으로 말미암아 허락된 구원으로 새 생명을 얻은 모든 사람이 하나님의 사람으로 변화되는 곳입니다. 그래서 우리는 하나님이 우리를 두신 어느 위치와 환경과 조건 속에서든 하나님의 사람으로 살아야 합니다. 그렇지 않고 우리가 무슨 일을 하겠다고 하는 순간, 하나님이 우리에게 맡기신 환경과 책임을 미루고 우리 자신이 원하는 일을 하기 위해 필요한 조건들을 그분 앞에 나열하기 시작할 것입니다. 저는 교회가 계속 개인의 욕심을 채우기 위해 열심을 내거나 이를 강화하여 운동을 일으키는 것을 잘한다고 생각하지 않습니다. 교회는 무슨 프로그램이나 운동을 일으켜서 성도들이 하나님이 맡기신 일은 놔두고 엉뚱한 일에 몰두하게 만들어서는 안 됩니다.

제자훈련의 초점

제자훈련의 큰 초점은 하나님의 사람들이 각자가 맡은 일을 감당하도록 훈련하는 데 있습니다. 결국 '제자로 삼는다'는 말은 새 생명의 출생과 성장과 완성까지 내포한 책임 있는 명령입니다. 그래서 제자로 부름받는 것입니다. 부름받은 자가 하나님의 사람으로 새롭게 출생한 것과 함께 하나님의 사람답게 변화되어야 합니다. 골로새서 2:6-7을 봅시다.

그러므로 너희가 그리스도 예수를 주로 받았으니 그 안에서 행하되

> 그 안에 뿌리를 박으며 세움을 받아 교훈을 받은 대로 믿음에 굳게 서서 감사함을 넘치게 하라.

예수를 주로 받았으면 그 안에 뿌리를 내리고 그 안에서 세움을 받아 그 안에서 자라납니다. '하나님의 사람으로 자라라'는 것은 성경에서 많이 요구하는 명령 중에 하나입니다. 에베소서 4:21-24을 봅시다.

> 진리가 예수 안에 있는 것같이 너희가 참으로 그에게서 듣고 또한 그 안에서 가르침을 받았을진대, 너희는 유혹의 욕심을 따라 썩어져 가는 구습을 따르는 옛 사람을 벗어 버리고, 오직 너희의 심령이 새롭게 되어 하나님을 따라 의와 진리의 거룩함으로 지으심을 받은 새 사람을 입으라.

"새 사람을 입으라"고 하니까 헌 사람을 벗어버리고 새 사람이라는 의복을 갈아입는 것처럼 생각이 드는데 그런 뜻이 아닙니다. 다시 21절을 보면, "진리가 예수 안에 있는 것같이 너희가 참으로 그에게서 듣고 또한 그 안에서 가르침을 받았을진대"라고 합니다. 이 말씀은 "모든 민족을 제자로 삼아……내가 너희에게 분부한 모든 것을 가르쳐 지키게 하라"와 같습니다. 우리는 예수 안에서 자꾸 결과를 구합니다. 좋은 성품이나 큰 능력 같은 것을 말입니다. 그러나 그렇게 하면 안 됩니다. 우리는 진리를 갖고 있고 새 생명을 갖고 있습니다. 이를 성숙시켜 완전한 자가 되려면 훈련이 필요합니다. 그래서 모든 제자훈련은 결국 두 가지 싸움을 합니다. 바로 진리와 훈련입니다. 하나님이 우리에게 뜻하시는 것이 무엇인지가 분명해야 되겠고, 그것을 어떻게 우리의 것으로 만드는지가 제자훈련의 가장 중요한 내용이 됩니다. 하나님이 우리를 부려 먹으려고 부르시지 않았다는 것을 명심합시다. 하나님이 하실 어떤 일을 그분이 직접 하기 싫으셔서 우리에게 하청을 준 것이 아니라 우리를 목적으로 삼고 있다는 것이 "모든 민족을 제자로 삼[으라]"에 담긴 뜻입니다.

하나님이 우리를 고치고 완성하시려는 그 일은 그리스도 예수께서 모퉁잇돌이 된, 그리스도와 함께 상속자가 되는 복된 지위입니다. 그 일도 세상의 환경과 교육으로 만들어지는 것이 아니라 성령께서 친히 오셔서 우리를 다듬으시고 완성시키시는 복된 일이라는 것을 확인할 수 있습니다. 이것이 "모든 민족을 제자로 삼으라"는 제자훈련의 기본 약속이며 우리의 근본적 시각이어야 합니다.

제자훈련의 방향

자, 이제 이 훈련이 앞으로 어디로 갈 것이라 생각하십니까? 우선, 여러분은 환경과 조건을 불평하는 데에서 벗어나 모든 것이 우리에게 허락된 하나의 사명일지 모른다는 생각을 해야 합니다. 그리고 우리의 삶 가운데 벌어지는 잡다한 일들을 어떤 안목으로 볼 것이며, 어떻게 하나님의 시각으로 분별할 것인지를 훈련해야 한다고 여겨야 합니다. 그중에는 권태도 있다는 것을 미리 말씀 드립니다. 예를 들어, 직장인들은 밤낮 회사에서 시달린다고 불평을 합니다. 가정 주부들은 늘 가족들 뒤치다꺼리하다 허송세월을 보낸다고 원망

합니다. 자녀들은 어떻습니까? 공부만큼 지겨운 일이 어디 있습니까? 그 무미건조한 일을 지켜 내는 것은 대단한 실력이 필요합니다.

요즘 사람들은 시간이 있으면 여행을 가고 싶다고 말합니다. 이 말은 권태롭지 않은 인생을 살겠다는 것과 책임지지 않겠다는 것을 의미합니다. 여행을 가서 책임 있는 삶을 사는 사람은 없습니다. 여행은 그동안 책임 있는 자리에서 잠시 도망가는 것 아닌가요? 그런 면에서 여행을 자주 다니는 것은 죄입니다. 여행은 한번 다니기 시작하면 계속 가고 싶습니다. 일 년에 한 번이 두 번이 되고, 두 번 가면 세 번 되고, 석 달에 한 번, 두 달에 한 번, 나중에 일주일을 집에 못 있습니다. 병이고 죄입니다. 주위에서는 '스트레스'라는 말로 여행을 부추깁니다. 그런 거 없습니다. 우리가 맡은 성실함을 빼앗으려는 유혹이라는 것을 아셔야 합니다.

제자훈련은 어떤 독특한 지위나 특수 임무를 수행하는 사람을 만드는 것이 아닙니다. 몇몇 잘난 사람에게만 떠맡길 일도 아닙니다. 모든 성도가 다 책임 있게 감당해야 되고, 영광된 자리를 위해 누구를 막론하고 통과해야 하는 과정입니다. 이것을 제대로 정리하고 난 후에 우리가 마땅히 받아야 하는 훈련들에 대해 생각하고, 하나님의 사람으로 우리 스스로 채찍질해서 훈련을 시작하기를 바랍니다.

2장

제자도란 무엇인가

사랑은 오래 참고 사랑은 온유하며 시기하지 아니하며 사랑은 자랑하지 아니하며 교만하지 아니하며 무례히 행하지 아니하며 자기의 유익을 구하지 아니하며 성내지 아니하며 악한 것을 생각하지 아니하며 불의를 기뻐하지 아니하며 진리와 함께 기뻐하고 모든 것을 참으며 모든 것을 믿으며 모든 것을 바라며 모든 것을 견디느니라. 사랑은 언제까지나 떨어지지 아니하되 예언도 폐하고 방언도 그치고 지식도 폐하리라.   고전 13:4-8

"모든 민족을 제자로 삼[으라]"(마 28:19)와 "땅끝까지 이르러 내 증인이 되리라"(행 1:8하) 이 두 말씀을 요약하면 이렇습니다.

먼저 "모든 민족을 제자로 삼[으라]"는 말씀은 특수 요원을 만들라는 말이 아니고 모든 인류가 차별 없이 동등한 신분으로 부르심을 받고 있다는 뜻입니다. 이는 임무 수행 차원에서의 열심을 가리키는 것이기보다는 구원의 적용 대상이 어떻게 해서 '모든 민족'인지에 좀 더 초점이 있습니다. 그 이유는 "하늘과 땅의 모든 권세를 내게 주셨으니"(마 28:18)가 조건이기 때문입니다.

그리고 "땅끝까지 이르러 내 증인이 되리라"는 말씀은 예수 그리스도의 증인이 되라는 것입니다. 이는 예수 그리스도와 그분의 십자가로 말미암는 새 생명의 출생과 변화된 삶의 성장을 증언하는 것입니다. 그 이유는 "오직 성령이 너희에게 임하시면 너희가 권능을 받고"(행 1:8상)가 조건이기 때문입니다.

이 두 말씀 다 어떤 특별한 일을 이루기 위한 수단으로서 동원되기보다 지금부터 만민에게 허락되는 구원의 근거나 이유가 민족이나 개인의 차별 없이 예수 그리스도로만 가능하다는 조건으로 등장합니다. 이를 봐도 초점이 우리가 맡은 임무의 치열함이나 중요성에 대한 강렬한 권면이기보다 '대상의 전 인류화'에 있다고 볼 수 있습니다. 다시 말해, 이 말씀들은 큰일을 해야 하는 능력 차원에서 필요한 것이 아니라 모든 인류에게 허락된 구원의 은혜와 성령의 능력으로 말미암은 근거로서 그 확신을 제시하는 것입니다.

"제자로 삼아"의 의미

"제자로 삼[으라]"는 것은 당시 '도제 제도'와 연관지어 생각해 볼 수 있습니다. 오늘날처럼 정보를 전달하는 교육 제도가 아니라 스승과 제자가 함께 숙식하며 가르치고 배우는 교육 제도입니다. 이런 제도는 배우는 기술에 관한 것이 아니라 존재와 인격의 변화를 위해 배우고 전수하는 것을 의미합니다. "제자로 삼[으라]"는 갖고 있는 정보를 전하고 받아들이는 정도가 아닙니다. 더불어 "내가 너희에게 분부한 모든 것을 가르쳐 지키게 하라"는 의외로 가장 중요한 십자가 사건 곧 구속 사건의 핵심인 예수의 죽음으로 연결되기보다는 그리스도께서 분부한 모든 것 즉 신자와 비신자의 차이, 예수 그리스도로 말미암아 거듭난 인간상에 초점이 있다는 것을 알 수 있습니다. 대표적 예로 산상 설교가 있습니다. 산상 설교에 나오는 인간상은 비신자로서는 흉내 낼 수 없는 것입니다. 원수를 사랑하고, 오른편 뺨을 치거든 왼편도 돌려 대며, 빛이 되고 소금이 되는 것 같은 것입니다. 이런 것들은 예수 그리스도로 말미암아 구원이 이루어졌다는 것을 가르칠 뿐 아니라 그 구원이 인간을 어떻게 변화시키고, 인간에게 어떤 결과를 가져오는가에 초점이 있습니다. 그래서 제자로 삼고 가르치는 일에서는 예수를 믿고 구원받은 자들이 삶에서 변하는 모습을 전수하고 증인이 되는 것이 우선입니다.

지금까지 우리는 "제자로 삼아"라는 말씀을 예수 그리스도의 죽음과 부활이 갖는 선포적 내용을 아직도 모르는 자들에게 전해서 그들을 하나님의 백성으로 삼는 것이라고 이해해왔습니다. 그러나 제자로 삼는다는 것은 예수께서 행한 십자가 사건에 집중하기보다는 그 사건 때문에 생긴 구원받은 인간상 곧 새 사람에 초점이 맞춰져 있습니다. 사도 바울도 이를 늘 강조했습니다. 십자가로 말미암아 우리에게 생긴 것을 전수하여 저들로 변하게 하는 것이 오히려 제자로 삼아 가르치는 일의 핵심으로 보입니다. 만약 제자로 삼아 가르치는 것을 전도로만 볼 때는 개인 기술 개발로 갈 수밖에 없습니다. 성경은 그렇게 말하지 않습니다. 성경은 전도를 미련한 것으로 소개합니다(고전 1:21). 구원이 인간의 노력이나 지식의 산물이 아니라 하나님의 은혜의 산물이라는 것을 분명히 하기 위해 전도는 방법적 차원에서 볼 때 미련한 것입니다. 그런데 오늘날 우리는 전도를 똑똑하게 하려고 합니다. 자꾸 기술로 하려고 합니다. 이제는 "제자로 삼아"라고 할 때, 어떤 임무를 갖고 나가는 일이기보다는 내용이 무엇인지에 초점을 두어야 할 때입니다.

"분부한 모든 것"의 의미

"모든 민족을 제자로 삼아……내가 너희에게 분부한 모든 것을 가르쳐 지키게 하라"(마 28:19-20)에서 주님이 '분부한 것'이 무엇인지 살펴봐야 합니다. 그동안 우리는 "땅끝까지" "모든 민족"에게 뛰어 나가는 일에 너무 집중을 한 나머지, 가서 '무엇을 해야 되는지'를 놓친 감이 있습니다.

서로 사랑하라

주님이 우리에게 분부한 모든 것이 무엇인지 살펴보려면, 요한복음 13:34-35을 기억할 필요가 있습니다.

> 새 계명을 너희에게 주노니 서로 사랑하라. 내가 너희를 사랑한 것같이 너희도 서로 사랑하라. 너희가 서로 사랑하면 이로써 모든 사람이 너희가 내 제자인 줄 알리라.

이 말씀은 의미심장한 명령입니다. 어떤 의미에서 사도행전 1:8에 나오는 예수 그리스도의 증인이 되는 일 곧 예수 그리스도로 말미암아 새 사람이 되어 주를 따르는 자로 드러내는 일은 사랑을 하는 것입니다.

요한복음 13:34은 '새 계명'이라 하고, 마태복음 28:18-20은 '대위임령'이라 합니다. 사실 "땅끝까지 이르러 내 증인이 되[고]" "모든 민족을 제자로 삼[는]" 일과 "서로 사랑하라"는 별개가 아니고 하나로 연결된다고 생각해야 합니다. 이는 중요한 제자 원리입니다. "제자로 삼아"가 초대 제자들에게 제자 된 도리와 표로 서로 사랑하는 것을 요구했다면, 그다음 제자들을 삼는 것에 있어서도 가르치고 지켜야 할 도리와 표는 마땅히 서로 사랑하는 것이어야 합니다.

이 문제는 대단히 복잡합니다. 첫째는 왜 "서로 사랑하라"는 것이 주께서 우리에게 주신 가장 큰 명령이며 성경이 중심 사상으로 삼고 있는 제자 된 표인가 하는 것이고, 둘째는 "모든 민족을 제자로 삼[으라]"는 대위임령이 제자훈련에 있어서 어떻게 오해되고 있는가 하는 것입니다. 복잡하고 어렵다는 것은 그 사이에 오해할 소지가 많고, 실제로 오해한 제자훈련이나 그에 따른 신앙적 열심이 바로 이 문제에서 파생되었기 때문입니다.

우선 이렇게 생각해 봅시다. 이제껏 대부분의 제자훈련은 복음 전도 일변도였습니다. "예수를 믿고 구원받읍시다"라고 하는 것이 제자훈련의 초점이었습니다. 그 자체로는 분명 잘못이 아닙니다. 복음 전도가 제자 된 모든 성도가 가져야 하는 일차 책임인 것도 사실입니다. 그러나 복음 전도가 초점이 되었을 때, "서로 사랑하라"는 주님의 새 계명과 연결이 부족했기 때문에 그 전도는 '복음의 습격'을 생각하게 하는 양상을 띠었습니다.

'복음의 습격'이라는 말의 어감을 이해하십니까? 습격은 어떤 뜻이죠? 탈취할 목적을 위하여 갑자기 상대편을 무참하게 파괴하는 행위를 말합니다. 그래서 전도라는 행위가 "모든 민족을 제자로 삼[으라]"는 대위임령을 근거로 한다 할지라도 "서로 사랑하라"는 말씀과 연계성을 놓치고, 제자 된 첫 번째 사명으로 이해되었을 때에는 언제나 파괴적 습격으로 자행되어 왔습니다. 이것이 서로 사랑해야 하는 가장 큰 이유입니다. 복음을 전하고 예수 그리스도에게 사람을 귀의(歸依)시키는 것은 파괴적이거나 심판적이지 않습니다.

복음이 습격이라는 성격으로 나아갈 때에는 반드시 구해야 할 대상이 있습니다. 그 대상은 불쌍한 자라기보다는 벌 받아 마땅한 자들입니다. 여기서 습격이라고 표현한 것은 하나님이 우리에게 벌 받아 마땅한 자들을 구원하라고 명령하셨다고 믿기 때문입니다. "숨바꼭질할 사람 여기 붙어라"를 하는 거죠. "예수 믿을 사람은 나를 따라오고, 싫으면 그냥 거기 있다가 죽어라" 하고 싹 쓸어 오는 겁니다. 이 속에는 '너희는 죽어 마땅하고 벌 받아 마땅하지만, 하나님이 나에게 구원 명령을 내리셨기에 어쩔 수 없이 나간다. 따라오면 너희에게는 복이고, 따라오지 않으면 너희는 죽어도 싸다'는 어감이 담겨 있습니다. 이런 복음 전도는 '파괴적'입니다. 이런 습격의 성격을 가진 복음 전도가 제자훈련의 초점이 되면, 그 일을 행하는 자의 기고만장함은 이루 말할 수 없습니다. 오늘날 이것이 가장 크게 오해되었던 지점이고 실제로 제자훈련과 복음 전도라는 이름으로 성도들에게 매우 해롭게 작용했습니다.

과거 기독교를 바탕으로 성장한 서구가 복음을 전파하면서 종교적 명분으로 참혹한 짓을 한 이유가 무엇입니까? 믿는 자가 갖는 우월감 때문이었습니다. 그 우월감에 대한 성경적이고 역사적인 근거로, 이스라엘 백성이 가나안 땅에 들어갈 때 그 땅의 원주민을 진멸하라는 하나님의 말씀을 들었습니다. 특히 중세 시대 기독교 국가인 서구 문명과 이슬람 국가인 사라센 문명이 충돌할 당시에 어느 지역을 십자군이 점령했을 때와 이슬람교도가 점령했을 때를 비교해보면 기독교 국가가 점령했을 때 훨씬 잔혹했다고 역사가 증언합니다. 이는 하나님의 말씀을 오해해서 나타난 만행입니다. 가나안의 진멸은 그곳에 사는 사람들의 죄에 대한 심판이었습니다. 가나안 사람들의 불신앙에 대한 심판은 이스라엘 백성에게 경각심을 심어 주었습니다. 그러나 그 이후로 비신자들에 대한 우리의 태도는 이렇게 굳어졌습니다. 예수 그리스도께서 죄인을 구하기 위해 십자가를 지시려고 이 땅에 오신 것을 외면하는 자 곧 우리 편이 아닌 자를 심판하여 살육을 감행할 수 있다는 기고만장한 신앙을 가진 것으로 보입니다.

그 옛날 유대인들이 이방인들에게 그랬던 것처럼, 기독교 국가들이 2천 년간 예수를 배척한 유대인들을 개나 돼지로 취급했습니다. 또한 백인들이 식민지 정책을 펼치면서 선교사를 앞서 보내 복음 전파는 간만 보이고 몹쓸 짓을 많이 했습니다. 자신들은 하나님의 백성이고 원주민들은 약탈의 대상이라는 신앙 차원의 근거를 가졌기 때문입니다. 대표적 예로 영국이 인도를 지배할 때 그랬습니다. 그 때문에 영국의 식민지였던 나라들 중에는 지금도 예수를 믿지 않는 경우가 있습니다.

자신이 하나님 편에 서 있다는 명분으로 자신을 옳다고 여기고 용서와 긍휼이 없는 행위는 기독교 역사의 구비마다 빼놓지 않고 나오는 부작용이었습니다. 이것이 과거에는 정치적 힘으로 또는 군사적 행동으로 자행되었습니다. 여전히 아직도 그런 나쁜 유산들이 기독교인에게 잠재적으로 남아 있는 듯합니다. 대부분의 신자가 신앙생활을 할 때, 특히 전도를 할 때 자기도 모르게 교만하고 정죄하는 모습을 드러내는 게 사실입니다.

그렇기에 제자훈련을 잘못하면 높은 계급의 인도자가 되거나 심하게 말하면 교황같이 되는 부작용을 낳습니다. 훈련의 이면에는 겸손이나 화목이나 온유가 없고, 최후의 심판을 위해 엄지손가락을 치켜드는 로마 황제만 남습니다. 그가 손가락을 내리면 죽고, 손가락을 올리면 살아나는 그런 이상한 지위에 오르는 것을 자주 봅니다. 복음의 습격 때문에 나타나는 현상입니다.

그러나 제자훈련은 새 사람의 모습으로 섬겨야 합니다. 새 사람이 된 근거는 십자가입니다. 십자가는 항복하는 싸움입니다. 그것이 제자를 삼는 것이고 가르치는 것입니다. 그때에 사람은 자신이 갖고 있는 것, 먼저 가진 것을 나누어 주는 자가 아닙니다. 자신이 어떻게 변했고, 왜 변했으며, 무엇 때문에 변했는지를 그 변한 것으로 항복해야 합니다. 제자훈련은 전도적이지 않고 인격이 변하는 싸움이어야 합니다. 제자훈련은 전도의 기술이나 열심만 가지고 할 수 있는 것이 아니라 새 사람으로 가야만 할 수 있습니다. 더불어 새 사람에게 가장 중요한 핵심은 사랑입니다.

서로 사랑해야 하는 이유

왜 주께서 새 계명을 주실 때, "서로 사랑하라"고 하셨을까요? 왜 모든 민족을 제자로 삼는 일 곧 제자들로 하여금 또 다른 제자를 삼으라고 하신 핵심을 사랑으로 삼고 계신가요? 신자 된 두드러진 표가 왜 사랑일까요? 이것이 이번 장에서 풀어야 할 사항입니다.

여러분이 잘 아는 고린도전서 13장은 '사랑장'이라 할 만큼 사랑에 대해 음미할 만한 여러 개념이 담겨 있습니다.

> 사랑은 오래 참고 사랑은 온유하며 시기하지 아니하며 사랑은 자랑하지 아니하며 교만하지 아니하며 무례히 행하지 아니하며 자기의 유익을 구하지 아니하며 성내지 아니하며 악한 것을 생각하지 아니하며 불의를 기뻐하지 아니하며 진리와 함께 기뻐하고 모든 것을 참으며 모든 것을 믿으며 모든 것을 바라며 모든 것을 견디느니라. 사

랑은 언제까지나 떨어지지 아니하되 예언도 폐하고 방언도 그치고 지식도 폐하리라(고전 13:4-8).

한마디로 사랑은 열심이나 불꽃이 아닙니다. 연애할 때 사랑은 휘발유에 붙은 불 같습니다. 그 불에 닭을 구우면 겉만 타고 속은 익지 않습니다. 그러나 결혼 20년차가 되면 불꽃은 없지만 72시간 푹 곤 삼계탕 같습니다. 타지 않고 뼈까지 녹아 있습니다. 여기서 말하는 사랑이 바로 이런 것입니다. 사랑은 상대방이 되는 것입니다. 군대 간 자식 때문에 더운 여름에 에어컨 틀기를 거부하는 부모 마음 같습니다.

또 왜 주께서 "서로 사랑하라"고 하셨을까요? "서로 사랑하라"는 제자들끼리 하라는 것이 아닙니다. '원수까지 사랑하라'입니다. 왜 이런 사랑이 요구되고 있는지 4절에 있는 말씀을 보십시오. "사랑은 오래 참고 사랑은 온유하며 시기하지 아니하[기]" 때문입니다. 시기하지 않는다는 것은 무엇일까요? 남을 미워하지 않는 것입니다. 이를 다른 성경 말씀에서 그 근거를 찾아봅시다.

시편 37:1을 보면 "불의를 행하는 자들을 시기하지 말지어다"라고 되어 있습니다. 사명이라는 하나의 명분만 갖고 있을 때처럼, "나는 주를 믿고 그분을 위해 사는데, 너는 자신의 배만 불리려고 사는구나. 사실 나는 너를 구원시켜 줄 마음은 없다. 그런데 하나님이 그러라고 하셔서 내가 딱 한 번만 기회 준다. 믿을래, 안 믿을래? 안 믿어? 그래 넌 이제 죽었어"가 아닙니다. 사랑은 그런 것이 아닙니다. 여기서 말하는 사랑은 굉장히 의미심장합니다. 투기하지 않고 자랑하지 않습니다. "나는 믿었다. 너는 안 믿었다. 나는 거룩하다. 너는 아니다"라고 하지 않습니다. "너희처럼 사는 것은 지옥 가는 것이고, 나같이 살아야만 한다"라는 말로 상대방에게 구원받으라고 하는 것과 "난 잘났고, 넌 못났다"고 하는 것은 근본적으로 같은 말입니다.

"사랑은 무례히 행하지 아니하며 자기의 유익을 구하지 아니하며 성내지 아니하며 악한 것을 생각하지" 않습니다(고전 13:5). "하나님, 저 사람은 회개하게 하지 마세요"라는 생각을 하지 않습니다. 여러분은 미워하는 사람이 생기면 그 사람이 회개할까봐 제일 겁나죠? 회개하면 곤란하잖아요. 그 사람이 회개하지 않고 버티다가 죽어서 뜨뜻한 곳에 가야 내 성이 풀릴 텐데 말이죠. 어느 날 여러분이 미워하던 그 사람이 회개하고 예수를 열심히 믿으면 내가 예수를 안 믿게 된다고요. 불공대천의 원수라는 거죠. '난 저 인간하고는 천국도 같이 갈 수 없다!' 이런 태도가 예수를 믿는 데 여러분의 마음속에 얼마나 나쁘게 작용하는지를 아셔야 합니다. 그래서 "불의를 기뻐하지 아니하며 진리와 함께 기뻐[합니다]"(고전 13:6). 상대방은 예수 믿지 못하고 죽어 가는데, 우리는 구원받은 것으로 기뻐하지 않습니다. 상대방이 구원받아 함께 생명과 진리로 가는 것을 기뻐하는 것이 사랑입니다.

"모든 것을 참으며 모든 것을 믿으며 모든 것을 바라며 모든 것을 견[딥니다]"(7절). 이런 것이 일어날 것을 믿는 것이 사랑입니다. 제자는 자신이 아니면 무엇이 안 될 것 같은 입장에 서 있는 자가 아닙니다. 구원이 나에게 일어났으니 누구에게도 일어날 것이라고 믿는 것이 사랑이요, 모든 민족에게 갈 수 있는 근거입니다.

사랑은 상대방 편에 서는 것입니다. 예수께서 우리 편에 서 계십니다. 상대방의 유익을 위해 내 모든 것을 희생하는 것입니다. 사랑이란 베푸는 자의 자랑이 아니며 베푸는 자의 고결함을 증명하는 것도 아닙니다. 사랑을 받아야 할 사람이 혜택을 받아야 사랑입니다. 신앙의 모든 행위가 이를 증명하려고 한다면 이미 그것은 신앙이 아닙니다. 따라서 제자훈련은 서로 사랑하는 것입니다. 상대방의 유익을 구하는 사랑이요, 예수께서 우리를 위해 이 땅에 기꺼이 오시고 십자가를 지신 것 같은 사랑입니다. 이것이 온통 성경에 흩어져 있는 가르침입니다.

사도 바울이 디모데전서 1:12-14에서 자신에 대해 이렇게 소개합니다.

> 나를 능하게 하신 그리스도 예수 우리 주께 내가 감사함은 나를 충성되이 여겨 내게 직분을 맡기심이니, 내가 전에는 비방자요 폭행자였으나 도리어 긍휼을 입은 것은 내가 믿지 아니할 때에 알지 못하고 행하였음이라. 우리 주의 은혜가 그리스도 예수 안에 있는 믿음과 사랑과 함께 넘치도록 풍성하였도다.

바울은 예수 그리스도의 1대 제자입니다. 그런데 바울은 자신의 제자상을 이처럼 소개했습니다. 사도 바울은 숙달된 조교나 능력 있는 종이 아닙니다.

저는 노래를 잘 못합니다. 박자와 음정에 독특한 견해를 갖고 있어 독창은 되는데 합창이 안 됩니다. 고등학교를 졸업한 후, 성가대에 들어가려고 오디션을 받았습니다. 그 당시 성가대에 들어가는 것은 어려운 일이었기에 안 될 줄 알았는데 통과했습니다. 그동안 제가 너무 겸손했다고 생각했습니다. 그러던 어느 날 지휘자가 성가 연습을 마치고 광고 시간에 "여러분, 성가대에 많이 지원해주십시오. 성가대는 그렇게 어려운 곳이 아닙니다. 저기 보십시오. 미스터 박도 있지 않습니까?" 하는 것입니다. 제 역할이 무엇이었는지 아시겠습니까? 사도 바울의 역할은 정확히 이것입니다. "나를 봐라, 너희가 은혜 받기에 얼마나 좋은 조건에 있는지를!"

성경은 모세나 엘리야나 다니엘의 훌륭함을 증명하기 위해 그들을 샘플로 뽑지 않았습니다. 그들은 그 시대에 있던 신앙인 중의 하나일 뿐입니다. 단지 그들의 생애가 하나님이 우리에게 하시고 싶은 이야기의 많은 부분을 함축하고 있을 뿐이지, 이들이 누구보다 뛰어나기 때문에 성경에 기록된 것은 아닙니다. 우리는 위인도 영웅도 아닌 사람들을 대단한 사람처럼 여기고 있습니다. 이처럼 제자훈련 받는 것으로 남다른 우월감에 빠지지 않도록 주의해야 합니다. 우리는 자신을 영웅처럼 만들지 않아야 합니다. 성경 자체가 그런 것을 의도하거나 요구하지 않기 때문에 더욱 조심해야 합니다. 이것이 땅끝까지 가는 우리의 자세요, 하나님이 부르시는 모든 민족 앞에 서는 우리의 태도여야 합니다. 이렇듯 제자의 근거와 원리는 "서로 사랑하라"입니다.

어떤 학자는 "서로 사랑하라"는 '사랑하라'이고 "모든 민족을 제자로 삼[으라]"는 또 다른 문제라고 합니다. 이유는 "모든 민족을 제자로 삼[으라]"는 명령이 예수 그리스도의 유언이라서 그렇다고 합니다. 물론 이 말씀이 주께서 마지막으로 말씀하시고 승천하셨으니까 유언으로 크게 작용하기는 합니다. 청개구리의 이야기처럼 마지막 유언이기에 더 크게 우리에게 작용한 것이 아닌가 하는 생각도 듭니다. 실제로 그런지 확인해 봅시다. 마태복음 5:13-16을 읽어 보겠습니다.

> 너희는 세상의 소금이니, 소금이 만일 그 맛을 잃으면 무엇으로 짜게 하리요? 후에는 아무 쓸데 없어 다만 밖에 버려져 사람에게 밟힐 뿐이니라. 너희는 세상의 빛이라. 산 위에 있는 동네가 숨겨지지 못할 것이요. 사람이 등불을 켜서 말 아래에 두지 아니하고 등경 위에 두나니, 이러므로 집 안 모든 사람에게 비치느니라. 이같이 너희 빛이 사람 앞에 비치게 하여 그들로 너희 착한 행실을 보고 하늘에 계신 너희 아버지께 영광을 돌리게 하라.

희한하지 않습니까? 우리는 불이 아니라 빛입니다. 엘리야 앞에 나타나신 하나님은 세미한 음성 속에 계셨습니다. 그 이전에 하나님은 산을 가르고 바위를 부수는 바람, 지진, 불로 보여주셨습니다. 왜 그러셨습니까? 하나님이 엘리야에게 "너는 내가 이렇게 했으면 좋겠느냐?"고 물으신 것입니다. 오늘날 제자훈련은 이런 것을 만들자는 겁니다. 강한 바람, 지진, 불처럼 모든 것을 살라 버리는 것 말입니다. 파괴적이고 압제하는 살생 무기, 군사적 태도가 아니라 예수 그리스도를 보내신 하나님의 일하심 자체가 은혜와 긍휼과 기다림이듯이 지금은 은혜의 때요, 구원의 날입니다. 그런데 우리는 제자훈련이라는 이름으로 즐겨 군복을 입고 살상용 무기를 만들고 있습니다. 그러면 안 됩니다. 이제 우리의 제자훈련, 제자도, 모든 성도의 근본 사상은 사랑입니다. 사랑이 제자 된 표입니다. 우리가 이 사랑을 먼저 실천하여 사람들에게 표를 내야 합니다.

사랑한다는 것

앞서 이야기한 사랑한다는 것은 마태복음 5장 43-48절에는 이렇게 나옵니다.

> 또 '네 이웃을 사랑하고, 네 원수를 미워하라' 하였다는 것을 너희가 들었으나 나는 너희에게 이르노니, 너희 원수를 사랑하며 너희를 박해하는 자를 위하여 기도하라. 이같이 한즉 하늘에 계신 너희 아버지의 아들이 되리니, 이는 하나님이 그 해를 악인과 선인에게 비추시며 비를 의로운 자와 불의한 자에게 내려주심이라. 너희가 너희를 사랑하는 자를 사랑하면 무슨 상이 있으리요? 세리도 이같이 아니하느냐? 또 너희가 너희 형제에게만 문안하면 남보다 더 하는 것이 무엇이냐? 이방인들도 이같이 아니하느냐? 그러므로 하늘에 계신 너희 아버지의 온전하심과 같이 너희도 온전하라.

제자가 된다는 것은 "하늘에 계신 너희 아버지의 온전하심과 같이"(48절) 되는 것입니다. 우리가 그렇게 변해야 합니다. 그러기 위해 원수를 사랑하고 핍박하는 자를 위해 기도해야 합니다.

원수를 사랑하는 것은 무엇입니까? 여러분은 종교적 차원에서 탁월한 자인지 그 심성을 증명하는 것이 아니라 가장 증오할 만하고 미워할 만한 사람도 구원의 가능성이 있다는 점을 이야기하는 것입니다. 제자는 내가 저 사람보다 나아서 구원을 받았고, 저 사람은 나만 못해서 구원을 받지 못했다고 생각하지 않습니다. 만약 그렇게 생각한다면 사도 바울이 "죄인 중에 내가 괴수니라"(딤전 1:15)고 말한 것은 결국 겸손을 가장한 것에 불과합니다. 누가 신앙이 좋은 사람일까요? 따뜻한 사람, 그늘이 되는 사람입니다. 옆에 가면 찬바람이 불고, 걱정스러운 일이나 잘못한 일을 의논하면 눈에 힘주고 째려보는 사람은 신앙이 좋지 않습니다.

사랑은 희생적입니다. 상대방을 위해 기꺼이 나를 희생하고 어려움을 감수합니다. 이것이 다른 사람 앞에 제자로 설 수 있는 유일한 무기요 근거요 원리입니다. 그리고 이것이 우리가 삼는 제자들이 우리에게 배워야 하는 부분입니다. 이는 십자가로만 가능합니다. 십자가가 빠진 것은 자기 증명에 불과합니다. 결국 예수 그리스도가 빠진 것입니다.

이런 것은 한국 교회에서 잘못 가르친 겁니다. 성경 내용에 대해 물으면 손을 들고 성경 몇 장 몇 절이라 답하고 그에 대해 번드르하게 말하며, 봉사하라고 하면 소매 걷어붙이고서는 뒤를 한번 쓱 째려보는 것은 잘못된 행동입니다. 있는지 없는지 모르는 사람, 하지만 있어야 사람들에게 힘을 주는 사람, 그런 사람이 되어야 합니다. 그냥 커피만 마시고 있고 일은 다른 사람들이 다 하는데도 모두 좋아하는 사람이 있고, 손수 소매를 걷어붙이고 일하는데도 사람들이 좋아하지 않는 사람이 있습니다. 이유를 생각해봐야 합니다.

하나님이 왜 "그 해를 악인과 선인에게 비추시며 비를 의로운 자와 불의한 자에게 내려 주[시겠습니까?]"(마 5:45) 우리가 볼 때 선인과 악인이 있고, 의로운 자와 불의한 자가 있을지언정 하나님 앞에는 "의인은 없나니 하나도 없[기]"(롬 3:10) 때문입니다. 하나님이 모두에게 베푸신 것이 바로 구원입니다. 선인과 악인에게, 의로운 자와 불의한 자에게 구원을 베푸셨습니다.

마치 우리가 나는 선인이나 의로운 자이고, 다른 사람들은 악인이나 불의한 자인 것처럼 다가간다면 그건 제자로서 훈련을 잘못 받은 것입니다. 하지만 실제로 그런 훈련이 행해졌습니다. 그런 훈련은 성경이 가르치는 것이 아닙니다. 보통 신앙이 좋다는 사람 치고 신앙 좋은 사람 없고, 신앙이 나쁘다는 사람은 정말 신앙이 나쁩니다. 그나마도 못한 거니까요. 문제는 좋은 신앙을 정상적으로 제시한 것이 드뭅니다. 누가복음 10:25-29을 보십시오.

> 어떤 율법교사가 일어나 예수를 시험하여 이르되 '선생님, 내가 무엇을 하여야 영생을 얻으리이까?' 예수께서 이르시되 '율법에 무엇이라 기록되었으며 네가 어떻게 읽느냐?' 대답하여 이르되 '네 마음을 다하며 목숨을 다하며 힘을 다하며 뜻을 다하여 주 너의 하나님을 사랑하고 또한 네 이웃을 네 자신같이 사랑하라' 하였나이다. 예수께서 이르시되 '네 대답이 옳도다. 이를 행하라. 그러면 살리라' 하시니, 그 사람이 자기를 옳게 보이려고 예수께 여짜오되 '그러면 내 이웃이 누구니이까?'

율법교사가 질문합니다. "어떻게 영생을 얻습니까?" 예수께서 다시 질문하십니다. "율법에 무엇이라 기록되었고, 당신은 어떻게 읽었는가?" 그러자 율법교사가 "하나님을 사랑하고 네 이웃을 사랑하라" 했다고 대답합니다. 그랬더니 예수께서 옳다고 하셨습니다. 그 사람이 자기를 옳게 보이려고 예수께 또 묻습니다. "내 이웃이 누구입니까?" 이 질문은 중요합니다. "어느 정도까지 해야 이웃에 대한 사랑을 하는 것입니까?"라는 질문입니다. "사돈의 팔촌까지면 됩니까? 아니면 버스 타고 두 시간 거리 내에 있는 사람까지입니까?" 이런 것을 묻는 겁니다. 그러자 주님이 우리가 잘 아는 선한 사마리아인 비유를 드십니다.

어떤 사람이 예루살렘에서 여리고로 가다가 강도를 만나 거의 죽게 되었습니다. 그때 제사장이 그냥 지나갔고, 잠시 후 레위인도 그냥 지나갔습니다. 하지만 사마리아인이 보고 강도 만나 죽게 된 자를 데려다가 치료해서 여관에 투숙하게 했습니다. 게다가 자기 일을 보고 다시 돌아오겠다고 약속하며 강도 만난 자를 여관 주인에게 맡기고 갔다는 비유입니다. 당시 유대인들은 사마리아인들을 사람으로 치지 않았습니다. 이 비유를 들려 주시고는 예수께서 이렇게 묻습니다. "네 생각에는 이 세 사람 중에 누가 강도 만난 자의 이웃이 되겠느냐?"(눅 10:36) 질문과 답이 전혀 다르다는 것을 아시겠습니까? 율법교사의 질문은 "네, 하나님을 사랑하고 네 이웃을 사랑해라, 좋습니다. 내가 내 이웃을 사랑하겠습니다. 그런데 하나님은 대상이 분명한데, 사랑해야 하는 이웃은 어느 정도입니까?"였습니다. 그런데 주님의 대답은 "강도 만난 사람이 볼 때 누가 이웃이었겠느냐?"란 말입니다. 전혀 다르죠? 율법교사가 바로 대답합니다. "자비를 베푼 자[입니다]." 예수께서 말씀하셨습니다. "가서, 너도 이와 같이 하라"(눅 10:37).

이것이 바로 "땅끝까지"이며 "모든 민족"입니다. 땅끝까지 모든 민족 앞에 십자군 깃발을 들고 내가 가진 구원과 내가 깨우친 진리를 나눠 주러 가는 것이 아닙니다. 뭘 재러 가는 것도 아닙니다. 강도 만난 자에게 자비를 베푼 자가 이웃이었듯이 우리는 도우러 가는 자로, 하나님 앞에 일을 맡은 자로, 섬기는 자로 보냄 받았습니다. 그들 앞에 대접받는 자, 선생과 지도자로 가는 게 아닙니다. 오히려 종과 하인으로서 섬기라고 보냄 받았습니다.

이제부터 우리는 가진 자나 베풀 자로서 우리가 가진 것을 나누러 가는 것이 아니라 하나님이 우리를 구원하기 위해 예수 그리스도를 보내셨듯이 우리도 하나님이 구원하려는 영혼들을 향해 그분의 종으로서 "땅끝까지" "모든 민족"에게 가는 것입니다. 우리가 하나님 앞에서 하는 제자도나 복음 전도를 포함한 모든 일은 다 아버지께서 베푸신 은혜와 긍휼에 수종 드는 자 곧 청지기로 다듬어지는 훈련입니다.

우리가 세상에 자신의 지식과 재물을 나누고 유익을 줄 때, 아무리 선한 의도라도 나의 자랑이나 공덕이나 지식이 드러나면 안 됩니다. 제자훈련은 종으로서의 겸손함과 주를 섬기는 두려움이 절대로 혼동되지 않습니다. 한마디로 주의 일을 할 때 잘난 척하지 말아야 합니다. 우리는 모든 일에서 잘난 척을 하듯, 주의 일을 하는 데 있어서도 잘난 척을 하고 싶어 합니다. 그래서 이 일이 '사랑'과 '섬기는 것'으로 규정된다는 것을 놓칩니다. 대접을 받는 게 아니라 섬겨야 합니다. 제자는 내가 무엇을 나누어 준다고 자랑하는 시혜자이기보다는 주께서 하시는 일을 시중드는 자이기 때문입니다. 성경은 우리에게 이것이 모든 민족을 제자로 삼는 일의 근본 자세여야 한다고 가르치고 있습니다.

이럴 때 우리는 앞서 살펴본 마태복음 5:43-48 중에 나온 "원수를 사랑하[라]"(44절)를 제대로 이해할 수 있습니다. 내 이웃은 내가 사랑을 베풀지 않으면 안 되는 자가 모두 내 이웃입니다. 내가 사랑을 베풀지 않아도 되는 자는 내 이웃이 아닙니다. 그런데 우리는 내게 유익을 주는 자가 이웃이라고 생각합니다. 모든 신자에게, 이웃이란 하나님의 은혜가 필요한 자요, 그분의 은혜를 소개하고 그분이 베푸시는 은혜로 시중들어야 하는 대상이 전부 우리 이웃입니다. 그런 면에서 제일 먼저 될 이웃은 원수입니다. 여러분이 사랑하고 싶은 사람을 좋아하고 갈 만한 곳에 가는 것은 사랑이 아닙니다. 사랑은 베푸는 자가 결정하는 것이 아니라 사랑이 필요한 자가 결정하는 것입니다. 이제 이해하시겠습니까?

마태복음 5:46-47을 다시 보겠습니다.

너희가 너희를 사랑하는 자를 사랑하면 무슨 상이 있으리요? 세리도 이같이 아니하느냐? 또 너희가 너희 형제에게만 문안하면 남보다 더 하는 것이 무엇이냐? 이방인들도 이같이 아니하느냐?

여기서 "이방인들"이란 비신자 곧 하나님을 모르는 자들을 말합니다. 이들은 사랑할 만한 사람만 사랑하고 책임질 자들만을 책임집니다. 그러나 우리는 다릅니다. 우리는 불쌍한 자와 원수를 책임져야 합니다. 강도 만난 자가 볼 때 누가 이웃이었는지 생각해 봅시다. 스스로 자신을 거룩하고 의로우며 잘났다고 여기는 것은 강도 만난 사람에게 아무 의미가 없습니다. 제사장이건 레위인이건 말이죠. 당시에 사마리아인은 유대인에게 사람 취급 못 받고 욕먹는 사람이었지만, 강도 만난 사람 입장에서는 자기를 도와준 사람입니다. 그 사람만이 사랑을 베푼 자입니다.

여전히 우리는 복음 전파 사명을 누가 더 멀리, 더 어려운 곳에 가느냐의 싸움으로 여깁니다. 여러분은 태국 가서 선교하는 것과 아프리카 콩고에 가서 선교하는 것 중에 어느 쪽이 더 세 보입니까? 지금은 그런 분위기가 좀 뜸해졌지만 그 옛날 중공이나 소련에 들어가서 가서 선교를 한다면 정말 세 보였습니다. 그런 곳에서 선교하는 분들의 이름은 보통 안드레입니다. 혹여나 인터뷰에 나오더라도 꼭 선글라스를 끼고 나옵니다. 수염도 길러서 누군지 모르게 합니다. 정말 대단해보였습니다. '기왕, 예수를 믿고 하나님의 종이 되려면 저 정도는 해야지'라고 생각해보셨을 겁니다.

먼 곳에 가서 선교한다고 꼭 사랑을 전하는 게 아닙니다. 그럼, 누구에게 전해야 합니까? 여러분 주변을 보세요. 원수가 여러분 집안에 있습니다. 우리 주변에 얼마든지 널려 있습니다. 누가복음 10장에 나온 사마리아인이 강도 만난 사람을 구한 것처럼 해야 합니다. 성경에는 "강도 만난 사람은 다 오시오"라고 하지 않았습니다. 가다가 우연히 만난 겁니다. 그때 외면하지 말아야 합니다. 그것이 전하는 자의 일차 사명입니다. 그러나 우리는 누가 더 멀리 가고, 누가 더 어려운 일을 하는 것으로 재려고 합니다. 쉽게 말하면 우리는 아무도 종이 되려고 하지 않습니다. 그러나 종이 되어 섬겨야 되는 이 싸움이 제자도요, 이를 훈련하는 것이 제자훈련입니다. 이것이 하나님이 우리에게 요구하시는 올바른 성장의 길입니다.

마태복음 22:34-40에 이렇게 나옵니다.

예수께서 사두개인들로 대답할 수 없게 하셨다 함을 바리새인들이 듣고 모였는데, 그중의 한 율법사가 예수를 시험하여 묻되 '선생님, 율법 중에서 어느 계명이 크니이까?' 예수께서 이르시되 '네 마음을 다하고 목숨을 다하고 뜻을 다하여 주 너의 하나님을 사랑하라' 하셨으니 이것이 크고 첫째 되는 계명이요. 둘째도 그와 같으니 '네 이웃을 네 자신같이 사랑하라' 하셨으니 이 두 계명이 온 율법과 선지자의 강령이니라.

우리는 이 말씀에서 왜 율법의 대강령이 하나님을 사랑하고 이웃을 사랑하는 것인지를 알 수 있습니다. 하나님을 사랑하는 것은 '하나님은 우리에게 충분하시다'라는 뜻입니다. "나 외에는 다른 신들을 네게 두지 말라"(출 20:3), "네 하나님 여호와의 이름을 망령되게 부르지 말라"(출 20:7)는 하나님이 우리의 보호자가 되시고 복의 근원이 되시고, 우리에게 복 주시는 모든 것 이외에 더 필요한 다른 근거와 보호자를 가질 필요가 없다는 뜻입니다.

이웃을 사랑하라는 것은 "살인하지 말라. 간음하지 말라. 도둑질하지 말라. 네 이웃에 대하여 거짓 증거하지 말라. 네 이웃의 집을 탐내지 말라"(출 20:13-17)고 하신 말씀처럼, 우리에게 주신 것이 충분하다는 뜻입니다. 남의 것을 빼앗아 가질 필요가 없습니다. 이렇게 되면 "여호와는 나의 목자시니 내게 부족함이 없으리로다"(시 23:1)라고 이야기할 수 있습니다. 또 내 이웃이 가진 것으로 내가 불평할 필요가 없는 것은 하나님은 나에게 충분하신 분이기 때문입니다. 남의 것을 빼앗아서 가져야 할 만큼 핍절한 상황에 빠지지 않도록 하나님이 우리를 도우십니다. 이를 근거로 하나님의 자녀가 되어 내 이웃을 사랑하는 것은 내 이웃의 것을 빼앗아서 나의 부족함을 채울 필요가 없다는 뜻입니다.

결국 서로 사랑해야 하는 이유는 세상에서 하는 양육강식이나 적자생존 방식으로 남의 것을 빼앗아야만 자기 것이 되는 사람으로 살지 않겠다는 의지요 증거이기 때문입니다. 사랑할 수 있다는 것은 세상 속에 있지 않은 것입니다. 사랑하는 것만으로 우리는 다른 세계에 산다는 것을 증명하는 셈입니다. 사람의 필요에 따라 우리가 섬기러 갈 수 있는 이유는 하나님이 그들에게 어떤 은혜를 주시고 복을 주시든 나에게 이미 충분하기 때문입니다. 우리가 사랑의 증인인 이유는 그것을 우리가 먼저 가졌을 뿐 아니라 넉넉히 가졌기 때문입니다.

하나님은 예수 그리스도를 통하여 우리를 수종 드는 자로 삼으셨지, 우리의 것을 뺏어 다른 사람들에게 주지 않으십니다. 누구를 사랑한다는 것은 내 것에서 나눠 주는 것이 아니라 하나님이 나에게 넉넉히 주신 것을 다른 사람에게도 넉넉히 주실 수 있기에 수종 들러 가는 것입니다. 그렇기 때문에 우리가 사랑의 마음을 갖는 것입니다. 사랑은 행위나 원리나 계명 정도가 아니라 우리가 누구인지를, 우리가 어디에 속했는지를 아는 것입니다. 사랑은 하나의 제자상을 정립하는 데 있어서도 가장 중요한 원리가 됩니다. 사랑은 좀 더 근본적 이해와 신앙관이라고 생각해야 합니다.

요한복음 13:12-15을 보면, 주께서 친히 이 문제를 말씀하신 대목을 볼 수 있습니다.

> 그들의 발을 씻으신 후에 옷을 입으시고 다시 앉아 그들에게 이르시되 '내가 너희에게 행한 것을 너희가 아느냐? 너희가 나를 선생이라 또는 주라 하니 너희 말이 옳도다. 내가 그러하다. 내가 주와 또는 선생이 되어 너희 발을 씻었으니 너희도 서로 발을 씻어 주는 것이 옳으니라. 내가 너희에게 행한 것같이 너희도 행하게 하려 하여 본을 보였노라.'

주님이 이 땅에 오셔서 우리를 구원하시기 위해 기꺼이 십자가를 지셨습니다. 또 제자들의 발을 씻기셨습니다. 그렇기 때문에 주님의 명예가 깎이고, 주님의 소유가 줄어들지 않았습니다. 우리는 그리스도가 십자가를 지신 것으로 "하나님이 그를 지극히 높여 모든 이름 위에 뛰어난 이름을 주사, 하늘에 있는 자들과 땅에 있는 자들과 땅 아래 있는 자들로 모든 무릎을 예수의 이름에 꿇게 하[셨다]"(빌 2:9-10)는 말씀을 봅니다. 이것이 "서로 사랑하라"는 말 속에 들어 있는 굉장히 풍부한 내용입니다. 비신자들은 자기 소유를 채우기 위해 남의 것을 빼앗아 자기 힘으로 붙잡아야 하는 각박하고 핍절한 상태에 있지만, 신자들은 전혀 다른 신분과 위치에 있습니다.

우리가 나누는 것은 내 것을 주는 것이 아닙니다. 우리는 하나님이 허락하신 일에 수종 드는 자로 동참할 뿐입니다. 우리가 그 일에 동참하면 우리 안에 거룩한 생명이 있고, 진리에 대해서 손해 보지 않고 부유해집니다. 주께서 우리를 위해 인간으로 오셔서 십자가를 지시고 자신의 목숨을 버리셨다고 해서 주님이 밑지신 게 없는 것처럼, 또한 그 일이 억울한 고난의 길이었음에도 불구하고 예수 그리스도의 영광이 드러난 것처럼, 성도들이 그리스도의 제자로 부름받은 길도 똑같습니다. 이는 더욱 멋있는 덕목이기 때문이 아니라 그렇게 하는 것이 우리에게 유익이요, 오히려 더 많은 열매를 맺는 부유하고 영광된 길이기 때문입니다. 그러므로 신자의 희생과 섬김과 사랑은 자신의 잘난 것을 증명하기 위한 것이 아닙니다. 세상에서는 희생으로 보이지만, 성경은 부요한 승리의 길이고 행복한 길이라는 것을 우리에게 가르치고 있는 셈입니다.

요한복음 14장 31절을 봅시다.

'……오직 내가 아버지를 사랑하는 것과 아버지께서 명하신 대로 행하는 것을 세상이 알게 하려 함이로다. 일어나라, 여기를 떠나자' 하시니라.

예수께서 십자가를 지신 이유는 아버지를 사랑하는 것과 아버지께서 명하신 대로 행하는 것을 세상이 알게 하기 위함이라고 합니다. 그러니까 십자가가 우리를 구원하는 유일한 길인 것도 사실이지만, 십자가를 지는 것이 아버지를 사랑하는 길이고 아버지께서 그 일을 기뻐하시기 때문에 기꺼이 참여하신 것입니다. 그러므로 우리가 서로 사랑하는 것은 그것이 많은 열매를 맺는 것이기도 하면서 동시에 주님이 기뻐하시는 길이기 때문에 마땅히 순종하는 것입니다.

제자도의 의미

제자도는 서로 사랑하는 것입니다. 왜일까요? 여러 가지 이유가 있습니다. 우선 우리는 넉넉하게 가진 자이기 때문입니다. 그리고 비신자들은 우리가 가진 것이 필요하기 때문입니다. 앞서 말했지만 우리가 가진 것을 주라는 것이 아닙니다. 하나님은 내게 주신 것을 그들에게도 주기를 기뻐하시기 때문입니다. 그 일은 내가 손해 보는 것이 아니라 한 알의 밀알이 썩어 많은 열매를 맺는 것 같은 부요함이 있습니다. 이것이 우리가 주를 사랑하고 이웃을 사랑하는 이유이기에 이 길에 기꺼이 동참해야 합니다.

결국 제자도라는 것은 하나님이 기뻐하시는 일에 순종하는 것이요, 그분의 사랑과 은혜를 나누는 일에 동참하는 것입니다. 또한 우리가 그 사랑과 은혜를 입은 자임을 증거하는 것입니다. 그 사랑과 은혜는 아무리 나누어도 손해 보는 일이 아니며 부요한 결실을 맺는 길입니다. 하나님이 사랑과 은혜를 베푸시는 일에 동참한 우리가 확인할 수 있는 일입니다. 우리는 이 일을 통해 신자 된 본질과 격에 대해 배웁니다. 제자훈련은 어떤 특수 요원이 되거나 기술을 배워 특수직을 감당하는 자로 훈련을 받는 것이 아니라 하나님의 자녀 된 본질과 격이 다르다는 것을 스스로 확인하고 그 안에서 부요해지도록 훈련하는 데 그 목적이 있습니다.

제자도의 모델

그렇다면 우리는 제자도의 모델을 무엇으로 삼아야 할까요? '주께서 제자들의 발을 씻기신 것같이' '주께서 우리를 사랑하신 것같이' 해야 합니다. 이 모든 것을 담은 모델을 다음 말씀으로 정립할 수 있습니다.

> 말씀이 육신이 되어 우리 가운데 거하시매 우리가 그의 영광을 보니 아버지의 독생자의 영광이요, 은혜와 진리가 충만하더라(요 1:14).

> 본래 하나님을 본 사람이 없으되 아버지 품속에 있는 독생하신 하나님이 나타내셨느니라(18절).

이 두 말씀이 제자도에 있어서는 가장 중요한 모델입니다. 말씀이 육신이 되었다는 것은 주께서 이제 나타내시려는 모든 일 곧 아버지의 은혜와 사랑과 거룩 그리고 우리를 향한 긍휼과 자비가 말씀으로만 나타나지 않고, 예수 그리스도의 삶 모든 영역에서 나타난다는 것입니다. 그러므로 우리가 서로 사랑한다는 것은 말로 하는 것이 아니라 행동으로 하는 것입니다. 그 행동은 꼭 움직이는 것만 의미하지 않고 삶의 원리, 방향, 자세와 같습니다. 하나의 격을 나타냅니다.

제자도란 결국 제자 된 신자 개인 인격의 뿌리요 근거요 핵심입니다. 또 인격과 영혼에서 흘러넘쳐 드러나는 격과 같습니다. 우리가 복음서를 이렇게 여러 개를 갖고 있는 이유는 주께서 반응하신 모든 일이 다 말씀이기 때문입니다. 결국 말씀이 하나님의 계시이고 뜻이며 성품입니다. 성경은 하나님이 무엇을 좋아하시는지 무엇을 싫어하시는지 깨닫게 하고, 주님의 존재 자체가 하나님이라는 것을 보여줍니다.

그런데 제자훈련이 변질되면 사람을 일할 때만 쓸모 있게 여기고 그렇지 않을 때는 가치 없게 여기는 경우가 많습니다. 이를 조심해야 합니다. 어떤 성도들은 기도를 하거나 구역 공부를 할 때는 번쩍거리는데, 그 외에 다른 것을 할 때는 아주 쓸모없는 사람이 있습니다. 이것은 곤란합니다. 그 사람이 괜찮은 사람인가 아닌가를 구별하는 방법은 '여행을 함께 가고 싶은지'를 생각해보면 됩니다. 여행을 간다는 것은 모든 약속된 조건과 시간 속에서 하는 것입니다. 정해진 일을 하는 것만으로 그 사람의 전 인격과 생애를 알 수 없습니다. 같이 살아봐야 알 수 있습니다.

예수께서 하나님의 사랑과 은혜와 긍휼을 말로 나누러 오신 것이 아닙니다. 그 짐을 지셨습니다. 구원은 우리에게 급한 문제이기에 어떡해서든 우리가 해결해야 할 일이었습니다. 목이 마른 우리가 우물을 파야 하는데 주께서 대신 하신 것입니다. 예수께서 하나님의 뜻을 이루는 것과 우리를 구원하는 일을 위해 대신 짐을 지셨습니다. "보라, 세상 죄를 지고 가는 하나님의 어린양이로다"(요 1:29).

제자도와 섬김

제자도의 핵심은 섬기는 것입니다. 섬긴다는 것은 편하거나 뽐낼 수 없습니다. 그건 고달픈 일입니다. 우리는 사랑의 마음을 갖되, 그 사랑을 섬기는 것으로 감수해야 합니다. 사람들은 사랑과 같은 옳은 말이나 명분 있는 말을 하면 대개 잽니다. 실제로 행하지는 않고 그런 말 하는 것으로 너무 나댑니다. 사랑을 말할 때는 그 일을 이루기 위해서 주님이 십자가를 지신 것같이 지고 가야 합니다. 우리는 섬기는 자세로 원수들을 하나님과 화목하게 하기 위하여 보냄을 받은 자들입니다. 우리가 맡은 섬김의 일이 고달프기는 하나 이를 제대로 감당하면 우리 마음에 주님이 가지셨던 평강과 한없는 기쁨과 빼앗길 수 없는 감사가 넘칠 것입니다. 성경은 하나님의 은혜를 전하여 죽어 가는 심령들을 주 앞에 돌아오게 하기 위해 그 일을 맡은 자가 고달파하고 안타까워하는 모습을 보여줍니다.

고린도전서 8:13을 보십시다. "그러므로 만일 음식이 내 형제를 실족하게 한다면 나는 영원히 고기를 먹지 아니하여 내 형제를 실족하지 않게 하리라." 이 말씀을 "그래서 나는 고기 안 먹어"로 사용하시면 안 됩니다. 그런 뜻이 아닙니다. 구할 대상을 위하여 내 권리를 포기하고 나를 감추는 것이지, "나는 여기까지 했어"라고 티를 내는 게 아닙니다. "나는 매일 하루에 세 번씩 창문을 열어놓고 이 나라를 위해 기도합니다." 무슨 다니엘입니까? 그러라는 이야기가 아닙니다. 입장이 전혀 다르다는 걸 아셔야 합니다. 고린도전서 9:18-23을 보겠습니다.

> 그런즉 내 상이 무엇이냐? 내가 복음을 전할 때에 값없이 전하고 복음으로 말미암아 내게 있는 권리를 다 쓰지 아니하는 이것이로다. 내가 모든 사람에게서 자유로우나 스스로 모든 사람에게 종이 된 것은 더 많은 사람을 얻고자 함이라. 유대인에게 내가 유대인과 같이 된 것은 유대인들을 얻고자 함이요, 율법 아래에 있는 자들에게는 내가 율법 아래에 있지 아니하나 율법 아래에 있는 자같이 된 것은 율법 아래에 있는 자들을 얻고자 함이요, 율법 없는 자에게는 내가 하나님께는 율법 없는 자가 아니요, 도리어 그리스도의 율법 아래에 있는 자이나 율법 없는 자와 같이 된 것은 율법 없는 자들을 얻고자 함이라. 약한 자들에게 내가 약한 자와 같이 된 것은 약한 자들을 얻고자 함이요, 내가 여러 사람에게 여러 모습이 된 것은 아무쪼록 몇 사람이라도 구원하고자 함이니, 내가 복음을 위하여 모든 것을 행함은 복음에 참여하고자 함이라.

한 사람을 설득하거나 격려할 때, 그를 채찍질하는 것이 도움이 될 때가 있고 그를 품는 것이 도움이 될 때가 있습니다. 사실, 여기에는 정답이 없습니다. 누가 잘못했을 때, "이게 무슨 짓이요? 어떻게 성도가 그렇게 살 수 있소?"라고 해서 상대방이 격려를 받을 수 있고, 어떤 경우는 "나도 하루에 열두 번씩 그런 생각이 들어요. 참 인간은 약한 것 같아요."라고 해서 격려를 받는 경우가 있습니다. 그러나 잘난 척을 하면 상대방에게 어떤 영향을 미치는지 생각하지 않고 말하면 안 됩니다. 우리가 이 문제에 대해 얼마나 많은 실수를 저지르는지 모릅니다.

예를 들어, 깊이 음미하고 들으십시오. '담배를 끊어야 예수를 믿겠다'는 사람이 있습니다. 이처럼 어떤 사람에게는 담배 끊는 것이 예수 믿는 걸림돌입니다. 그러나 담배를 끊는 것이 신앙은 아닙니다. 예수를 믿는 게 신앙입니다. 그런데 우리는 담배를 끊지 않으면 구원도 못 받는 게 되어 버렸습니다. 담배는 못 끊어도 좋습니다. 그러나 예수를 믿어야 합니다. 장로가 되어서도 담배 못 끊는 사람이 종종 있습니다. "목사님, 담배를 영 못 끊겠는데, 어떡하죠?" 그러면 잘난 척하는 사람은 "기도를 안 하니까 그렇죠"라고 합니다. 그렇게 말하면 안 됩니다. 제가 정답을 가르쳐 드리겠습니다. "들키지 마세요, 장로님!" 그러시면 됩니다. 왜냐하면 저는 그것을 알아도 흔들리지 않지만 신앙이 약한 사람이 보면 흔들립니다. 심령이 약한 자들을 위해서 그러는 것이지 담배 피고 안 피고는 구원받는 데 전혀 문제가 되지 않습니다. 문제는 없으나 덕이 안 되기 때문에 성도의 삶을 유익하게 하는 데는 지장이 있습니다. 이는 다른 문제입니다.

우리는 바로 이런 싸움에 걸립니다. 그래서 사도 바울이 "약한 자들에게 내가 약한 자와 같이 [되었다]"(22절)는 말은 음미할 만합니다. 단 주의할 점이 있습니다. 이를 핑계로 열심 있는 신앙생활을 회피해서는 안 됩니다. 그러라고 하는 말이 아닙니다. 고린도전서 10:31-33에 이렇게 나옵니다.

> 그런즉 너희가 먹든지 마시든지 무엇을 하든지 다 하나님의 영광을 위하여 하라. 유대인에게나 헬라인에게나 하나님의 교회에나 거치는 자가 되지 말고, 나와 같이 모든 일에 모든 사람을 기쁘게 하여 자신의 유익을 구하지 아니하고 많은 사람의 유익을 구하여 그들로 구원을 받게 하라.

어떻게 살아야 하는지 분명하지 않습니까? 내 욕심대로 살지 않고, 내 유익을 구하지 않으며, 저들의 유익을 구하기 위해 우리를 희생해야 합니다. 여기서 희생은 고난을 의미하는 것이 아니라 사랑하기 때문에 내 권리를 기꺼이 사양하는 것을 말합니다. 여러분의 자녀를 위해서는 얼마든지 희생하시죠? 그 어떤 고생이라도 이를 희생이라고 생각하기보다 여러분이 할 수 있는 것이라고 여겨야 합니다. 그래서 사도 바울이 "내가 그리스도를 본받는 자가 된 것같이 너희는 나를 본받는 자가 되라"(고전 11:1)고 한 것입니다. 이것이 제자도이고, 그리스도를 본받는 자가 된 길입니다. 자기 권리를 유보하고 자기가 할 수 있는 것들을 기꺼이 사양하여 저들의 유익을 구하는 일로 말입니다. 내 소원을 기준으로 하지 않고 필요한 자의 소원을 기준으로 일을 하고, 저들을 격려할 수 있는 안목이 제자훈련에서 나와야 합니다. 그러나 우리는 "왜 나 같지 않냐?"고 늘 불평합니다. 앞에서 살펴본 바와 같이, 우리의 기도는 성전에 올라간 바리새인의 기도 같습니다. "나는 저 사람 같지 않습니다." 이런 것은 제자도가 아닙니다. 내가 얼마나 잘났는지, 얼마나 유능한 지가 아니라 내가 어떻게 그리스도를 따라 그분께서 우리를 위하여 목숨을 버리신 것같이 나의 생애와 목숨까지도 기꺼이 희생하여 주의 사랑과 은혜를 나눌 것인지를 고민해야 합니다.

분별 곧 지혜를 구하라

빌립보서 4:6-9을 봅시다.

> 아무것도 염려하지 말고 다만 모든 일에 기도와 간구로, 너희 구할 것을 감사함으로 하나님께 아뢰라. 그리하면 모든 지각에 뛰어난 하나님의 평강이 그리스도 예수 안에서 너희 마음과 생각을 지키시리라. 끝으로 형제들아, 무엇에든지 참되며 무엇에든지 경건하며 무엇에든지 옳으며 무엇에든지 정결하며 무엇에든지 사랑받을 만하며 무엇에든지 칭찬받을 만하며 무슨 덕이 있든지 무슨 기림이 있든지 이것들을 생각하라. 너희는 내게 배우고 받고 듣고 본 바를 행하라. 그리하면 평강의 하나님이 너희와 함께 계시리라.

이 말씀이 무엇입니까? 사도 바울은 성도가 살아가는 데 있어서 무엇이 옳고 그른지 분별하는 게 어렵다는 것입니다. 정답을 얘기해서 사람을 꾸짖어야 하는지, 아니면 약한 것을 위로하고 격려해야 하는지 우리는 알 수 없습니다. 어디까지가 용기이고 어디까지가 만용인지, 어디까지가 지혜이고 어디까지가 타협인지 그 경계를 모릅니다. 그럴 때 바울은 기도하라고 합니다. 기도해서 그 도움을 구하되 모든 지각에 뛰어난 하나님의 평강 안에서 구하라는 것입니다. 모든 지각에 뛰어남이란 분별 곧 지혜를 말합니다. 그리하여 우리 생애에 있어서 우리가 일반적 목표로 삼아 무엇에든지 참되고 무엇에든지 경건하고 무엇에든지 옳고 무엇에든지 정결하고 무엇에든지 사랑할 만하고 무엇에든지 칭찬할 만해야 합니다. 이런 것들은 이상주의적 차원에서 완전을 말하는 것이 아닙니다. 너를 지켜보는 모든 이웃 앞에서 너의 존재와 행동을 통해서 그들을 생명과 진리로 돌아오도록 하는 일에 조금도 거치는 것이 되지 말라는 의미입니다. 내가 얼마나 완벽한 사람인가를 증명하라는 것이 아닙니다. 우리의 문제로 상대방이 그리스도에게 돌아오고 우리와 같은 믿음을 갖는 일에 우리가 거침돌이 되지 않도록 성품으로나 태도로나 부지런함으로나 상식으로나 무엇에든지 이 일을 위해 조심하라는 것입니다. 우리 자신이 이 중요한 일에 방해가 되지 않도록 주의하라고 말입니다.

사실, 우리가 상식이나 교양까지 갖춰서 다 잘할 필요는 없습니다. 그러나 별 것 아닌 것이 큰일을 좌우합니다. 그래서 무엇에든지 실수함이 없도록 조심해야 합니다. 이것이 제자도요, 제자훈련입니다. 본론과 목적에서 옳은 것이 전부가 아닙니다. 다른 곳에서 문제나 시험이 되지 않도록 하는 것이 중요합니다. 이런 모든 것을 배려할 때 비로소 여러분은 하나님이 기뻐하시는 제자, 종, 쓰임 받는 자라 칭함을 받을 것입니다.

3장

신자란 누구인가

믿음이 없이는 하나님을 기쁘시게 하지 못하나니, 하나님께 나아가는 자는 반드시 그가 계신 것과 또한 그가 자기를 찾는 자들에게 상 주시는 이심을 믿어야 할지니라. 히 11:6

내가 곧 길이요, 진리요, 생명이니 나로 말미암지 않고는 아버지께로 올 자가 없느니라. 요 14:6

우리는 앞서 두 장에 걸쳐서 제자훈련에 대한 근본 개념을 정립했습니다. 마태복음 28:18-20과 사도행전 1:8을 전도 일변도의 근거로 보는 것이 맞는가? 만약 전도라고 한다면, 그 전도가 단순히 행위로 나타나는 것인가 아니면 존재론적인 것인가에 대한 문제를 다뤘습니다. 두 본문 모두 이스라엘 국가주의(nationalism)를 타파하는 구원의 보편성, 전 세계를 향한 하나님의 구원 계획에 더 큰 초점이 있다고 했습니다.

또 다른 하나는 "제자로 삼아"와 "내가 분부한 모든 것"은 그 내용이 선포적이기보다는 그 결과인 존재론적 증인에 가깝다고 했습니다. 결국 전도를 한다고 하더라도 "예수 믿으세요"라는 권면과 선포이기보다는 새 사람 곧 증인으로서 '나는 누구이며, 내가 전하려는 내용은 무엇인가?'가 먼저 정립되어야 한다고 했습니다.

이제 우리는 예수께서 허락하신 새 생명과 진리를 근거로, 하나님이 모든 사람에게 허락하신 구원을 말로만 전하는 것이 아니라 우리의 인격과 존재와 삶을 통해 증거하는 자로 부름받았습니다. 그래서 "땅끝까지 이르러 [그분의] 증인이 되[며]" "모든 민족을 제자로 삼[는]" 일의 관건은 '신자란 누구인가?'라는 점에 달렸습니다. '신자란 누구인가?'는 신자의 정체성에 관한 것입니다. 우리에게 익숙한 것으로 표현하자면, '신자들 곧 기독교인들은 무엇을 믿고 사는가?'라고 말할 수 있습니다.

예수를 믿으라고 할 때 사람들에게 '예수 그리스도는 누구신가?' '구원은 무엇인가?' '도대체 구원이 우리에게 현실적으로 어떤 영향을 미치는가?'에 대해 구체적으로 증언하기 위해 삼을 주제가 '신자란 누구인가?'입니다. 그래야 비신자들 앞에서 우리가 누구인지, 무엇을 목적으로 사는지, 왜 사는지를 증거할 수 있기 때문입니다.

신자가 믿는 것

우리가 누구인지에 대해 가장 잘 알려 주는 대표적인 말씀은 히브리서 11:6로, 믿음에 대해 잘 정리하고 있습니다.

> 믿음이 없이는 하나님을 기쁘시게 하지 못하나니, 하나님께 나아가는 자는 반드시 그가 계신 것과 또한 그가 자기를 찾는 자들에게 상 주시는 이심을 믿어야 할지니라.

대단히 재미있는 표현입니다. "그가 계시는 것과 또한 그가……상 주시는 이"라는 말은 하나님의 존재, 그분의 유일한 권위를 말하는 것입니다. 우리는 하나님의 존재를 믿습니다. 여기서 '존재를 믿는다'라는 말은 하나님의 창조권, 섭리권, 심판권을 포함하며 그분의 존재와 유일한 권위와 주권과 높으심을 믿는다는 것입니다. 이 말에는 굉장히 많은 내용이 담겨 있습니다. 기독교인의 신앙 핵심들은 결국 이 히브리서 11:6에 다 들어 있다고 해도 과언이 아닙니다. 하나님이 계시는 것과 그분이 상 주시는 이심을 믿는 것입니다.

그러나 우리는 하나님의 존재와 함께 좀 더 근본적인 믿음이 필요합니다. 바로 요한복음 14:6에 나오는 바와 같이 "내가 곧 길이요 진리요 생명이니 나로 말미암지 않고는 아버지께로 올 자가 없느니라"는 말씀을 더해야 됩니다. 예수 그리스도만이 길과 진리요 생명입니다. 예수로 말미암지 않고는 아무도 아버지께 갈 수 없습니다.

기독교 신앙에는 이 두 가지 중요한 초점이 있습니다. 궁극적으로는 하늘 아버지 하나님을 향한 믿음입니다. 하지만 하나님을 향한 믿음은 아들 예수 그리스도라는 관문을 통과하지 않고는 그리로 갈 수 없습니다. 그래서 하나님에 관한 신앙이라고 얘기를 해도 예수 그리스도를 통하지 않았으면 가짜라고 할 수밖에 없습니다.

우리는 초월자이신 하나님이 어떤 분이신지 분별할 실력이 없습니다. 하나님의 모든 뜻과 성품과 일하심이 가시화되어 나타난 예수 그리스도를 근거로 삼지 않는 다른 문과 길은 없다는 것을 우리는 인정합니다. 우리는 죄인이 되어 죽은 자이기 때문입니다. 만일 우리가 타락하지 않았다면 예수 그리스도의 중보자적 사역 없이도 성부 하나님과 교제가 가능했을 것입니다. 하지만 죄인 된 인간에게 구속주요 중보자이시며, 길과 진리요 생명이신 예수 그리스도를 통하지 않고서 하나님을 만나거나 사귀거나 화해할 길은 없습니다. 그러므로 믿음이란 궁극적으로 하나님을 알고 그분과 화목하는 것이며, 그분의 은혜와 복 주심 안에 거하는 것입니다. 하지만 이는 하나의 추상적 개념과 목표로만 있지 않고 실제로 내 것이 되기 위해서는 예수 그리스도를 통과해야 한다는 사실을 알아야 합니다. 믿음 안에서 이 두 초석이 다 놓여야 됩니다. 하나님과 화목하는 것과 그 화목은 예수 그리스도라는 중보자를 통해서만 가능하다는 것입니다.

믿음, 진리와 생명

'신자란 누구인가?'라는 말은 앞에서 '우리는 무엇을 믿고 사는가?'라고도 표현할 수 있다고 했습니다. 이 질문에 대해 우리는 하나님을 믿고 예수 그리스도를 믿는다고 합니다. 이 말은 신자인 우리에게는 굳이 설명이 필요 없는 것 같지만 좀 더 객관화해서 얘기하면, 우리가 진리와 생명을 가진 자라는 의미입니다.

믿음은 '진리와 생명에 관한 것'입니다. 소원과 정성에 관한 것이 아닙니다. 여기에는 큰 차이가 있습니다. '믿음이 진리와 생명에 관한 것'이라는 말에는 내가 진리와 생명을 결정하지 않는다는 의미가 담겨 있습니다. 그러나 소원과 정성은 내가 그 내용과 목표를 정합니다. '믿음이 진리와 생명에 관한 것'이라는 말은 우리에게 권위가 누구에게 있는지에 대해 알려 줍니다. 우리가 '하나님을 믿는다'고 할 때, 모든 권위와 진리와 생명이 하나님께만 있다는 것을 믿는 것입니다. 우리에게 있지 않습니다. 그런데 우리는 '하나님을 믿는다'거나 '예수를 믿는다'고 할 때, 마치 내가 진리를 선택하거나 진리를 깨우친 것처럼 생각할 때가 많습니다. 믿음의 모든 내용은 진리와 생명이신 하나님에 관한 것입니다. 또한 예수께서는 진리와 생명을 위해 이 땅에 오셨다는 것입니다. 결국 우리는 내용상 하나님과 예수 그리스도를 믿는 것이지만, 하나님과 예수를 믿는다는 것은 진리와 생명에 관한 것이기도 합니다. 이 둘은 믿음의 내용은 아니지만, 내용의 성격을 규명할 때에는 믿음이 진리와 생명에 관한 것이라고 말할 수 있습니다.

왜 이런 얘기를 할까요? 기독교는 하나님과 예수 그리스도에 관한 것이기 때문입니다. 또한 하나님과 예수 그리스도를 믿느냐 안 믿느냐는 진리를 아느냐 모르느냐의 문제이며, 생명이 있느냐 없느냐의 문제이기 때문입니다. 하나님을 믿고 아는 것은 진리 안에 들어와 있는 것이며 생명을 얻은 것입니다. 하나님을 믿지 않는 것은 진리를 모르고 생명이 없기에 빚어진 비극입니다. 결국 진리와 생명에 관한 것입니다. 그런데 하나님을 믿는다는 얘기를 해놓고도 믿음의 근거가 진리와 생명이라는 것을 외면하고, 자기도 모르게 정성과 소원으로 기우는 경우가 의외로 많습니다. 그렇게 되면 하나님이 무엇을 원하시며, 하나님이 어떤 분이신가를 추적하기보다는 내가 무엇을 해야 하는지가 훨씬 앞선 목표로 튀어나오게 됩니다.

전도도 그렇습니다. 전도가 순종의 표현이면 좋은데, 전도를 하는 사람의 열심을 드러내는 표현이면 안 됩니다. 미묘한 차이를 아시겠습니까? 사람의 열심이 순종하는 열심이라면 얼마든지 좋습니다. 그러나 열심을 내는 당사자가 하나님이 좋아하실 것이라고 정한 목표와 내용이라면 성경과 어긋난다는 말입니다.

믿음의 성격, 진리

신자란 누구인가? 신자는 하나님과 예수를 믿는 자입니다. 하나님과 예수를 믿는다는 것이 믿음의 전부이면서도, 그 내용은 진리와 생명이라는 성격을 가지고 있기에 모든 신자는 진리와 생명 안에 들어와 있습니다. 그 때문에 신자는 유일하게 진리와 생명을 아는 자요, 비신자는 거기에서 떨어져 나간 눈먼 자로 생명이 없고 감각이 없는 자들입니다. 진리와 생명은 거듭나지 않고는 알지 못하고 소유할 수 없습니다. 거듭난다는 것은 결국 진리와 생명을 소유하기 위한 것이기 때문입니다. 그래서 성경에 나오는 예수에 대한 설명은 결국 다 진리와 생명에 관한 것입니다.

하나님을 믿고 예수를 믿는다는 것은 하나님의 창조권, 섭리권, 심판권을 믿고, 예수로만 구원이 가능하다는 것을 믿으며, 우리가 죄인이기에 반드시 거듭나야 한다는 것을 믿는 것입니다. 그 진리와 생명은 우리에게서 출발한 업적이나 노력의 산물도 아닙니다. 오직 하나님으로부터만 허락된다는 것을 안다면 모든 신앙의 핵심은 '아는 것'과 '순종하는 것'으로 갈 수밖에 없습니다. '아는 것'이란 도를 깨우치는 것이 아니라 계시된 진리를 아는 것입니다. 믿음의 형태는 하나님이 무엇을 좋아하시고 그분이 무엇을 원하시는지를 아는 그분에 관한 지식과 요구, 하나님의 하나님 되심과 기뻐하심에 순종하는 것으로 먼저 제한되어야 옳습니다.

요한복음 1:17-18을 봅시다.

율법은 모세로 말미암아 주어진 것이요, 은혜와 진리는 예수 그리스도로 말미암아 온 것이라. 본래 하나님을 본 사람이 없으되 아버지 품속에 있는 독생하신 하나님이 나타내셨느니라.

하나님께 속한 은혜와 진리는 예수 그리스도를 통해서만 소개되었습니다. 14절의 표현대로 말하자면 "말씀이 육신이 되어 우리 가운데 거하시매 우리가 그의 영광을 보니 아버지의 독생자의 영광이요 은혜와 진리가 충만하더라"입니다. 진리와 생명은 다 아버지께 속한 것입니다. 하지만 이를 우리가 얻고 깨닫기 위해서는 예수 그리스도를 통해서만 가능합니다. 우리의 믿음이 궁극적으로는 진리와 생명에 속한 것이요, 성부 하나님께 속한 것이지만 성자 하나님의 대속과 화목과 중보 사역이 없다면 우리 것이 되지 않습니다. 믿음의 내용은 하나님과 화목하며 그분의 복 주심에 거하는 것이지만 이를 가능하게 하는 방법은 유일하신 예수 그리스도의 중보 사역에 달려 있다는 것을 동시에 붙잡아야 합니다. 만일 이것이 무너지면, 같은 하나님을 섬긴다는 말로 불교와 대화가 가능하게 됩니다. 불교도 선을 찾는 것이고 진리를 찾는 것이라면 꼭 기독교일 필요는 없다는 얘기가 나옵니다. 믿음의 내용이 같으면 방법은 달라도 되지 않느냐는 말이 나올 수 있습니다.

그러나 이것은 인간이 죄인이라는 사실을 간과한 것입니다. 인간은 진리와 생명을 스스로 선택하고 깨닫고 획득할 실력이 없습니다. 예수 그리스도로 말미암지 않고는 우리는 진리와 생명을 만나지 못할 뿐 아니라 소유하지도 못합니다. 예수만이 그 문이며 길입니다. 그래서 예수 그리스도가 배제된 채 하나님이 논의되는 곳을 가보면, 하나님은 인격적 존재가 아니라 관념의 상징일 뿐입니다. 선이고, 덕이요, 이상이며, 깨우침에 불과합니다. 그 하나님은 심판하시는 하나님이 아닙니다. 그 하나님은 사랑하시는 하나님도 아닙니다. 역사하시는 하나님도 아닙니다. 관념과 이상이 목표이기에 그렇습니다. 그렇기 때문에 그 이상과 관념 앞에서 인간은 죄를 지을 것도 없고, 도움을 구할 것도 없습니다. 그래서 거기에는 심판도 보상도 없습니다.

우리가 앞서 살펴본 "하나님께 나아가는 자는 반드시 그가 계신 것과 또한 그가 자기를 찾는 자들에게 상 주시는 이심을 믿어야 할지니라"(히 11:6)는 말씀 속에서 역사하시는 하나님을 엿볼 수 있었습니다. 그분께 유일한 권위가 있는 것을 알아야 합니다. 우리는 하나님 앞에서 죄인이었고 하나님께 심판받을 자였다는 것을 잊지 말아야 합니다. 하나님께서 복 주시기를 기뻐하셔서 그 심판을 면할 길과 구원을 베푸셨다는 것을 알아야 합니다. 이런 것들을 배제하고 선과 거룩을 논하는 것은 기독교가 아닙니다.

이는 무슨 문제와도 연결이 됩니다. 선이나 의로, 능력이나 업적을 세우는 것이 믿음의 핵심이 될 위험성이 있습니다. '하나님은 누구신가, 하나님은 무엇을 원하시는가'를 떠나서 믿음이라는 것이 도를 깨닫는 것, 나의 소원을 이루는 것, 나의 정열과 능력을 배가시키는 것, 우리 마음의 당위성과 어떤 선한 의지들을 격발시키는 것 등으로 갈 수 있다는 말입니다. 기독교인들은 이런 위험성을 조심해야 합니다. 그래서 우리는 믿음의 핵심이 진리라는 것을 잊지 않아야 하고, 그 진리가 하나님의 권위와 직결되는 것을 알아야 합니다. 모든 진리는 하나님의 뜻과 기뻐하심을 말합니다.

믿음의 성격, 생명

그다음 믿음의 성격은 생명에 관한 것입니다. 요한복음 11:25-26을 봅시다.

> 예수께서 이르시되 나는 부활이요 생명이니 나를 믿는 자는 죽어도 살겠고, 무릇 살아서 나를 믿는 자는 영원히 죽지 아니하리니 이것을 네가 믿느냐?

예수를 믿지 않고는 생명을 얻지 못합니다. 생명이 없으면 진리를 깨달을 수도 없고 소유할 수도 없습니다. 진리란 생명을 가진 자가 갖는 올바른 길입니다. 진리와 생명은 손을 잡고 있는 내용들이기 때문입니다. 우리가 앞에서 말한 바와 같이 관념적이거나 추상적이고 이상에 불과한 신앙을 가진 자들의 약점은 진리를 외치나 생명이 없다는 사실입니다. 생명은 하나님 앞에서 살아난 자를 말하고 하나님과 화목한 자를 말합니다. 하나님과 화목하게 살기 위해서는 예수 그리스도를 통하지 않고는 아무도 얻을 수가 없습니다.

그래서 우리가 증인으로서 '땅끝까지 이르러 모든 민족을 제자로 삼는 일에 저들에게 무엇을 가르치며, 무엇으로 증거를 삼을 것인가'라 할 때, '우리는 누구인가?' '우리는 무엇을 믿고 사는가?'라는 믿음의 핵심을 보여야 합니다. 그럴 때 믿음의 내용은 진리와 생명이지, 능력과 의욕이 아닙니다. 능력과 의욕일 때는 자꾸 자랑할 일거리를 구합니다. 내가 주를 향한 거룩한 욕심과 주의 영광을 드러낼 소원이 있으니 나한테 이를 나타낼 어떤 사건을 달라고 합니다. 그러나 성경은 우리가 맡을 일은 진리와 생명에 관한 것이므로, 그 싸움은 존재와 인격과 성품에 관한 것이라고 요구합니다.

믿음, 삶의 원리와 자세

우리가 하는 기도는 믿음의 기초가 잘못되어 있기 때문에 매번 '달라는 것'뿐입니다. 한번 보란 듯이 잴 건수를 달라는 것이죠. 월드컵에서 골 넣을 수 있는 기회를 달라는 겁니다. 그동안 제자훈련은 일종의 능력을 과시하며, 주를 향한 내 열심을 나타내는 것으로 동기를 부여했습니다. 또 사람들의 능력과 열심을 격려했습니다. 이런 행동들이 나올 수는 있습니다만 믿음의 핵심에서 벗어난 모습입니다. 믿음은 그런 것이 아닙니다. 우리가 믿는 것은 진리와 생명에 관한 것이어서 인생의 목표와 삶의 원리와 자세에 영향을 줍니다. 믿음은 의욕과 능력과 열심을 부리는 문제가 아닙니다. 우리가 '어떻게 살 것인가, 무엇을 위하여 살 것인가'를 결정하는 삶의 원리와 자세를 바꾸는 문제입니다.

대표적인 예로 디모데후서 4:1-2을 봅시다.

> 하나님 앞과 살아 있는 자와 죽은 자를 심판하실 그리스도 예수 앞에서 그가 나타나실 것과 그의 나라를 두고 엄히 명하노니 너는 말씀을 전파하라. 때를 얻든지 못 얻든지 항상 힘쓰라. 범사에 오래 참음과 가르침으로 경책하며 경계하며 권하라.

신자들의 인생살이에 주어진 모든 명령은 "하나님 앞과 산 자와 죽은 자를 심판하실 그리스도 예수 앞에서 그의 나타나실 것과 그의 나라"(1절)라는 근본 진리에 기초해서 나옵니다. 만일 우리가 이런 믿음의 내용을 공감하지 못한다면, 그 뒤에 나오는 요구들은 우리를 설득할 수 없습니다.

현재 우리 신앙의 약점은 자꾸 경쟁적으로 자기를 증명하려는 데 있습니다. 누구는 달란트가 열 개이고, 누구는 다섯 개이고, 누구는 한 개일 수 있습니다. 그런데 달란트 열 개와 다섯 개를 놓고 비교하는 식으로 신앙을 권면하면 안 됩니다. 신자가 무엇을 위해 살고, 어떻게 사는지가 중요하지 달란트 열 개를 가졌고 다섯 개를 가졌다고 계속 비교하다 보면, 우리는 "더 많이 주십시오"라고 기도하거나 욕심 낼 것밖에 없습니다. 그러다 보니 더 많은 기회가 주어지지 않고 더 많은 것을 받지 못했다고 한탄합니다. 그렇지 않으면 다 죄 지은 자처럼, 경기에 뽑히지 않아 벤치에서 다른 선수들의 경기를 지켜보는 선수처럼 생각합니다. 우리는 과시용으로 뽑히지 않았습니다.

우리가 가진 달란트의 개수는 중요하지 않습니다. 가진 것은 능력에 관한 것이 아니라 존재에 관한 것입니다. 나의 존재와 내 삶의 방향을 어디로 잡고 어떤 자세와 원리로 살아갈 것인지가 중요합니다. 이것이 우리의 증인 된 최고의 책임이요, 더 이상 값진 것이 없는 사명입니다. 여러분은 더 많이 가진 사람을 부러워할 필요가 없습니다. 사람들의 입에 오르락내리락하는 자들 때문에 시험받을 필요도 없습니다.

오래된 일입니다만 제가 어느 교회에서 대학생들을 가르칠 때, 그 교회에 대학을 졸업하고 과학원에서 석사 과정을 다니고 있는 어느 대학부 선배가 있었습니다. 당시 그 선배는 대학부 학생들에게 우수하고 똑똑한 사람으로 영향을 주고 있었습니다. 그런데 얼마 있지 않아서 그 선배가 과학원에 다니지 않는다는 소문이 돌기 시작했습니다. 그래서 '진짜냐, 가짜냐'를 놓고 여러 말이 오갔는데, 나중에 알고 보니 진짜 가짜였습니다. 그런데 그 사람이 대학부 담당 교역자인 저도 그 소문을 들었을거라 생각을 하고 제게 와서 이렇게 물었습니다. "목사님도 제가 가짜라고 생각하세요? 왜 사람들이 저를 시기하고 못 믿는지 모르겠어요." 그래서 제가 기가 막힌 대답을 했는데, 그 친구가 그다음부터 꼼짝 못했습니다. "이 보시오, 이 선생! 당신이 진짜면 어떻고 가짜면 어떻소. 당신이 과학원을 다닌다고 내가 당신 실력보다 점수를 더 줄 것도 아니고, 또 아니라고 해서 당신 실력보다 점수를 더 낮게 줄 것도 아니지 않소. 내가 당신을 보는 시각은 다른 거요." 이해하시겠습니까? 그런데 우리가 사는 세상은 능력을 따질 때가 많습니다. 그 세상 속에 사는 우리도 세상의 가치를 따를 때가 적지 않습니다. 예를 들면, '우리 구역장은 명문대 영문과 나왔다'를 자랑하는 것입니다. 명문대 영문과 나온 거하고 구역장 하는 거하고 아무 상관이 없습니다. 왜냐하면 구역 교재는 영어로 되어 있지 않기 때문입니다. 그런데 우리는 '기왕이면 명문대 영문과 나온 게 낫지 않느냐?'고 생각합니다. 그런 생각을 뽑아내야만 합니다.

제자훈련이 세상의 가치로 치장되는 것은 성경이 요구하는 신앙과는 상당히 다릅니다. 그런 가치는 좋은 믿음이 아닙니다. 성경은 엘리트화, 전문화를 요구하지 않습니다. 여러분은 하나님이 주신 것만큼, 여러분에게 허락하신 만큼만 사십시오. 충성되게 사는 것이 최고의 신앙이고 책임입니다.

존재와 인격을 변화시키는 믿음

믿음은 인간 존재와 인격을 변화시키는 것이지, 어떤 특정한 일을 위한 방법과 수단이 아닙니다. '신자란 누구인가?'는 '우리가 무엇을 믿는가?'라는 질문입니다. 그 믿음이 우리를 어떻게 변화시켰는지, 또한 사는 방법과 원칙에서 존재와 인격이 어떻게 변했는지가 전도에서 가장 중요하게 제시되어야 할 증거입니다. 이런 증거 없이는 우리는 어느 누구 앞에도 설 수 없고 전할 수도 없습니다. 내가 전할 모든 것은 먼저 나에게 영향을 준 것이어야 합니다.

그래서 '전도를 위한 믿음', '성공하기 위한 믿음'이라는 것은 없습니다. 믿음은 하나님의 사람으로 나를 지키고 충성하며 인내하는 그런 안목과 분별을 만드는 것이지 무엇을 이루는 기술은 아닙니다. 따라서 가장 큰 문제는 여러분의 소원과 욕심을 두고 이를 이루기 위해 믿음을 동원할 때입니다. 믿음이 "그렇게 될 줄로 믿습니다, 그렇게 되기를 소원합니다"라는 소원의 표시로 나올 때가 많습니다.

우리나라 자동차 문화 중에 가장 잘못된 것은 자동차 경적을 자주 누르는 겁니다. 아무 때나 '빵빵'댑니다. "비켜라, 비켜라" 이거죠. 원래 경적은 부를 때 쓰는 겁니다. 무슨 신호나 경고음으로도 쓰지만 '여기 좀 보세요'라고 할 때 쓰는 겁니다. '클랙슨'(klaxon)을 '여보세요'라고 번역했으면 오늘날 우리나라 자동차 문화가 훨씬 좋아지지 않았을까 생각해 봅니다. 그랬다면 앞 사람이 천천히 갈 때, '빵빵'거리지 않을 겁니다. 늦게 가는 사람 뒤에서 '여보세요'라고 그러지는 않을 테니까요.

지금 우리 믿음이 이런 식으로 되어 있습니다. 믿음이 소원을 이루는 방법이나 비장의 무기인 것처럼 되었습니다. 하나님 앞에 나와 그분의 뜻과 반대되는 내 소원을 주장하면서 '나는 이루어질 줄 믿는다'는 겁니다. 빌면 된다고 생각합니다. 이런 생떼를 보신 적이 있습니까? 그리고 안 되면 뭐라고 그럽니까? 생떼가 부족했다고 합니다. 믿음이 부족했다고 말하는 겁니다. 그때 말하는 믿음은 '땡깡'입니다.

우리가 앞서 말한 바와 같이 '신자란 누구인가?'가 '무엇을 믿고 사는가?'라고 한다면, 신자는 하나님을 믿고 사는 자입니다. 이는 진리와 생명에 관한 것입니다. 이런 면에서 신자는 거룩한 자, 하나님께 속한 자라는 뜻입니다. 이 이유를 알기 위해서 신자의 삶을 규정하는 믿음의 내용을 좀 더 세분화할 필요가 있습니다.

믿음의 내용

믿음의 내용, 곧 하나님 앞에서 산다는 것을 좀 더 현실적이고 실천적 차원에서 자세히 살펴봅시다.

분별

첫 번째 믿음의 내용은 죄인 된 인간과 세상에 대한 '분별'입니다. 인간이 무엇이며, 세상이 무엇인지를 아는 것입니다. 앞에서 "믿음이 없이는 하나님을 기쁘시게 하지 못하나니, 하나님께 나아가는 자는 반드시 그가 계신 것과 또한 그가 자기를 찾는 자들에게 상

주시는 이심을 믿어야 할지니라"(히 11:6)를 인용한 것처럼, 하나님이 누구신지를 알고 예수 그리스도가 누구신지를 알면, 자연스럽게 인간이 누구인지를 알고 세상이 어떤 곳인지 알게 됩니다. 그렇지만 이것은 의외로 굉장히 어렵습니다. 모든 신자에게 나타나는 대표적 실패는 세상의 가치에서 발을 빼지 못하는 것입니다.

진리와 생명은 하나님께 속하는 것이고 하나님과 화목하게 하는 것이지만, 동시에 세상과 결별하는 것입니다. 죄인 된 우리와 죄악이 관영하는 세상을 올바로 아는 것이 믿음의 주된 내용이어야 합니다. 죄인과 세상에 대한 올바른 지식을 말하는 겁니다. 에베소서 4:17-19을 봅시다.

> 그러므로 내가 이것을 말하며 주 안에서 증언하노니, 이제부터 너희는 이방인이 그 마음의 허망한 것으로 행함같이 행하지 말라. 그들의 총명이 어두워지고 그들 가운데 있는 무지함과 그들의 마음이 굳어짐으로 말미암아 하나님의 생명에서 떠나 있도다. 그들이 감각 없는 자가 되어 자신을 방탕에 방임하여 모든 더러운 것을 욕심으로 행하되

이것이 죄인 된 인간의 모습이요, 죄가 주도하는 세상의 모습입니다. 이를 아는 것이 믿음의 큰 부분을 아는 것입니다.

우선, 죄인 된 인간과 세상의 첫 번째 큰 특징은 '허망하다'는 것입니다. 허망하다는 것은 올바른 목표가 없다는 말입니다. 과녁이 없습니다. 과녁이 없는 곳에 총을 쏘는 것과 같습니다. 그렇기 때문에 잘못 쐈다는 증거도 없습니다. 과녁이 있어야 맞았다 안 맞았다가 있습니다. 종교 가운데 왜 기독교만 이렇게 배타적이고 편

협할까요? 우리가 진리를 가졌기 때문입니다. 정답이 있을 때만 오답이 뭔지 알 수 있습니다. 맞는 것이 있어야 틀린 것이 증명이 되는데 맞는 것 곧 과녁이 없으면 어디를 틀렸다고 말할 수 있겠습니까? 그래서 세상은 모든 것에 가치를 부여합니다.

세상에서는 허망하게 사는 사람들이 무리를 지어 떼를 써서 설득력을 가질 수 있습니다. 유행이라는 것이 뭐예요? 그게 멋있거나 가치 있는 것이 아니라 많은 사람이 한다는 것이 유일한 설득력 아닌가요? 한동안 젊은 사람들은 닭 벼슬 스타일의 머리를 하고 다녔습니다. 잘 생각을 해보십시오. 그 멀쩡한 머리를 앞을 조금이라도 꼬리를 만들어 세우는 게 여간 힘든 게 아니었을 겁니다. 원래 머리카락은 서는 게 아닌데, 그걸 세우려고 얼마나 고생을 했겠습니까? 전부 그러기 시작하니까 안 한 사람만 바보같이 됐습니다. 그걸 안하고 다니는 게 센 거지, 그걸 하고 다니는 게 센 게 아닙니다. 이런 허망함은 우리가 다 아는 바입니다. 그런데 왜 거부하지 못하죠? 믿음이 없기 때문입니다. 총명이 어두워 무지하기 때문입니다. 무엇이 옳고 그른지 모르기 때문입니다.

오늘날 세상살이에서 가장 두려운 것은 민주주의라는 정치 체제가 세상에서 가장 나은 것이라 평가를 받는 것입니다. 그러나 민주주의는 좋은 방법이 아닙니다. 민주주의는 덜 못한 방법입니다. 공산주의보다는 좀 더 낫다는 것이지 좋은 방법은 아닙니다. 민주주의는 결국 다수에 의해 결정을 하는데, 다수가 공감하는 것은 보통 틀린 게 많습니다. 괜찮은 생각은 다수가 하지 않고, 언제나 소수가 합니다. 민주주의는 다수가 밀어주는 사람이 권력을 잡는 정치 체제입니다. 미국 국회의원들이 누구를 믿고 우리나라에 와서 큰소리치는지 보십시오. 자기 선거구에서 자기한테 표를 던진 사람을 믿고 우리나라에 와서 큰소리치는 겁니다. 우리를 다 죽여도 자기한테 표 던진 선거구민들에게만 인정을 받으면 되기 때문입니다. 그래서 세상에서 제일 무서운 게 잘못된 애국심입니다. 자기가 점수를 딸 자기 지역 주민들을 위해서 다른 지역은 손해를 봐도 된다고 생각하는 것이 잘못된 애국심입니다. 세상에는 정당한 가치라는 것이 없습니다.

세상은 생명이 없고 감각도 없어 방탕합니다. 방탕하다는 것은 성경에서는 언제나 허송세월하는 것을 말합니다. 무엇을 향하여 쌓아 가고 연결해 가는 것이 없는 생활을 '방탕하다'고 합니다. 그리고 그 생활은 더럽습니다. 세상에 대한 우리의 조명입니다. 이것이 우리가 알고 분별하는 믿음의 내용들입니다. 그래서 우리는 세상에 절하지 않습니다. 디모데후서 3:2-5을 보면 이런 표현도 나옵니다.

> 사람들이 자기를 사랑하며 돈을 사랑하며 자랑하며 교만하며 비방하며 부모를 거역하며 감사하지 아니하며 거룩하지 아니하며 무정하며 원통함을 풀지 아니하며 모함하며 절제하지 못하며 사나우며 선한 것을 좋아하지 아니하며 배신하며 조급하며 자만하며 쾌락을 사랑하기를 하나님 사랑하는 것보다 더하며 경건의 모양은 있으나 경건의 능력은 부인하니 이 같은 자들에게서 네가 돌아서라.

이기적이고 조급하고 변덕스럽다고 합니다. 이것들이 우리가 알고 있는 죄의 진상입니다. 죄에 물든 인간의 모습입니다.

우리가 가진 소유와 책임을 죽을 때까지 지켜 낸다는 것은 쉽지 않습니다. 세상에서 받은 평판과 하나님께 받을 평판을 구별할 수 있는 힘이 부족하기 때문입니다. 우리는 정당하고 진실하면 세상에서 좋은 평가와 대접을 받을 것이라는 생각을 은연중에 합니다. 그러나 세상을 살다 보면 그렇지 않은 경우가 훨씬 많습니다. 거룩한 세계의 멋진 일은 세상 사람들이 볼 때에 훌륭해 보이지 않습니다. 그냥 어렵고 고독한 길을 가는 것 같습니다. 현실적으로 실패자의 길을 가는 경우가 훨씬 많습니다. 그리고 이를 끝까지 견디는 자가 많지 않습니다.

어느 목사님이 개척을 했답니다. 그런데 사모와 어머니 권사님이 제일 못 살게 굴더랍니다. "성도가 안 모이는 것은 당신의 기도가 부족해서 그래. 어떻게 잘 수가 있어? 철야를 해야지!"라고 말하며 시도 때도 없이 괴롭혀서 목사님이 미치겠더랍니다. 기도하고 철야하면 성도가 1백 명, 2백 명 끝없이 늘어납니까? 하나님은 그렇게 일하지 않으십니다. 예수께서 겟세마네 동산에서 하신 기도가 뭡니까? "내 아버지여, 만일 할 만하시거든 이 잔을 내게서 지나가게 하옵소서"(마 26:39). 이런 기도를 드리시고 십자가에서 돌아가셨습니다. 이렇게 돌아가신 예수를 뒤좇는 것을 옆에 있는 사람들이 따르지 못하도록 막는 것입니다. 개척 교회 목사 자신도 흔들릴 때가 여러 번 있었답니다.

여러분도 이렇게 생각하지 않습니까? '하나님이 부르시는 일이라면 무엇이든지 하겠다. 감옥에라도 가겠다.' 그 대신 감옥에 가면 사도 바울이 감옥에 갇힌 것처럼 소문은 내줘야 된다는 거 아닙니까? 하지만 그렇지 않습니다. 하나님은 우리를 영웅으로 만들지 않으십니다. 우리가 사는 세상을 모르고 우리 삶을 이해하지 못하고 '예수 믿으면 기쁘고, 행복하고, 만사형통하고'가 되는 겁니다. 예수 믿으면 감기 안 걸리나요? 아니죠. 정당한 믿음을 갖고 있으면 병 안 걸리나요? 아닙니다. 믿음은 세상이 뭔지 아는 것입니다.

하박국 선지자가 하나님께 "불의한 자들이 포악하게 행패를 부려서 의인들이 어려움을 당하는데, 하나님은 왜 가만히 계십니까?"라고 물었습니다. 하나님이 뭐라고 대답하셨습니까? "의인은 그의 믿음으로 말미암아 살리라"(합 2:4). 믿음으로 산다는 것은 당시의 환경과 조건을 뒤집어 놓는다는 약속이 아닙니다. 세상 조건으로 살지 않는다는 겁니다. 이런 기본 없이 전도를 해서 기술과 열심과 믿음만 있으면 모든 것이 성공하는 것같이 얘기한다면, 그 전도는 전도가 아닐 뿐 아니라 그 사람은 이미 신자의 길을 이탈하는 것입니다. 그럼 의인은 누구입니까? 약자가 의인입니까? 그럼 부자는 다 도둑놈인가요? 성실하기 때문에 보상을 받은 사람일 수도 있습니다. 물론 그렇지 않은 사람도 있습니다. 가난한 사람이라고 다 청렴한가요? 게으른 사람일지도 모릅니다. 그러나 청렴하다가 가난하게 될 수 있습니다. 하지만 청렴하던 사람이 "이런, 청렴했더니 가난하기만 해. 나 안 해." 그러면 아무것도 아닙니다.

이런 세상과 인간의 모습은 믿음을 가진 자만이 알 수 있습니다. 하나님 앞에 서서 진리와 생명을 부여받은 자만이 비로소 알고 여기서 비켜나거나 벗어날 수 있습니다. 결국 신자란 '죄를 피하고 의와 거룩을 목적하는 자'입니다. 이런 것이 땅끝까지 이른 증인의 모습이요, 모든 민족을 제자로 삼아 보여줘야 할 신자의 진면목입니다. 이는 활동적이고 사건적이기보다는 훨씬 존재론적이고 인격적이라 말씀드리고 싶습니다. 그래서 믿음이 좋다는 것은 어떤 사건을 해결하고 어떤 목적을 이루기 위한 방법이나 수단이나 기술이 아닙니다. 성품적이고 전인적이며 근본적인 변화를 받은 새 생명의 모습 곧 하나님 앞에 서 있는 자의 모습입니다.

종말론적 신앙

신자의 삶을 규정하는 믿음의 내용, 그 두 번째는 '종말론적 신앙'이라고 할 수 있습니다. 종말론적이라는 것은 현실 도피적이거나 내세 지향적이라는 뜻은 아닙니다. 생명이 진리 안에서 자라는 것을 말합니다. 어떤 의미에서 신앙은 만들어진 물건들을 소유하는 것이 아니고 생명이 자라서 완성의 단계로 가는 것입니다. 우리는 성경을 통해 '겨자씨만 한 믿음'이라는 말씀을 자주 들었습니다. 겨자씨가 중요한 것은 작지만 생명이기 때문에 결국 자라서 큰 나무가 된다는 점입니다. 그러므로 신앙은 기술도 아니고 주문도 아닙니다. 생명이기 때문에 당연히 성장합니다. 지금 말씀드린 이 부분이 아주 중요합니다. '종말론적'이라는 것을 잘못 이해하면 현실을 도피하는 것으로 생각하기 쉽습니다. '이 세상은 다 무가치하고 다 쓸데없다, 빨리 주님이 오셔서 그 나라에 가면 모든 것이 해결된다'는 의미가 아닙니다. 자라서 완성된다는 의미에서 종말론적인 것입니다. 고린도후서 5:6-10을 봅시다.

> 그러므로 우리가 항상 담대하여 몸으로 있을 때에는 주와 따로 있는 줄을 아노니, 이는 우리가 믿음으로 행하고 보는 것으로 행하지 아니함이로다. 우리가 담대하여 원하는 바는 차라리 몸을 떠나 주와 함

께 있는 그것이라. 그런즉 우리는 몸으로 있든지 떠나든지 주를 기쁘시게 하는 자가 되기를 힘쓰노라. 이는 우리가 다 반드시 그리스도의 심판대 앞에 나타나게 되어 각각 선악 간에 그 몸으로 행한 것을 따라 받으려 함이라.

우리의 신앙은 그리스도의 심판대 앞에서 평가받을 것입니다. 그렇다고 평가를 그리스도의 심판대에서 받을 것이기 때문에 현실을 외면해도 좋다는 의미가 아닙니다. 그리스도 앞에서 심판받기 위하여 지금 여기서 시작한다는 뜻입니다. 그런 면에서 지금 여기서는 평가할 수 없다는 뜻입니다. 이 세상에서는 지금 우리가 하는 것을 평가받지 않습니다. 이 세상은 죄악이 관영한 곳이므로 하나님의 평가를 받기에 적당한 곳이 아닙니다.

결국 그리스도의 심판대에서 받을 평가는 지금 여기서 시작하여 심판받을 날까지 완성하고 키워 나가야 하는 것입니다. 그렇기 때문에 종말론적이라는 것은 지금 여기서 생명이 진리 안에서 자라나는 일을 시작해야 하고, 주님 앞에 섰을 때 부끄럽지 않아야 된다는 의미입니다. 그때 거기서 받을 평가를 위해 책임을 지고 지금 여기서 시작하고 가꿔 나가는 것을 종말론적이라고 합니다. 현실을 외면하고 도피하는 것이 아니라는 것을 기억하시기 바랍니다. 그래서 믿음을 가진 우리는 그리스도로 말미암아 거듭난 자입니다. 새 생명을 가진 자입니다. 이 새 생명이 진리 안에서 클 것입니다. 우리는 말씀으로 방향을 잡고 살찌우며, 현실 속에서 우리가 믿는 것을 지켜 빛과 소금의 역할을 해야 합니다. 이것이 우리가 맡은 제자 역할입니다. 또한 이것이 제자도입니다.

그런 면에서 제자훈련을 어떤 형태나 사건이나 운동으로 이해하는 것은 정말 잘못된 생각입니다. 그런 특수한 일은 상황에 따라 하나님이 특별한 사람을 쓰십니다. 지금 우리가 살펴보려는 일반적 제자훈련은 모든 믿는 자에게 주어진 명령이요 모든 믿는 자에게 요구하는 내용이라는 차원에서 살펴보려는 것이지, 특수 요원을 키우는 문제는 아닙니다. 제자훈련이 특수 요원을 양성하는 것과 혼동하는 것은 잘못입니다. 제자훈련은 일차적으로 그런 의미가 아니고 그렇게 쓰여서도 안 됩니다.

이에 우리는 믿음이 어떻게 생기는지를 물어 볼 수 있습니다. 믿음은 우리가 만들 수 없습니다. 믿음은 그리스도 예수 안에서 은혜로 우리가 얻은 것입니다. 믿음은 당연히 진리에 대한 갈증을 가지고 하나님의 인도하심과 간섭하심과 우리에게 허락하신 성경과 기도를 통해 하나님을 아는 지식 속에서 그 힘을 얻습니다. 일을 하면서 믿음을 얻는 것이 아니라 하나님을 아는 것으로 이 믿음을 얻습니다. 믿음은 내용과 그 내용이 성립하는 권위 곧 유일하신 하나님을 믿는 것입니다. 유일하신 권위 곧 그분의 창조권, 섭리권, 심판권을 믿는 것입니다. 하나님이 유일한 권위자이기에 그분이 약속하신 것, 하나님의 하나님 되신 모든 것은 다 진리와 생명입니다.

믿음의 본질, 생각

우리는 믿음의 핵심이 진리와 생명인 것을 앞서 확인했고, 진리와 생명이 현실 속에서 어떻게 필요한지도 살펴보았습니다. 우리는 진리와 생명을 물건처럼 가지려고 하지 말아야 합니다. 하나님 안에서만 소유할 수 있다는 것을 인식하고 하나님 안에서 진리와 생명을 내 것으로 삼을 줄 아는 것이 믿음입니다. 이것들은 '시험'과 '순종'을 통해서만 얻을 수 있습니다. 하나님께 있는 모든 것을 내 것으로 삼아 나의 열심을 보상받으려 하거나, 내가 정한 내용을 하나님의 힘을 빌어 얻는 것을 믿음으로 호도하려는 발상을 없애야 합니다. 하나님만이 진리이시고, 하나님만이 모든 것의 존재이시고, 하나님만이 모든 생명과 아름다움을 주시는 유일한 힘입니다. 하나님 안에서만 소유할 수 있습니다.

그래서 믿음의 중요한 특징 중 하나는 '생각하는 것'입니다. 하나님을 아는 것이 믿음의 성장에 있어서 가장 중요한 근거이기에, 믿음은 '진리에 근거하여 생각하는 것'입니다. 생각한다는 것은 소원에 근거하여 치성을 드리는 것과 대비해서 쓰는 표현입니다. 치성을 드린다는 것은 자신의 요구를 얻기 위하여 무작정 열심을 드려 그 결과를 이루어 줄 대상을 항복시키는 방법입니다. 한마디로 "지성이면 감천이다" 하는 겁니다. 하늘이 그 정성에 항복을 해서 안 될 것도 되게 하는 것이죠. 우리가 갖고 있는 "지성이면 감천"이라는 생각이 신앙심과 맞물려서 오해되는 대표적인 사건이 바로 얍복 나루 사건입니다. 야곱이 하나님의 사자를 날이 새도록 붙잡고 "내게 축복하지 아니하면 가게 하지 아니하겠나이다"(창 32:26)라고 해서 주의 사자의 바지가 찢어져서 할 수 없이 하나님이 복을 주고 가신 사건이 아닙니다. 사건 자체가 야곱의 기도가 아닙니다. 그런데 우리는 왜 이렇게 이해하는 걸까요? 모든 인간이 갖는 자연적·종교적 본성이 그렇기 때문입니다. 인간이 갖고 있는 종교적 본성은 종교의 본질을 '초월'에, 신앙의 본질을 '정성'에 두기 때문입니다. 기독교 신앙을 초월과 정성에 두는 것이 잘못된 이유는 초월에 두는 것은 진리에서 벗어나 있고, 정성에 두는 것은 권위에서 벗어나 있기 때문입니다.

결국 목표는 누가 정합니까? 내가 정합니다. 굉장히 무서운 이야기입니다. 사울 왕이 실패한 예가 그렇습니다. '신앙이 좋다' '믿음이 좋다'는 판단의 근거를 생각해 봅시다. 만나면 포근하고 너그러워서 함께하고 싶은 사람이 있습니까? 그 사람을 보고 '아, 정말 신앙이 좋구나' 이렇게 생각하십니까? 우리에게는 그런 신앙을 알아보는 눈이 없을 뿐 아니라 그런 기준도 없고, 그런 것을 근거로 신앙을 쌓아 올린 사람도 드뭅니다. 다 '열심히' 봉사하는 것으로 신앙생활을 해왔고, 우리는 그 열심을 근거로 사람을 판단해왔습니다. 이것이 우리의 큰 문제입니다.

믿음은 그런 것이 아닙니다. 믿음은 내가 원하는 것을 이루기 위해 초월적 힘을 빼앗아 오는 것이 아닙니다. 믿음은 하나님을 알고 그분이 기뻐하시는 자로 나를 바꿔 나가는 작업입니다. 그런데 우리는 자꾸 믿음을 동원해서 내가 하고 싶은 일을 위하여 하나님의 마음을 바꾸려고 합니다. 그건 치성을 드리는 겁니다. 그래서 자꾸 믿음이 '어떻게 해야 하나님이 감동하실까?'로 갑니다. 이것은 오해입니다. 믿음은 진리에 근거하여 생각하는 것, 다시 말해 '하나님이 무엇을 좋아하시는가?' '하나님은 어떻게 일하시는가?' 하는 그분의 뜻과 성품을 아는 것이라고 할 수 있습니다.

하나님은 우리가 당신의 일하시는 방법을 알게 하는 데 '생각'이라는 것을 사용하십니다. 마태복음 6:25-30을 봅시다.

그러므로 내가 너희에게 이르노니 '목숨을 위하여 무엇을 먹을까, 무엇을 마실까, 몸을 위하여 무엇을 입을까 염려하지 말라. 목숨이 음식보다 중하지 아니하며, 몸이 의복보다 중하지 아니하냐? 공중의 새를 보라. 심지도 않고 거두지도 않고 창고에 모아들이지도 아니하되 너희 하늘 아버지께서 기르시나니 너희는 이것들보다 귀하지 아니하냐? 너희 중에 누가 염려함으로 그 키를 한 자라도 더할 수 있겠느냐? 또 너희가 어찌 의복을 위하여 염려하느냐? 들의 백합화가 어떻게 자라는가 생각하여 보라. 수고도 아니하고 길쌈도 아니하느니라. 그러나 내가 너희에게 말하노니 솔로몬의 모든 영광으로도 입은 것이 이 꽃 하나만 같지 못하였느니라. 오늘 있다가 내일 아궁이에 던져지는 들풀도 하나님이 이렇게 입히시거든 하물며 너희일까 보냐? 믿음이 작은 자들아.'

이 내용들을 잘 보시면 꽤 논리를 가지고 있고, 논리적 사고를 요구하고 있습니다. 여기서 "공중의 새를 보라"(26절)는 그냥 쳐다보라는 것이 아닙니다. 생각해보라는 것입니다. 다시 정리하면 '공중의 새를 보고 생각을 좀 해보라'는 의미입니다. 새는 심지도 않고 창고에 모으지도 않고 보험을 들지도 않습니다. 그렇죠? 그러나 누가 먹이신다고 하십니까? "너희 하늘 아버지께서"(26절). 새에게는 하나님이 하늘 아버지가 아닙니다. 창조주와 피조물의 관계에 불과합니다. 누구의 아버지가 그 새를 먹이냐면 '네 아버지'가 먹이신답니다. 그러면서 "하물며 너희일까 보냐?"(30절)라는 말씀을 하십니다. 이 말씀이 얼마나 논리적이며 지적인지 보십시오. 26절을 다시 보시면, "너희 하늘 아버지께서 기르시나니 너희는 이것들보다 귀하지 아니하냐?" 이렇게 나오는 겁니다.

신앙은 생각하는 겁니다. 무엇을 생각하는 겁니까? 하나님의 성품과 그분의 능력과 하나님이 나에 대해 가진 사랑을 생각하면 답은 쉽습니다. 28-29절을 다시 한번 봅시다. "또 너희가 어찌 의복을 위하여 염려하느냐? 들의 백합화가 어떻게 자라는가 생각하여 보라. 수고도 아니하고 길쌈도 아니하느니라. 그러나 내가 너희에게 말하노니 솔로몬의 모든 영광으로도 입은 것이 이 꽃 하나만 같지 못하였느니라." 또 "생각하여 보라"고 지적하고 있습니다.

가을이 되면 열매로 나무의 가치를 알듯, 나이가 들면 나이든 멋이 있습니다. 이것은 젊은 사람들이 절대 흉내 내지 못하는 것입니다. 세상은 계속 젊음을 말합니다. 왜 '젊음'을 강조할까요? 젊을 때는 분별이 없어서 속이기 좋기 때문입니다. 광고에 나온 것을 보고 눈이 뒤집혀 자기 부모까지 죽이면서 살 정도로 별짓을 다하는 때니까 그 세대를 공격하는 겁니다. 그걸 나이든 사람도 쫓아가면 안 됩니다. 사람이 나이가 들면, 흰 머리카락도 나고 머리카락도 빠지고 주름살도 생기고 걸어가다 부딪치기도 하고 그래야지, 나이가 들어도 눈이 쨍하고 이러면 못씁니다. 나이 들면 나이든 값을 해야 합니다. 가장 멋진 것은 하나님이 주신 그대로입니다. 나이 들면 분별 있고, 포용력 있고, 잔잔하고, 말을 새겨서 듣거나 할 줄도 알고, 표정 잡을 줄 알고, 잘난 척 안하고, 눈에 힘주지 않는 멋이 있어야 합니다.

그다음 "오늘 있다가 내일 아궁이에 던져지는 들풀도 하나님이 이렇게 입히시거든"(30절)입니다. 제가 어려서 학교 다닐 때 송충이 잡으러 인왕산에 올라갔다가 송충이를 보고 깜짝 놀란 것을 잊지 못합니다. 어쩜 그렇게 예쁜지? 물론 꿈틀대니까 징그럽기는 합니다. 그런데 햇빛에 비친 송충이 털들이 그렇게 찬란할 수가 없었습니다. 쏘지만 않으면 집에서 길러도 되겠어요. 또한 하나님이 만드신 겨울의 아름다움을 생각해보세요. 겨울은 참으로 무섭고 혹독한 계절입니다. 그런데 그 겨울이 멋있어요. 눈이 멋있다는 것은 엄청난 거 아닌가요? 얼음이 멋있다는 것은 정말 숨 막히는 일입니다. 여기서 하는 모든 얘기는 이런 것입니다. "하물며 너희일까 보냐? 믿음이 적은 자들아." 믿음이 적은 이유는 하나님이 어떤 분이신지 이해가 부족해서입니다. 그래서 강한 믿음은 모두 하나님에 대한 이해가 깊고 하나님의 일하심이 부합된 것을 말하지, 기술적 측면을 말하지 않습니다.

신앙은 생각을 하면서 큽니다. 또한 시행착오를 겪으면서 큽니다. 그래서 시행착오를 본질적으로 잘못이라고 치부하는 것은 큰 실수입니다. 교회들이 용서가 없는 이유는 사람을 태어날 때부터 정해진 정황을 그 사람 자체로 보기 때문입니다. 한 번 잘못하면 원래 나쁜 종자라고 하는 거죠. 그러니 끝까지 오리발 내밀고 살아야 합니다. 서로 만나면 시치미 떼고 말이죠. 교회 안에서는 무수한 시행착오를 해서 사람이 자라야 합니다. 스스로 배우기도 하고, 옆 사람을 통해서 배우기도 하며, 한 사람의 실패를 통해서 여러 사람이 유익을 얻기도 합니다.

하나님이 일하시는 방법을 보세요. 하나님의 일하심이 "땅끝까지 이르러 내 증인이 되[고]" "모든 민족을 제자로 삼[으라]"고 하니까 자꾸 십자군 전쟁을 하는 기분이 드는데 그렇지 않습니다. 하박국 2:4을 보십시오. "보라, 그의 마음은 교만하며 그 속에서 정직하지 못하나 의인은 그의 믿음으로 말미암아 살리라." 의인은 믿음으로 산다는 이 말이 뭔지 보십시다. 이 말씀은 하박국 1:2-4에 대한 답이었습니다.

> 여호와여, 내가 부르짖어도 주께서 듣지 아니하시니 어느 때까지리이까? 내가 강포로 말미암아 외쳐도 주께서 구원하지 아니하시나이다. 어찌하여 내게 죄악을 보게 하시며, 패역을 눈으로 보게 하시나이까? 겁탈과 강포가 내 앞에 있고 변론과 분쟁이 일어났나이다. 이러므로 율법이 해이하고 정의가 전혀 시행되지 못하오니, 이는 악인이 의인을 에워쌌으므로 정의가 굽게 행하여짐이니이다.

이런 질문입니다. '하나님이 계시다면, 의로우신 심판자가 계시다면, 왜 악한 자들이 활개를 치고 살고 의로운 자들이 고난 받고 삽니까?' 그랬더니 하박국 1:5에 하나님이 답하십니다. "너희는 여러 나라를 보고 또 보고 놀라고 또 놀랄지어다." 이 말씀은 "하나님, 어떻게 이렇게 일하십니까?" 그랬더니 지금까지 본 건 아직 시작에 불과하고 더 험한 꼴을 볼 것이라고 한 것입니다. 그래서 선지자가 놀란 마음으로 다시 질문합니다. "여호와 나의 하나님, 나의 거룩한 이시여, 주께서는 만세 전부터 계시지 아니하시니이까? 우리가 사망에 이르지 아니하리이다. 여호와여, 주께서 심판하기 위하여 그들을 두셨나이다. 반석이시여, 주께서 경계하기 위하여 그들을 세우셨나이다.……주께서는 어찌하여 사람을 바다의 고기 같게 하시며 다스리는 자 없는 벌레 같게 하시나이까?"(합 1:12-14) 더 답답해졌습니다. "아니, 하나님 그럴 수 없지 않습니까?" 그

때 주신 답이 2:4에 있는 바와 같이 "의인은 믿음으로 말미암아 살리라"입니다. 이 답을 결론으로 내기 전에 시편 73:1-9로 갑시다. 시편 73편은 하박국서와 같이, '의로운 자들이 고난 받고 악인들이 활개를 치는데, 왜 하나님은 가만히 계십니까?'라는 주제를 다룬 대표적 시입니다.

> 하나님이 참으로 이스라엘 중 마음이 정결한 자에게 선을 행하시나 나는 거의 넘어질 뻔하였고 나의 걸음이 미끄러질 뻔하였으니, 이는 내가 악인의 형통함을 보고 오만한 자를 질투하였음이로다. 그들은 죽을 때에도 고통이 없고 그 힘이 강건하며 사람들이 당하는 고난이 그들에게는 없고 사람들이 당하는 재앙도 그들에게는 없나니, 그러므로 교만이 그들의 목걸이요 강포가 그들의 옷이며 살찜으로 그들의 눈이 솟아나며 그들의 소득은 마음의 소원보다 많으며 그들은 능욕하며 악하게 말하며 높은 데서 거만하게 말하며 그들의 입은 하늘에 두고 그들의 혀는 땅에 두루 다니도다.

악인들은 잘 살고 죽을 때도 편하게 죽습니다. 사실 악인들은 그냥 탱크 같은 것에 깔려서 죽어야 속이 편할 텐데, 죽을 때도 편하게 죽고 욕심을 낸 것보다 더 많이 누리고 사는 것을 보았습니다. 그리고 13-17절입니다.

> 내가 내 마음을 깨끗하게 하며 내 손을 씻어 무죄하다 한 것이 실로 헛되도다. 나는 종일 재난을 당하며 아침마다 징벌을 받았도다. 내가 만일 스스로 이르기를 '내가 그들처럼 말하리라' 하였더라면 나는 주

의 아들들의 세대에 대하여 악행을 행하였으리이다. 내가 어쩌면 이를 알까 하여 생각한즉 그것이 내게 심한 고통이 되었더니 하나님의 성소에 들어갈 때에야 그들의 종말을 내가 깨달았나이다.

무엇을 깨달았느냐 하면, 저들이 형통하게 보이는 것은 정말 형통한 것이 아니라 "주께서 참으로 그들을 미끄러운 곳에 두시며 파멸에 던지[셨다]"(18절)는 겁니다. 악인들은 하나님이 버려둔 자이기에 형통하게 보이는 것이고, 우리는 하나님이 자신의 자녀로 불렀기에 부모가 자식을 양육하듯이 징계하고 어려움을 당하는 것이라고 깨달았다는 겁니다. 이것이 믿음입니다.

믿음 곧 믿음의 핵심은 무슨 일을 이루는 기술과 방법이 아니라 이 세상의 허망함과 모든 시험과 위협에 굴하지 않고, 하나님의 인도하심을 따라 거룩함을 쌓아 나가는 일에 승리하도록 하는 우리의 분별과 안목입니다. 하나님께 순종하는 마음, 생명과 진리로 말미암는 믿음입니다.

하나님이 이 세상을 어떻게 다루시는지를 알아야 난관을 헤쳐 나갈 수 있습니다. 그렇지 않으면 하박국 선지자같이 아니면 시편 73편의 질문같이 "왜 우리는 이렇게 살아야 합니까?" 하고 질문을 할 수밖에 없습니다. 이유는 단 하나, 믿음이 없어서 그렇습니다. 오늘날도 믿음이 얼마나 잘못 사용되는지 알 수 있습니다. 믿음이 있으면 형통한다고 생각하는 것이 한 예입니다.

요셉이 형제들 때문에 시위대장 집에 팔려 갔을 때 성경은 뭐라고 했습니까? "여호와께서 요셉과 함께하시므로 그가 형통한 자가 되[었다]"(창 39:2)고 했습니다. 그러다 또 무고를 당하여 감옥에 갇혔습니다. 그때도 "여호와께서 요셉과 함께하심이라. 여호와께서 그를 범사에 형통하게 하셨더라"(23절)고 했습니다. 그리고 간수장이가 모든 일을 요셉에게 맡겼습니다. 이런 형통이 어디 있습니까? 형통하려면 일단 팔려가지 말았어야 합니다. 게다가 종으로 팔려가서 무고를 당하여 감옥에 갇힌 다음에 형통하면 뭐합니까? 그러나 시편 105:19에 기록된 바와 같이 "곧 여호와의 말씀이 응할 때까지라. 그의 말씀이 그를 단련하였도다"라고 했습니다. "여호와의 말씀이 응할 때까지"라는 것은 하나님이 요셉을 영광스럽게 만들기 위한 모든 과정이 하나님의 뜻을 따라 제대로 진행되는 것을 말합니다. 그것이 형통입니다. 그러나 그동안 요셉은 얼마나 고생했겠습니까? 이것이 믿음입니다.

오늘날 이 믿음을 가르쳐야 할 교회와 그 안에서 이 믿음을 배워야 할 성도들이 신앙생활을 제대로 하지 못하는 가장 큰 이유는 성경이 가르치고 있는 세상과 하나님이 성도를 만들어 가시는 방법을 올바로 보지 못하기 때문입니다. 더불어 제멋대로 엉뚱한 일에 빠져 살다가 하나님의 이름으로 갑자기 모여 십자군 전쟁 한 번 하고, 그리고 돌아가서는 또 제멋대로 살아도 된다는 식으로 타협했기 때문입니다. 무슨 일이 있을 때만 교회에 와서 전도하고 철야 기도하고, 실제 삶은 세상 사람과는 별 다른 차이 없이 살기 때문입니다. 그건 안 됩니다. 나가서 떠들기보다는 입 다물고 정당하게 신자답게 사십시오. 눈에 힘 빼고 온유하고 겸손하고 감사하며 살아야 합니다. "저 사람은 달라, 저 사람한테서는 뭔가 다른 냄새가 나"라는 소리를 들으며 살아야 합니다. 그것이 의인이 믿음으로 사는 길입니다. '세상이 이기는 것 같지만 그렇지 않다. 악당들이 승리하는 것 같지만 그렇지 않다. 저들은 미끄러운 자리에 버려진 것이다. 내가 고난 받는 것은 하나님이 나를 거룩의 자리로 인도하시기 때문이다. 오늘 나한테 주어진 길을 가며 맡은 일에 최선을 다할 것이다. 내가 받은 한 달란트를 가지고 책임을 다해 살아가겠다.' 이렇게 사는 것이 믿음입니다.

그리고 나서 때마다 닥치는 모든 유혹과 시험에는 "공중의 새를 보라······들의 백합화가 어떻게 자라는가 생각하여 보라······오늘 있다가 내일 아궁이에 던져지는 들풀[을 보라]"(마 6:26-30)를 생각하는 겁니다. 성경을 통해서 이스라엘 역사를 보고, 세상사를 보며 사람들 살아가는 일, 하나님이 내 인생에 간섭하시는 일을 생각하는 것입니다.

믿음의 본질, 순종

'하나님은 어떻게 일하시는가?' '하나님은 어떻게 보상하시는가?' '하나님은 무엇을 기뻐하시는가?'를 생각하는 것이 믿음입니다. 믿음은 내 소원을 관철시키는 것이 아닙니다. 하나님을 알고 그 뜻을 따르는 것입니다. 그런 면에서 믿음의 또 다른 본질은 '순종'이 되는 것입니다. 하나님의 뜻을 알며, 하나님이 일하시는 방법을 알고 거기에 순종하는 것이 믿음의 본질입니다. '열심'이 아니고 '순종'입니다. 그리고 하나님이 그 일을 이루시는 그 시간과 범위가 길고 크다는 것을 알아서 인내하는 것입니다.

여러분이 신약의 서신서들을 읽어 보면, 뜻밖에도 전도에 대한 이야기는 거의 없고 인내에 관한 표현이 꽤 많이 나오는 것을 알 수 있습니다. 참고, 견디고, 용서하고, 서로 복종하고, 옛 사람을 벗어버리고, 새 사람을 입고, 눈에 핏대 세우지 말고, 남을 나보다 낫게 여기고 등등. 이런 얘기는 수도 없이 반복이 됩니다. 이상하죠? 그런데 이렇게 변하는 것이야말로 뜻밖에 가장 중요한 전도의 목적이고, 전도의 내용이며, 또한 전도의 방법입니다.

이상하게 한국 교회는 성경에 잘 나오지도 않은 전도 얘기를 강조해서 모든 교우를 다 전도만 해오라고 가르칩니다. 계속해서 새 사람을 잡아오라고 합니다. 새 사람이 오면 그 사람도 3주 속성 과정을 통과시켜서 또 잡아오라고 합니다. 그래서 한국 교회는 꼭 고아원 같습니다. 모든 사람더러 애만 낳으라고 그래요. 그러니까 애만 바글거립니다. 팔십 줄의 할머니가 와도 애부터 낳으랍니다. 기르는 사람은 아무도 없습니다. 애를 낳으면 무조건 먹여서 세 살만 되면 또 애를 낳으라고 합니다. 큰 문제입니다. 하나님의 사람다운 모습, 그 깊고 넓은 경지에 가는 것이 하나님이 우리에게 의도하고 허락한 큰 복입니다. 그리고 책임입니다. 순종이 믿음의 본질이라는 것을 기억한다면, 우리는 하나님의 뜻을 아는 것에 게으르지 않아야 하고, 그분의 뜻을 아는 대로 지키는 싸움을 해야 합니다. 이것이 제자훈련의 가장 큰 싸움이 아닌가 싶습니다. 그런 면에서 순종하는 것은 정말 어렵습니다.

사무엘상 15:17-23을 봅시다. 선지자 사무엘이 왕이 된 사울에게 아말렉을 진멸하고 오라고 하나님의 명령을 전달했는데, 사울이 그 명령을 지키지 않았고 좋은 소와 양들을 남겼습니다. 그 후에 하나님이 노하셔서 사무엘을 통해 사울을 꾸중하시는 장면입니다.

사무엘이 이르되 '왕이 스스로 작게 여길 그때에 이스라엘 지파의 머리가 되지 아니하셨나이까? 여호와께서 왕에게 기름을 부어 이스라엘 왕을 삼으시고, 또 여호와께서 왕을 길로 보내시며 이르시기를 가서 죄인 아말렉 사람을 진멸하되 다 없어지기까지 치라 하셨거늘, 어찌하여 왕이 여호와의 목소리를 청종하지 아니하고 탈취하기에만 급하여 여호와께서 악하게 여기시는 일을 행하였나이까?' 사울이 사무엘에게 이르되 '나는 실로 여호와의 목소리를 청종하여 여호와께서 보내신 길로 가서 아말렉 왕 아각을 끌어 왔고 아말렉 사람들을 진멸하였으나, 다만 백성이 그 마땅히 멸할 것 중에서 가장 좋은 것으로 길갈에서 당신의 하나님 여호와께 제사하려고 양과 소를 끌어 왔나이다' 하는지라. 사무엘이 이르되 '여호와께서 번제와 다른 제사를 그의 목소리를 청종하는 것을 좋아하심같이 좋아하시겠나이까? 순종이 제사보다 낫고 듣는 것이 숫양의 기름보다 나으니, 이는 거역하는 것은 점치는 죄와 같고 완고한 것은 사신 우상에게 절하는 죄와 같음이라. 왕이 여호와의 말씀을 버렸으므로 여호와께서도 왕을 버려 왕이 되지 못하게 하셨나이다.'

이 말씀은 믿음의 핵심이 잘 드러나 있습니다. "순종이 제사보다 낫[다]"(22절)는 것이 무슨 뜻입니까? 믿음이란 내가 하나님께 정성을 바치는 것이 아니라 하나님의 뜻을 따르는 것입니다. 믿음이란 내가 하나님을 공양하는 것이 아니고 하나님이 우리에게 요구하시는 거룩과 의를 따라가는 것입니다. 믿음은 정성과 열심이 아니고 알고 따르는 것입니다. 그래서 "거역하는 것은 점치는 죄와 같고 완고한 것은 사신 우상에게 절하는 죄와 같[습니다]"(23절).

사신 우상, 가짜 신 곧 거역하고 완고한 것은 하나님의 뜻이 아니기 때문에 그 안에 진리와 생명이 없습니다. 하나님의 뜻에 거슬리는 목표와 내용이 있다면 그것은 다 거짓되고 죄악된 것입니다.

하나님이 원하시지 않는 것을 한다는 것은 그것 자체로 가치가 없는 것이며, 한 걸음 더 나아가 유일하신 하나님께 거역하는 죄입니다. 그래서 오늘날 우리가 쉽게 저지르는 죄는 우리의 소원이 앞서서 하나님의 뜻을 묻지 않을 뿐 아니라 그분의 뜻을 무시하는 죄일 겁니다. 명분은 늘 그럴듯합니다. 주를 위한답시고 사울이 한 것처럼 하나님께 제사하려고 양과 소를 살려 왔다는 실수를 하지 않아야 합니다.

이스라엘 백성의 실수는 이것입니다. "내 백성이 지식이 없으므로 망하는도다. 네가 지식을 버렸으니 나도 너를 버려 내 제사장이 되지 못하게 할 것이요, 네가 네 하나님의 율법을 잊었으니 나도 네 자녀들을 잊어버리리라"(호 4:6). "지식이 없으므로 망[했다]"는 것은 정보에 관한 얘기가 아니라 하나님을 따르는 법을 거역한 것을 말합니다. 하나님이 어떻게 일하시는지, 무엇을 좋아하는지를 거스르는 것은 지식이 없기 때문입니다. "네가 네 하나님의 율법을 잊었[다]"는 것은 결국 하나님의 뜻과 그분의 기뻐하심을 거스르고 외면한 것을 말합니다.

하나님은 무엇을 하기 위해 동원할 수 있는 소모품이 아닙니다. 교회에서 하는 모든 봉사는 사람을 통해 하는 일에만 목표를 두지 않습니다. 먼저 그 일을 맡은 사람이 유익을 얻습니다. 하나님을 아는 것과 그분의 일하시는 방법을 배워 믿음이 커집니다. 이렇게 보면 목사가 신앙이 좋아질 수밖에 없습니다. 하루가 멀다 하고 불치병에 걸린 사람을 문병하고, 어제까지 펄펄 뛰던 사람을 장례도 치르고, 별별 사람들을 다 만나는데 어떻게 신앙이 좋아지지 않을 수 있겠습니까? 하나님이 우리를 통해서 누구를 불러내고, 무슨 일을 이루기 위해 나를 소모하는 것이 아닙니다. 그 일을 함으로써 내가 좋아지는 겁니다. 내가 좋아지면 그 좋아진 것으로 다른 사람에게 영향을 미치고, 나를 통해 좋은 영향을 받은 사람들이 다시 하나님을 알고 그분의 뜻을 따르게 되는 겁니다. 그런데 우리는 너무 전도 일변도입니다. 사람을 불러 모아 무슨 일만 하려고 합니다.

옆 사람에게 인정을 받아 내야 합니다. 자주 만나고 늘 같이 있는 사람에게 긍정적 평가를 받을 수 있어야 합니다. 이런 것들은 교회가 어떻게 이루어져 왔는지, 하나님이 어떻게 일하셨는지에 대한 실질적 연구와 정당한 이해가 있어야 가능합니다. 그런 것들이 없으면 그저 피상적 편견들을 가지고 고집하는 분위기를 조성하는 것밖에 달리 할 방법이 없습니다.

로마서 10:2에서 보는 바와 같이, 사도 바울이 이스라엘 백성의 실패를 뭐라고 지적합니까? "하나님께 열심이 있으나 올바른 지식을 따른 것이 아니니라"고 지적합니다. 그러므로 믿음의 가장 큰 오해는 언제나 치성을 드리고 하나님의 뜻을 아는 일에 게으른 것입니다. 막연한 종교심을 가지고 정성과 열심을 바치는 것은 믿음이 아닙니다. 그가 아무리 열심과 자기희생과 고귀한 이상을 가지고 있다 할지라도 하나님이 원하시는 것이 아니라면, 그것들은 하나님의 뜻과 아무 상관이 없으며 망하는 길을 가는 것입니다. 그러므로 믿음은 하나님을 알고, 그 뜻을 순종하여 우리가 진리와 생명 안에 거하는 방법입니다.

4장

성경, 기도, 경건의 시간

모든 성경은 하나님의 감동으로 된 것으로 교훈과 책망과 바르게 함과 의로 교육하기에 유익하니, 이는 하나님의 사람으로 온전하게 하며 모든 선한 일을 행할 능력을 갖추게 하려 함이라. 딤후 3:16-17

또 기도할 때에 이방인과 같이 중언부언하지 말라. 그들은 말을 많이 하여야 들으실 줄 생각하느니라. 그러므로 그들을 본받지 말라. 구하기 전에 너희에게 있어야 할 것을 하나님 너희 아버지께서 아시느니라. 마 6:7-8

3장에서 우리가 믿음에 대해서 생각해봤습니다. 그것은 '신자란 누구인가?'라는 정체성을 이해하기 위해서였습니다. 우리는 예수를 믿고 새 사람이 되었습니다. 여기서 새 사람이란 신자를 뜻합니다. 제자훈련이라는 시각에서 볼 때, 믿음은 '믿으면 무엇이든지 된다'는 식으로 부적이 될 위험성이 있습니다. 믿음은 어떤 결과를 얻어 내는 부적이 아닙니다. 믿음은 하나님을 알고 그 뜻을 순종하여 우리가 진리와 생명 안에 거하게 하는 법이기에, 하나님을 알고 그 뜻을 알기 위해서 성경에 익숙해져야 한다는 결론에 자연스럽게 도달했습니다.

믿음은 신자의 정체성을 다루는 것이므로, 이제는 몇 가지 신앙의 핵심 사항들을 사전에 점검할 수밖에 없습니다. 이것은 제자훈련의 몇 가지 본론이라고 볼 수도 있습니다. 우리는 첫 장부터 제자훈련이 하나의 기술 훈련으로 오해되었다고 했습니다. 그 결과로 믿음이나 성경이나 기도까지도 훈련 기술을 익히기 위한 방법론으로 오해합니다. 이런 것들이 너무 강조되어왔기 때문에 문제를 바로잡는 일을 먼저 할 수밖에 없습니다.

땅끝까지 이르러 모든 민족을 제자로 삼는 일을 위해 신자의 정체성 확인이 필요합니다. 도대체 무엇을 가르칠 것이냐의 문제이기 때문입니다. 내가 무엇을 가르친다는 것은 내가 이미 무엇을 받았다는 말입니다. 신자가 되었기에 이미 받은 것은 진리와 생명입니다. 그러나 제자훈련에 '믿음, 성경, 기도'와 같은 단어를 사용하면 벌써 임무부터 생각합니다. 누구를 가르치고 교화시키기 위한 하나의 기술로 도입되어 있지, 나의 나 된 것을 만드는 통로나 은혜로 등장하지 않습니다.

제자훈련이 일종의 과업을 수행하는 임무가 되면 "이 나라를 내게 주옵소서" "이 땅에…그리스도의 계절이 오게 하소서"라는 운동(movement)이 됩니다. 물론 오해하지 마시길 바랍니다. 이런 표어를 내건 단체가 잘못한 것이 아닙니다. 잘했습니다. 그러나 지금 우리는 더 잘하려고 그러는 겁니다. 믿음, 성경, 기도가 지금 우리가 하는 것을 더 크게 하고 더 풍성한 결과를 내기 위한 도구로 하나님을 동원하니까 이상한 선교회 같은 것이 나오는 겁니다. 원래 성경이 의도하는 것은 아주 다릅니다. 어떤 경우나 사건을 만나더라도 '신자는 이렇게 반응하는구나' '신자는 이렇게 다르구나' 하는 것을 내 세포 속속들이 배게 하기 위하여 기도가 동원되고 믿음이 동원되는 것입니다. 그 차이를 아시겠습니까?

믿음, 성경, 기도를 보는 시각이 전혀 다릅니다. 어디가 맞고 어디가 틀리다는 얘기가 아닙니다. 우리의 신앙이 어떤 면에서는 베니어합판 같아야 합니다. 나뭇결이 여러 개 엇갈리게 붙여 만든 단단한 널빤지처럼 우리 신앙도 그래야 합니다. 그런데 우리는 한 겹밖에 없어서 한 방 내리치면 쪼개진다 말입니다. 그 정도로는 안 됩니다.

제자훈련과 성경

믿음이 내 소원을 이루는 방법이 아니고 결국 진리에 근거해야 한다면, 하나님을 아는 일이 가장 시급하고 중요할 수밖에 없습니다. 믿음이란 나의 소원을 이루는 자기 최면이 아닙니다. 요즘도 그러는지 모르겠는데, 사이비 기도원이나 이상한 부흥회를 여는 교회에 가면 자꾸 믿음에 확신 없고 흔들리는 사람 있으면 손을 들라고 합니다. 그러고는 다 같이 박수치면서 "믿습니다, 믿습니다"를 백 번만 하라고 합니다. 그러면 멀쩡하던 사람도 정신이 완전히 나갑니다. 해롱해롱해져서 의심할 정신력을 잃습니다. 그런 식으로 해서는 안 됩니다. 술을 먹으면 왜 담대해집니까? 제 친구 중에 하나는 연애하는 여자 집에서 결혼을 반대하니까, 한잔하고 여자네 집 문을 발길로 차고 "내놓으라"며 들어갔습니다. 여차저차하여 결혼하기는 했습니다만 그건 담력이 아닙니다. 평소 같으면 못할 짓을 술로 제어 장치를 푼 것입니다. 그건 브레이크가 풀린 것이지 담력이 생긴 것이 아니듯이 "믿습니다, 믿습니다"로 자기 최면을 거는 것은 믿음이 아니라 돈 겁니다.

믿음은 결국 하나님을 아는 일에 근거해야 하고, 하나님을 아는 일은 성경을 통해서만 가능합니다. 이를 강조하는 이유는 우리가 의도나 목적을 가지고 우리의 시선이 어딘가에 붙잡히면 성경이 말하는 본래 의미는 사라지고, 믿음이나 기도가 언제나 방법으로 둔갑해 버리기 때문입니다. 이런 것이 신앙생활에서 가장 큰 문제이기 때문에 제자훈련을 다루면서 분명하게 짚고 넘어가야 합니다.

디모데후서 3:16-17에 성경에 대한 정의가 나옵니다.

모든 성경은 하나님의 감동으로 된 것으로 교훈과 책망과 바르게 함과 의로 교육하기에 유익하니, 이는 하나님의 사람으로 온전하게 하며 모든 선한 일을 행할 능력을 갖추게 하려 함이라.

"교훈과 책망과 바르게 함과 의로 교육하기에 유익하니"는 다 하나님이 원하시는 기준이고, "하나님의 사람으로 온전하게 하며 모든 선한 일을 행할 능력을 갖추게 하려 [한다]"는 것도 하나님의 뜻과 기뻐하심을 근거해서 나오는 말씀입니다.

모든 성경은 "하나님의 사람으로 온전하게" 합니다. 이 말씀도 일(doing)에 관한 것이 아니고, 존재(being)에 대한 것이라는 점이 두드러집니다. 성경은 '하나님이 무엇을 원하시고, 무엇을 기뻐하시는가?'에 초점이 있습니다. '하나님이 무엇을 원하시는가?'에서 '무엇'은 일로서 무엇이 아니라 무엇을 할 수 있는 존재를 말하는 것입니다. 세례 요한은 "이미 도끼가 나무뿌리에 놓였으니 좋은 열매를 맺지 아니하는 나무마다 찍혀 불에 던져지니라"(마 3:10)고 했습니다. 이는 실천을 얘기하는 게 아니라 좋은 열매를 맺는 나무가 되어야 한다는 얘기입니다. 좋은 열매를 맺는 나무가 좋은 나무라는 말입니다. 그래서 마태복음 7장에서도 예수께서 열매로 나무를 안다고 하신 것입니다. 감을 열매로 맺는 나무는 감나무입니다. 밤이 열리는 나무는 밤나무입니다. 실천의 유무를 따지는 것이 아니라 좋은 열매를 맺는 나무여야 합니다. 아니면 찍혀 불에 던져집니다. 다시 말하지만 성경이 말하는 '무엇을 해라' '하나님은 무엇을 하기를 원하시는가?'에서 그 '무엇'은 우리가 해야 할 일이 아니라 그 무엇을 할 수 있는 존재라는 걸 명심하시길 바랍니다.

요즘 시중에 유포된 제자훈련은 임무입니다. 임무가 주어지면 일거리가 됩니다. 그 임무를 이루기 위해 다른 재주를 동원하는 재주꾼이 된다는 말입니다. 그 일을 하는 존재가 되지 못합니다. 그래서 교회들이 전도를 강조하면, 주를 사랑하고 죄인을 긍휼히 여기는 하나님의 마음에 동참한 자가 되는 것이 아니라 누가 사람을 많이 끌고 왔느냐만 중요해집니다. 이것은 얘기가 다릅니다. 교회가 교회 노릇하기 위해 선교사를 파송하는 것은 맞는 얘기입니다. 그러나 선교사를 백 명이나 보낼 수 있는 돈과 능력을 가진 교회가 되면 얘기는 달라집니다. 이런 오해는 자주 일어날 수 있습니다.

성경은 내가 원하는 것을 얻는 방법에 관한 얘기가 아니라 모두 하나님에 관한 얘기입니다. '하나님은 어떤 분이신가? 하나님은 어떻게 일하시는가? 하나님은 무엇을 좋아하시는가?'를 알려 주는 것이 성경입니다. 그래서 우리는 성경을 볼 때, 성경이 하나님에 대해 말한다는 것을 잘 살펴야 합니다. 성경은 우리의 신앙이 맹신으로 흐르지 않도록 합니다. 만일 성경이 없다면, 우리는 하나님을 알기보다 그분께 치성을 드리거나 내용 없는 자기 열심과 자기도취에 빠지고 말 것입니다.

기독교 신앙이 믿음을 중시하는 이유는 그 열심과 진심을 가르치기 전에 두 가지 '무엇을, 어떻게'에 관심을 먼저 가질 것을 요구하기 때문입니다. 믿음이 열심이나 진심에 관한 문제이기보다 '무엇을, 어떻게'에 관한 것이라면, 우리는 그 '무엇'과 '어떻게'를 하나님이 '무엇을' 좋아하시고, '어떻게' 행하시기를 기뻐하시는지를 알기 위해 성경에 물어보는 수밖에 없습니다.

이런 문제는 대표적으로 사울 왕의 실패로 교훈을 삼을 수 있습니다. 사울이 왕이 된 후에 하나님이 사무엘 선지자를 보내 아말렉을 진멸하라는 명령을 내렸고, 사울은 그 명령을 어겼습니다. 사무엘상 15:19-23 상반절을 보고 사무엘 선지자의 꾸중의 초점이 무엇인지 살펴봅시다.

> '어찌하여 왕이 여호와의 목소리를 청종하지 아니하고 탈취하기에만 급하여 여호와께서 악하게 여기시는 일을 행하였나이까?' 사울이 사무엘에게 이르되 '나는 실로 여호와의 목소리를 청종하여 여호와께서 보내신 길로 가서 아말렉 왕 아각을 끌어 왔고 아멜렉 사람들을 진멸하였으나, 다만 백성이 그 마땅히 멸할 것 중에서 가장 좋은 것으로 길갈에서 당신의 하나님 여호와께 제사하려고 양과 소를 끌어 왔나이다' 하는지라. 사무엘이 이르되 '여호와께서 번제와 다른 제사를 그의 목소리를 청종하는 것을 좋아하심같이 좋아하시겠나이까? 순종이 제사보다 낫고 듣는 것이 숫양의 기름보다 나으니, 이는 거역하는 것은 점치는 죄와 같고 완고한 것은 사신 우상에게 절하는 죄와 같음이라.'

순종의 유무였습니다. "거역하는 것은 점치는 죄와 같고 완고한 것은 사신 우상에게 절하는 죄"와 같다고 합니다. 여기서 순종은 하나님 쪽에서 목적과 내용을 가지고, 우리는 그 권위에 따라야 된다는 의미입니다. 하나님만이 우리가 따를 유일한 권위를 가지고 계십니다. 하나님이 우리의 주인이십니다. 그래서 하나님이 '무엇을' '어떻게' 하라고 하셨는지는 우리가 할 수 있는 의논이나 합의가 아닙니다. 권위적 명령에 대해서는 아는 대로 행하는 일만이 있을 뿐입니다. 따라서 하나님이 하라고 하신 것을 제대로 하지 않으면 '무엇을' '어떻게' 할 것인지가 우리 몫이 됩니다.

제자훈련이 하나님의 뜻일지라도, 그 일을 이루기 위해 우리 자신이 주도권을 잡으려는 위험은 늘 존재합니다. 순종한다고 시작은 했으나 그 일을 이루는 방법은 우리 마음대로 할 가능성이 있다는 말입니다. 명분만 세워 놓고 하나님이 이루시려는 목적과 내용을 방해할 때가 있습니다. 하나님이 우리를 증인으로 삼기 원하시는 데에는 '아름다운 열매를 맺는 나무가 되라'는 목적이 있습니다. 그럼에도 불구하고 우리는 많은 열매를 모으려고만 하는 도매상으로 전락할 위험이 있습니다. 이것이 오늘날 실행하는 제자훈련에서 가장 치열하게 시비를 걸어야 하는 대목입니다. 우리는 몇 개의 열매를 맺었느냐보다 열매 맺는 나무가 되었느냐에 초점을 맞춰야 합니다.

아무리 명분이 좋다 할지라도, 사무엘상 15장에서 사울이 말하는 식으로 "가장 좋은 것으로……하나님 여호와께 제사하려고"(21절) 가져왔다 해도, 이미 그 제물은 하나님이 기뻐하시는 것이 아닙니다. 하나님은 양과 소를 받으시려는 게 아닙니다. 순종이 제사보다 낫습니다. 순종이 제사보다 낫다고 할 때, 여기서 '제사'는 우리가 신에게 바치는 맹목적인 열심과 치성이어서는 안 된다는 의미입니다. 제사란 모름지기 하나님이 무엇을 원하시는지 알고 그것에 항복하여 순종과 감사로 그분께 나아가는 것입니다. 우리가 가진 것 중에 하나를 하나님께 바치는 것으로 그분께 나아가는 게 아닙니다.

잘못된 제사가 얼마나 무서운 것인지 보십시오. 올바른 제사는 하나님이 우리에게 좋은 열매 맺는 나무가 되라고 하시니 좋은 나무가 되는 것입니다. 그런데 우리는 가진 것 중에 제일 좋은 것을 바치면 하나님이 기뻐하실 거라고 생각합니다. 제자훈련도 잃어버린 영혼을 많이 낚아오면 하나님이 제일 좋아하실 거라고 생각합니다. 그렇지 않습니다. 많이 잡아오는 게 다가 아닙니다. 어떤 종교적 열심으로 치장하면 안 됩니다. 그래서 호세아서 6:1-6에 가면 이와 동일한 꾸중이 이스라엘을 향한 호세아 선지자의 메시지에 나옵니다.

> '오라, 우리가 여호와께로 돌아가자. 여호와께서 우리를 찢으셨으나 도로 낫게 하실 것이요, 우리를 치셨으나 싸매어 주실 것임이라. 여호와께서 이틀 후에 우리를 살리시며, 셋째 날에 우리를 일으키시리니 우리가 그의 앞에서 살리라. 그러므로 우리가 여호와를 알자. 힘써 여호와를 알자. 그의 나타나심은 새벽빛같이 어김없나니 비와 같이, 땅을 적시는 늦은 비와 같이 우리에게 임하시리라' 하니라. 에브라임아, 내가 네게 어떻게 하랴? 유다야, 내가 네게 어떻게 하랴? 너희의 인애가 아침 구름이나 쉬 없어지는 이슬 같도다. 그러므로 내가 선지자들로 그들을 치고 내 입의 말로 그들을 죽였노니 내 심판은 빛처럼 나오느니라. 나는 인애를 원하고 제사를 원하지 아니하며 번제보다 하나님을 아는 것을 원하노라.

호세아는 "우리가 여호와를 알자"고 말합니다. 하나님은 어떤 분이십니까? 3절에 있는 바와 같이 그분은 "새벽빛같이 어김없나니 비와 같[고] 땅을 적시는 늦은 비와 같[습니다]." 다시 말해, 하나님은 '일정하신' 분, '공의롭고 신실하신' 분입니다.

또 말라기서를 보면 백성들이 제사를 드리고 나머지 일상은 엉망이라는 꾸중을 하나님께 듣습니다. 그들이 드리는 제사가 진심이 들어 있지 않다고 지적합니다. 대표적으로 십일조가 그랬습니다. 너희가 "하나님의 것을 도둑질[한다]"(말 3:8)고 말합니다. 여기서 말하는 십일조는 하나님께 10분의 1을 바치는 것을 말하는 게 아닙니다. 이스라엘 백성은 하나님께 십일조를 드리지 않은 적은 없습니다. 제사를 잘못 드린 적도 없습니다. 성경이 말하는 십일조는 만물의 상징입니다. 10분의 1을 드리는 것 자체가 문제가 아니라, 첫 수확을 드림으로 만물을 하나님께 바치는 것과 같은 개념인데, "하나님이 이 모든 것을 주셨습니다"라는 고백으로 드리지 않은 것이 문제입니다. 그러므로 십일조를 바친다는 것은 10분의 1을 하나님께 드리면 내 일은 끝났고, 나머지 10분의 9는 내 몫이기 때문에 내 마음대로 쓸 수 있다가 아닙니다. 나머지 것도 하나님의 것입니다. 그것 역시 하나님이 내게 맡긴 것임을 알아야 합니다. 진정한 십일조는 10분의 1을 드린 것으로 표현된 신앙이 나머지 10분의 9를 쓰는 데에도 동일하게 나타나야 합니다.

10분의 1을 드려야 하는데, 나는 10분의 2를 드렸으니 내가 믿음이 좋다. 이건 아닙니다. 어느 정도 구분해서 하나님 몫, 내 몫, 거기서 하나님 몫을 더 풍성히, 아니면 서로 반반씩 이런 것도 아닙니다. 우리가 사용하는 모든 재물이 하나님의 것으로 드러나야 합니다. 제사가 하나님께 항복하는 모습이듯이, 순종이 믿음의 근본 원리가 되어야 합니다. 결국 믿음이란 하나님을 아는 것으로 갈 수밖에 없습니다. 성경이 요구하는 것은 하나님을 아는 것입니다.

성경은 언제나 하나님이 목적과 내용을 쥐고 계신다는 사실을 알려 줍니다.

기독교가 다른 종교와의 차이점은 초월이 아닙니다. 기독교를 제외하고 어떤 종교든지 '종교'라는 지위를 갖기 위해서는 사람들에게 초월을 내세워야 합니다. 다시 말해, 일반 자연인들은 종교를 다 초월적인 것이라고 생각합니다. 어떤 종교든지 기적이 있을 때 사람들은 항복합니다. 사람들이 이단에 빠지는 이유는 두 가지입니다. 거기에 기적과 열심이 있기 때문입니다. 그러나 모든 이단은 진리가 없습니다.

그런데 사람들은 '진리'보다 '열심'을 좋아합니다. 그것은 마치 음악과 같습니다. 클래식 음악은 가서 듣는 재미가 있습니다. 하지만 클래식은 너무 깊이 들어가 있기 때문에 세상살이에 바쁜 일반 사람들이 클래식을 이해하기가 어려워 간극이 벌어지기 시작했습니다. 이에 대한 반발로 나온 것이 그룹사운드입니다. 클래식 음악가들이 하는 연주의 초점은 멜로디였습니다. 그래서 무슨 음악이든 연주하는 것을 들으면 곡으로 이해를 했습니다. 하지만 그룹사운드의 연주는 리듬으로 갑니다. 리듬은 멜로디와 다릅니다. 멜로디는 전문성을 가져야 추적할 수 있지만 리듬은 함께하는 겁니다. 누구나 발을 구르면 됩니다. 타악기가 가장 중요한 위치를 점하고 있습니다. 그래서 요즘 젊은이들은 음악을 들으러 가기보다 같이 떠들기 위해 갑니다. 그래서 누가 연주자이고 누가 청중인지 알 수 없습니다. 고함을 지르다 오는 거죠. 이런 문화가 교회에 들어와 있습니다. 멜로디의 전달이 없습니다. 가장 쉬운 '쿵쿵짝'만 남았습니다. 교회에서 '쿵쿵짝'은 뭐예요? "아멘", "할렐루야"입니다. 무슨 말을 해도 "아멘"이고 "할렐루야"랍니다. "내일 날이 밝을 것을 믿습니까?" "아멘." "내일 날이 밝으면 토끼 사냥 갑시다." "아멘." 멜로디가 없습니다. 그다음에 무슨 말을 해도 "쾌지나칭칭나네"입니다. 얼마나 무서워졌는지 아십니까? 멜로디 곧 메시지가 사라진 것입니다.

하나님을 알아야 합니다. 그것이 성경의 의도입니다. 그리고 우리는 하나님의 사람이기에 하나님을 순종해야 하는 자들입니다. 아름다운 열매를 맺는 나무, 땅끝까지 이르는 증인이 되어야 합니다. 땅끝까지 가되 깃발을 날리고 가거나 너무 장렬함으로 치장하지 마시고, 내가 신자다운지에 더욱 신경을 쓰는 것이 옳습니다. 그리고 하나님이 교회를 세우셔서 성도들을 변화시키고, 구원하시고, 완성하는 모든 것을 말씀으로 하기 원하신다는 것을 잊지 말아야 합니다. 그러면 우리가 얼마나 잘못 가고 있는지를 알 것입니다.

그래서 저는 제자훈련이 하나님이 우리에게 맡긴 하나의 임무요 사역이요 책임이라 생각해서 자꾸 일로 가다가 어떤 운동(movement)을 만들어 여기에 참여하지 않으면 매국노가 되는 집단 열광주의로 가는 것을 정말 우려합니다. 하나님이 일하시는 방법은 알 수 없습니다. 열두 제자에 가룟 유다는 포함시켜도 이상하게 사도 바울은 뺐습니다. 바울은 무슨 서자처럼 키우시고 나중에 쓰실 때에는 제일 많은 일을 하게 하셨습니다. 이렇듯 하나님이 하시는 일은 알 수가 없습니다. 우리가 무슨 일을 할 때, '이것은 하나님을 위한 일이다' 하는 대의명분을 제시하고 그 속에 동참하거나 그 흐름에 동조해야만 최고의 신앙인이 되고 하나님의 종이 되는 게 아닙니다. '제자훈련이다' '전도다'라고 집단 열광주의로 한쪽으로 몰아붙이는 것은 편견을 키우는 것이므로 조심해야 합니다.

일종의 광기, 집단 열광주의가 생기면 소외감이 없어집니다. 소외감이 없어지면 내가 초라해지지 않습니다. 저쪽에 연주자가 있고 나는 관객에 불과하다는 초라함이 없어지고 동등한 기분이 듭니다. 동참하는 기분이 들어 만족감이 생깁니다. 그건 그냥 만족감일 뿐입니다. 만족감이 있다는 것과 만족하는 것과는 얘기가 다릅니다. 느낌, 감(feeling)이 생기기 시작하면 실존주의로 빠지게 됩니다. 이렇게 되면 모든 심판을 자기 자신이 합니다. 실제로 만족할 내용이 없고 만족감만 있을 뿐인데, 그걸 구별하기가 어렵습니다.

기독교 외에 다른 종교는 일종의 주문식·부적식 신앙을 갖고 있습니다. 주문식 신앙이라는 것은 내용을 모릅니다. 자신이 외우는 주문의 내용은 모르지만 그 주문을 외우면 무슨 결과가 나오는지는 압니다. "열려라, 참깨"라고 하면 문이 열립니다. 왜 참깨라고 하면 열리는지 이유는 알 수 없습니다. "열려라, 참깨"라고 하면 누가 하든지 문이 열립니다. 부적식 신앙이라는 것은 써 있는 글과 그림이 무슨 의미인지 모르지만 부적을 붙이면 사고 예방을 할 수 있다는 믿음을 갖는 것입니다. 물에 빠져도 뜬다는 거죠. 그러니까 나한테 중요한 것은 내가 믿는 대상에 관한 지식이 아니고, 그 신이 우리에게 요구하는 내용도 아닙니다. 단지 내가 필요한 것을 얻기 위한 방법일 뿐입니다. 이런 것을 주문식·부적식 신앙이라고 합니다.

기독교를 제외한 모든 종교가 다 이렇습니다. 그러나 기독교는 다른 종교처럼 초월로 구별하지 않고 계시로 구별합니다. 계시로 구별한다는 것은 하나님이 누구신가를 설명하고 믿음을 요구한다는 내용입니다. 그 믿음은 맹신이 아니라 하나님을 알라는 것입니다. 알고 믿으라는 것입니다.

우리나라 사람들이 예수를 믿으면서 사용하는 아주 독특한 표현이 있습니다. "가슴이 클클해서"라는 표현입니다. '뭔가 시원하지 않아요. 좀 믿어도 화끈하게 믿고 싶은데, 왜 안 돼죠?' 이럴 때 쓰는 표현입니다. 여러분, 공부 잘하고 싶은데 잘 안 되면, 얼마나 마음이 클클합니까? 그런 경험 있으시죠? 공부 잘하려면, 실컷 울면 되는 게 아니라 눈을 밝히고 여러 해를 고생해야 부족한 부분을 채우고 뒤처진 것을 쫓아갈 수 있는 겁니다. 신앙도 마찬가지입니다. 가슴이 클클한 것은 하나님을 아는 일과 하나님이 기뻐하시는 자리까지 갈 길이 멀 뿐 아니라 그 단계에 대하여 아직 분명하지 않기 때문입니다. 알아야 하고 연습해야 합니다. 그런데 이런 것을 다 "주여" 하고 외치고 울어서 시원해져 버리면 안 됩니다. 그러면 큰일 납니다. 공부하는 사람이 공책 다 불사르고 "주여" 하고 만족하고 내려오는 것과 같습니다. 학교와 공부를 없애고 내려온 꼴입니다. 이리 가면 안 됩니다.

이런 요소가 제자훈련 속에 숨어 있습니다. 의외로 전도하는 것이 성도의 신앙을 도태시킬 위험이 있습니다. 일반적으로 전도는 가장 어렵기도 하지만, 어쩔 때는 가장 쉬울 수 있습니다. 또한 전도는 고도의 기술과 내용을 필요로 하지 않을 때도 할 수 있습니다. 그렇지 않나요? "예수 믿으라"는 소리는 가장 쉽게 할 수 있습니다. '사영리' 같은 것은 예수 믿고 그다음 날도 써 먹을 수 있는 좋은 전도 전략입니다. 이렇게만 전도하는 동안 전하는 자가 정작 해야 할 아름다운 나무로 크는 일 자체는 중단할 수 있습니다. 나가서 불러오는 현장감, 한 사람이 죄악 중에서 벗어나 하나님의 사람으로 변화하는 기적을 맛보는 그 환희로 자신의 성장을 대신할 수 있습니다. 스스로 나태한 자리에 있는 것을 모를 수 있습니다. 지금 제가 시비 거는 부분은 제자훈련 자체에만 있는 것이 아니라 우리의 믿음, 혹은 기본적 신앙생활에서 오해될 수 있는 부분이요, 게으른 인간들이 악용할 수 있는 부분입니다. 스스로 걸려 넘어질 수 있는 부분이라는 것을 기억하고 좀 음미해주시기 바랍니다.

믿음은 내가 믿는 대상과 내용에 관한 신뢰입니다. 모르고는 믿을 수 없습니다. 그래서 우리가 갖고 있는 성경은 그 뜻이 뭔지 모르는 모호한 것들이 아니고 읽으면 확실하게 알 수 있는 분명한 내용들입니다. 성경이 우리의 상식과 충분한 지성에 호소해서 우리에게 설명하고 납득할 수 있는 분명한 형태로 기록되어 있다는 사실을 기억해야 합니다. 그 내용이 초월적인 것일지라도 성경은 그 내용을 신비로 묻어버리지 않고 설명합니다. 우리의 지성에 호소하고 우리를 납득시킵니다. 그래서 하나님을 알고 믿으라고 요구하는 것입니다.

우리는 성경을 볼 때 이 책이 주문과 부적이 아니라는 것을 알아야 합니다. 어떤 성경 구절들은 주문식으로 쓰입니다. "할 수 있거든이 무슨 말이냐. 믿는 자에게는 능히 하지 못할 일이 없느니라"(막 9:23)는 말씀을 어떨 때 쓰입니까? 자기 자신이 꼭 이뤘으면 하는 것에 쓰입니다. 그래서 믿는 집에 가 보면 이런 부적이 얼마나 많은지 모릅니다. 신자 집안에 걸어 놓은 성경 구절들이 다 이런 부적입니다. 안 그런가요? "사랑하는 자여, 네 영혼이 잘됨같이 네가 범사에 잘되고 강건하기를 내가 간구하노라"(요삼 1:2),

"네 시작은 미약하였으나 네 나중은 심히 창대하리라"(욥 8:7), "내게 능력 주시는 자 안에서 내가 모든 것을 할 수 있느니라"(빌 4:3). 온통 이런 구절들만 액자를 만들어 벽에 걸어 놓습니다. 거기에 무슨 하나님의 인격과 거룩이 담겨 있습니까? 성경은 부적이 아닙니다. 제가 좋아하는 성경 구절은 이겁니다. "스스로 속이지 말라. 하나님은 업신여김을 받지 아니하시나니 사람이 무엇으로 심든지 그대로 거두리라"(갈 6:7). 우리가 성경을 어떻게 잘못 사용하고 있는지 아시겠습니까? 신앙을 일과 목표로 삼으면 이런 것들이 부적이 되어 계속 나옵니다. 그러므로 제자훈련이라고 말할 때, 우리가 이 일을 위해 부름받은 것인지, 우리의 전인격이 부름받은 것인지를 모르면 성경 전체가 오도될 수 있습니다.

성경의 주된 초점

성경은 우리의 소원을 이루는 방법론이거나 일종의 하나님의 명령서가 아닙니다. 또한 단순한 소원을 이루는 주문이나 부적도 아니라고 했습니다. 성경은 더 부요하고 깊은 책입니다. 하나님이 어떤 분인가에 초점이 맞춰 있고, 하나님의 자녀로서 우리가 어떠해야 하는가에 초점이 맞춰 있습니다. 일에 관한 문제가 아니라 존재에 관한 문제입니다. 다시 말해, 일에 초점을 맞추기보다 우리에게 관심 있으신 하나님의 성품에 초점을 두어야 합니다. 하나님의 의로우심, 선하심, 거룩하심, 자비로우심에 초점을 두라는 말입니다. 하나님이 하시지 못할 일을 우리에게 시키신 것이 아닙니다. 주께서 우리에게 일을 하라고 하실 때에는 그 일을 하는 '나', 아름다운 열매를 맺는 '나'에게 집중하십시다. 그것이 제자훈련의 초점이 되어야 합니다.

모든 민족을 제자로 삼을 수 있는 '나'여야 합니다. 능력적 차원이 아닙니다. 또한 얼마나 많은 제자를 삼았느냐는 업적의 차원도 아닙니다. 그 모든 사람 앞에 감히 설 수 있는 '나', 세상이 흉내 낼 수 없는 '나', 세상이 만들지 못하는 '나', 하나님의 사람으로서 모델인 '나'가 초점입니다. 그러나 우리가 아는 제자훈련은 그 '나'가 아니라 '누가 더 많이' '누가 더 멀리'로 되어 있습니다. '더 많이'와 '더 멀리'는 나 된 것의 자연스러운 결과여야 합니다. 주를 향한 나의 사랑과 열심, 복음을 향한 나의 진심, 주께서 나를 거기까지 보내시기를 기뻐하신 어떤 사역으로의 부르심이 결과로 나온 것입니다. 열매의 양이나 결과를 가지고 경쟁하고 비교하는 식의 제자훈련은 성경이 요구하는 것과 다릅니다. 우리는 실제로 그런 분위기 속에서 살고 있고, 그런 요구를 실제로 우리 옆에서 보고 있습니다. 이를 '잘했다, 못했다'는 이야기를 하려는 게 아닙니다. 이제는 진일보할 때입니다. 성경이 요구하는 것들에 대해 깊은 이해와 더 나은 반응과 하나님의 뜻을 이해한 순종이 우리에게 있어야 합니다.

성경의 초점, 하나님

그런 면에서 우리가 생각할 두 가지 초점 중에서 먼저, 하나님은 어떤 분인지에 대해 살펴봅시다. 신명기 28:1, 15입니다.

> 네가 네 하나님 여호와의 말씀을 삼가 듣고 내가 오늘 네게 명령하는 그의 모든 명령을 지켜 행하면, 네 하나님 여호와께서 너를 세계

모든 민족 위에 뛰어나게 하실 것이라(신 28:1).

네가 만일 네 하나님 여호와의 말씀을 순종하지 아니하여 내가 오늘 네게 명령하는 그의 모든 명령과 규례를 지켜 행하지 아니하면, 이 모든 저주가 네게 임하며 네게 이를 것이니(신 28:15)

가장 중요한 것은 이겁니다. 성경은 '하나님은 창조주요, 심판자요, 섭리자요, 모든 피조물의 생사화복을 쥐고 계신 분'이라는 데 초점이 있습니다. 이것은 당연한 말이지만 많은 신자들이 이 부분에서 실패합니다. 이 부분에서 실패한다는 것은 결국 성경을 통해서 배우는 것이 '하나님이 기뻐하시면 나머지는 하나님이 알아서 하신다'는 잘못된 생각에서 비롯되었기 때문입니다. 그래서 우리는 선물을 사 가지고 와서 하나님께 드리고는 그분께는 우리가 원하는 거 해달라고 조르는 유치한 거래를 고집하는 것이나 다름없습니다.

"너희는 먼저 그의 나라와 그의 의를 구하라. 그리하면 이 모든 것을 너희에게 더하시리라"(마 6:33)입니다. 그런데 우리는 "그의 나라와 그의 의를 구하[지]" 않고, "이번에 십일조에다 감사 헌금까지 드리겠습니다. 그러니 제발 이 일만은 해주십시오"라고 하는 겁니다. 언제나 이 싸움을 해서 늘 하나님께 들어가서 얻어맞고 나와 '지난번 선물이 약했나 보다. 이참에 더하자. 그리고 그냥 가지 말고 비서실장을 통해서 가자'고 생각하고 목사를 찾는 거 아닌가요?

하나님은 하늘에 속한 것이나 땅에 속한 모든 것의 주인이십니다. 또한 과거, 현재, 미래, 모든 시간과 장소의 유일한 주인이십니다. 성경이 이 부분을 우리에게 알리려는 것이고, 우리는 이 내용을 알아야 합니다. 더 재미있는 것은 이 권세는 하나님의 유일한 권세이면서 동시에 하나님이 이 권세로 우리에게 복 주시기를 기뻐하신다는 겁니다. 그러니까 하나님이 얼마나 높으시며, 그 하나님이 우리에게 어떤 분이신지가 성경의 또 하나의 초점입니다. 하나님과 짝할 자가 없고 하나님과 비교할 자가 없습니다. 하나님의 능력과 권세와 존귀하심을 누가 감히 와서 시비를 걸거나 흔들거나 비교할 수 있겠습니까?

동시에 그것으로 끝이 아닙니다. 하나님이 그 높은 지위와 권세와 능력과 지혜를 가지고 우리를 사랑하며 복 주시기를 기뻐하신다는 것이 성경의 주요 사상이며 사실이기도 합니다. 여기에 기독교 신앙의 자랑이 있습니다. 하나님은 자신의 큰 권세로 우리를 겁주거나 놀라게 하는 데 사용하는 것이 아니라 우리를 위해 쓰시기를 기뻐합니다. 그건 다른 의미에서 '하나님의 성품'이라고 말해도 됩니다. 우리는 이런 내용을 늘 받아누렸기 때문에 당연할 줄로 압니다만, 하나님이 우리를 위하여 이 모든 능력을 동원하시기를 기뻐하신다는 사실은 분명히 해야 합니다.

시편 118:1-4을 봅시다.

여호와께 감사하라. 그는 선하시며 그의 인자하심이 영원함이로다. 이제 이스라엘은 말하기를 '그의 인자하심이 영원하다' 할지로다. 이제 아론의 집은 말하기를 '그의 인자하심이 영원하다' 할지로다. 이제 여호와를 경외하는 자는 말하기를 '그의 인자하심이 영원하다' 할지로다.

그는 선하십니다. 선하다는 것은 그가 만든 모든 피조물에 대하여, 또한 하나님의 통치하시는 방법에 있어서 선하다는 것을 의미합니다. 특별히 우리에 대해 그렇습니다. 위 내용이 모든 시편 기자의 고백이요, 이스라엘 사람들의 고백이며, 경건하고 올바른 신앙을 가진 모든 사람의 공통된 고백입니다. 지난날을 상고해볼 때, 결국 통치하시는 하나님은 언제나 선하시며 자비롭고 인자하시고 신실하시다는 것입니다. 신실하다는 것은 믿을 만하고 성실하다는 뜻입니다. 하나님은 하다가 말거나 힘을 쓰다가 마음을 거두시는 때가 없습니다.

그다음은 시편 125:1-5절입니다.

> 여호와를 의지하는 자는 시온 산이 흔들리지 아니하고 영원히 있음 같도다. 산들이 예루살렘을 두름과 같이 여호와께서 그의 백성을 지금부터 영원까지 두르시리로다. 악인의 규가 의인들의 땅에서는 그 권세를 누리지 못하리니, 이는 의인들로 하여금 죄악에 손을 대지 아니하게 함이로다. 여호와여, 선한 자들과 마음이 정직한 자들에게 선대하소서. 자기의 굽은 길로 치우치는 자들은 여호와께서 죄를 범하는 자들과 함께 다니게 하시리로다. 이스라엘에게는 평강이 있을지어다.

"여호와를 의지하는 자는 시온 산이 흔들리지 아니하고 영원히 있음"(1절) 같습니다. 태산이 흔들지 않는 것 같습니다. 왜요? 그가 믿음을 가졌기 때문이 아니라 하나님이 신실하신 분이기 때문입니다. 하나님 안에 있는 자, 하나님의 보호하심 속에 있는 자는 영원히 흔들릴 일이 없습니다. 이것이 이스라엘 백성이 자신들의 인생과 역사 속에서 확인한 하나님의 속성이었습니다.

그런 면에서 시편 136편은 아주 아름다운 시입니다. 1-5절만 읽어봅시다.

> 여호와께 감사하라. 그는 선하시며 그 인자하심이 영원함이로다. 신들 중에 뛰어난 하나님께 감사하라. 그 인자하심이 영원함이로다. 주들 중에 뛰어난 주께 감사하라. 그 인자하심이 영원함이로다. 홀로 큰 기이한 일들을 행하시는 이에게 감사하라. 그 인자하심이 영원함이로다. 지혜로 하늘을 지으신 이에게 감사하라. 그 인자하심이 영원함이로다.

끝까지 "그 인자하심이 영원함이로다"를 찬송합니다. 하나님의 속성 중에 가장 뛰어난 것이 무엇입니까? 인자하심입니다. 자비와 긍휼과 인애와 선하심과 우리를 향한 무한하신 사랑은 유일하시고 권세와 능력을 가지신 하나님의 성품입니다. 그러므로 하나님이 얼마나 높으신 분이시며, 하나님이 어떤 분인지를 아는 것은 신자들에게 있어서 정말 중요합니다.

나중에 '기도'에 대해서 다룰 때 다시 언급하겠지만, 우리는 하나님께 나아갈 때 소원을 아뢰고 그분의 명령을 받는 정도가 아니라 하나님과 대화할 수 있는 존재입니다. 정말 대단한 특권입니다. 우리는 '하나님이 어떤 분인가?'라는 점에서 두 가지 초점을 놓치지 않아야 합니다. 하나님만이 유일한 권위자입니다. 모든 존재와 역사, 온 우주에 유일하신 주재자이십니다. 그리고 하나님은 우리를 사랑하시고 복 주시기를 기뻐하시는 분입니다.

성경의 초점, 거룩

두 번째 초점은 '하나님이 우리에게 무엇을 요구하시는가?'입니다. 하나님의 자녀로서 우리는 어떠해야 하는가? 신자는 어떠해야 하는가? 일의 차원이 아니고 존재의 차원 곧 인격과 성품의 차원에서 말입니다. 그렇다면 성경이 우리에게 요구하는 것은 무엇입니까?

어느 교회를 가든지 목표가 있기 마련입니다. 가장 많이 사용하는 공통 3대 목표가 있습니다. '전도, 교육, 봉사'입니다. 이런 목표는 벌써 일이라는 느낌이 듭니다. 성경이 우리에게 요구하는 것은 신·구약을 통틀어서 단 한 가지입니다. '거룩'입니다. 다른 표현도 있지만, '거룩'이라는 말이 가장 적당한 표현입니다.

하나님은 우리를 사랑하며, 우리에게 복 주시기를 기뻐하시며, 그 복을 주시기 위해 우리가 거룩하기를 요구하십니다. 성경이 신자들에게 요구하는 것은 능력이 아니라는 것을 명심합시다. 하나님이 우리에게 요구하는 것은 똑똑하고 유능한 것이 아닙니다. 업적을 세우는 것도 아니고 위인이 되는 것이 아닙니다. 하나님이 성경을 통해 우리에게 요구하는 것은 거룩한 것입니다. 평생 잊지 마십시오. 레위기 11:44-45입니다.

> 나는 여호와 너희의 하나님이라. 내가 거룩하니 너희도 몸을 구별하여 거룩하게 하고 땅에 기는 길짐승으로 말미암아 스스로 더럽히지 말라. 나는 너희의 하나님이 되려고 너희를 애굽 땅에서 인도하여 낸 여호와라. 내가 거룩하니 너희도 거룩할지어다.

이렇게 거룩해야 합니다. 성도들의 최고 책임, 최고 자랑은 거룩한 것입니다.

예수 그리스도의 대제사장적 기도의 장면, 요한복음 17:14-19을 봅시다.

> 내가 아버지의 말씀을 그들에게 주었사오매 세상이 그들을 미워하였사오니, 이는 내가 세상에 속하지 아니함같이 그들도 세상에 속하지 아니함으로 인함이니이다. 내가 비옵는 것은 그들을 세상에서 데려가시기를 위함이 아니요, 다만 악에 빠지지 않게 보전하시기를 위함이니이다. 내가 세상에 속하지 아니함같이 그들도 세상에 속하지 아니하였사옵나이다. 그들을 진리로 거룩하게 하옵소서. 아버지의 말씀은 진리니이다. 아버지께서 나를 세상에 보내신 것같이 나도 그들을 세상에 보내었고, 또 그들을 위하여 내가 나를 거룩하게 하오니, 이는 그들도 진리로 거룩함을 얻게 하려 함이니이다.

예수께서 "거룩하라"고 하셨습니다. 그렇기 때문에 우리는 거룩해야 합니다. '거룩하라'는 것은 행위적 차원의 이야기가 아닙니다. 윤리적·도덕적 차원의 이야기도 아닙니다. 본질적 차원의 얘기입니다. 거룩을 죄 짓지 않는 것, 게으르지 않은 것으로 정의하면 안 됩니다. 거룩은 하나님이 구원하시는 모든 백성에게 원하시는 것입니다. 우리는 세상에 속한 자가 아닙니다. 거룩은 하나님께 속한 자가 되라는 겁니다. 하나님의 기뻐하심이 우리의 소원이 되고 하나님이 싫어하시는 것은 우리에게도 싫은 것이 되어야 합니다. 세상 욕심으로 꽉 차서 하나님의 능력만 이용하려는 그런 신앙에 빠지지 않도록 늘 조심해야 합니다. 로마서 12:1을 보면 이런 요구가 있습니다.

그러므로 형제들아, 내가 하나님의 모든 자비하심으로 너희를 권하노니 너희 몸을 하나님이 기뻐하시는 거룩한 산 제물로 드리라. 이는 너희가 드릴 영적 예배니라.

"너희 몸을……거룩한 산 제물로"입니다. 우리에게 일어나는 어떤 행위들은 우리가 그런 존재이기 때문에 그렇게 나타납니다. 이 말을 비교해서 설명하면, 그리스도께서 이 땅에 오신 것을 말씀이 육신이 되었다고 합니다. 말씀이 육신이 되었다는 것은 그 육신이 말씀이라는 뜻입니다. 예수께서 하신 말씀만 메시지가 아니라 예수께서 하신 일은 다 메시지입니다. 그분께서 가만히 계셔도 그 자체가 말씀인 것입니다. 예수께서 이 땅에 오신 것 자체가 이미 말씀입니다. 임마누엘 곧 하나님이 우리와 함께하시는 겁니다. 죄인을 찾아 오셨습니다. 그분은 존재 자체가 벌써 말씀입니다.

우리는 그런 의미에서 거룩해야 합니다. 우리가 하는 일은 하나님이 기뻐하시는 존재 곧 거룩한 자가 하는 반응이고 순종이며 절제입니다. 거룩한 자가 하는 결정과 표현들은 다 거룩입니다. 실제로 우리는 그렇지 못하지만 의도는 그렇습니다. 그래서 전도란 불쌍한 죄인들을 향한 하나님의 긍휼과 은혜의 열심입니다. 전도는 하나님의 자녀 된 우리가 하나님을 향한 사랑으로서 받아들인 사역일 수도 있고, 하나님의 성품을 닮은 자로서 우리가 죄인들을 향해 갖는 자비와 열심의 결과일 수도 있습니다. 우리가 가진 생명과 거룩은 심판이 아니라 긍휼과 자비로 나가는 반응이기도 합니다. 목표로, 생명과 거룩을 쟁점으로 삼아 일로 끌고 가버리면 긍휼과 자비는 다 죽습니다. 이것이 제가 전도 일변도로 기울어진 제자훈련에 대해 시비를 거는 이유입니다.

결국 성도들의 신앙 핵심은 그 삶을 거룩하게 하는 것입니다. 거룩함을 생각하거나 거룩함을 말하는 것이 아니라 거룩하게 사는 것입니다. "우리 몸을……거룩한 산 제물로" 여러분에게 주어진 모든 일상 속에서 하나님의 자녀답게 살아야 합니다. 세상에 속하지 아니한 자로서 인내하고 믿음을 지키며 세상의 유혹과 시험을 이기면서 살아야 합니다. 그런 면에서 하나님의 자녀답게 사는 것 때문에 겪는 고난을 감수해야 합니다. 그것이 거룩하게 사는 것입니다.

성도들이 신앙의 열심 곧 주를 위한 열심이라는 이유로 스스로를 속이고 있습니다. 능력을 받아 하나님을 위해 큰 업적을 남기려는 것은 성경이 요구하는 것이 아닙니다. 누군가는 유명할 수 있습니다. 그건 특수한 일을 위하여 하나님이 특별히 쓰시는 사람들입니다. 그런 사람들은 성경이 늘 요구하는 모델이 아닙니다.

예수께서 살던 당시, 그분은 세상적으로 볼 때 유명한 사람이 아니라 이상한 사람이었습니다. 비상한 재주를 가지셨는데, 그 재주를 가지고 쓸 만한 일을 하지 않는 이상한 젊은이였습니다. 그러다가 당시 실권자인 제사장, 바리새인 들 눈 밖에 나 스스로 무덤을 판, 그래서 죽어 백성들 사이에서 금방 잊힌 사람에 불과했습니다. 신자들에게만 그 뜻이 전달되어 예수께서 유명한 정도가 아니라 유일한 분이 되셨지만 아직도 세상에서는 별 볼 일 없는 분이십니다. 여러분은 세계사를 배우면서 예수를 배워본 적 있습니까? 세계사 수업에서 알렉산더는 가르쳐도 예수를 가르치는 학교는 없습니다. 그러므로 여러분은 업적을 남기려고 하지 마십시오. 위인이 되려고 하지 말고 거룩해지십시오.

고린도후서 6:14-7:1에 가면 거룩함에 대한 요구가 이렇게 강조됩니다.

> 너희는 믿지 않는 자와 멍에를 함께 메지 말라. 의와 불법이 어찌 함께하며, 빛과 어둠이 어찌 사귀며, 그리스도와 벨리알이 어찌 조화되며, 믿는 자와 믿지 않는 자가 어찌 상관하며, 하나님의 성전과 우상이 어찌 일치가 되리요? 우리는 살아 계신 하나님의 성전이라. 이와 같이 하나님께서 이르시되 '내가 그들 가운데 거하며 두루 행하여 나는 그들의 하나님이 되고 그들은 나의 백성이 되리라. 그러므로 너희는 그들 중에서 나와서 따로 있고 부정한 것을 만지지 말라. 내가 너희를 영접하여 너희에게 아버지가 되고, 너희는 내게 자녀가 되리라. 전능하신 주의 말씀이니라' 하셨느니라. 그런즉 사랑하는 자들아, 이 약속을 가진 우리는 하나님을 두려워하는 가운데서 거룩함을 온전히 이루어 육과 영의 온갖 더러운 것에서 자신을 깨끗하게 하자.

이것이 제자훈련입니다. "온갖 더러운 것에서 자신을 깨끗하게 하[는 것]" 곧 거룩으로의 싸움입니다. 우리는 삶의 현장 어느 곳에서는 격리되고 분리해야 합니다. 어떤 곳에서는 뛰어들어야 하고, 어떤 때는 십자가를 지고 죽어야 합니다. 어떤 때는 소리 높여 외쳐야 하고, 어떤 때는 손을 내밀어야 합니다. 이런 것이 하나님 편에 선 자, 거룩한 자, 생명을 가진 자가 당연히 나타내야 할 반응입니다. 이런 일들을 하나님의 사람으로서 분별하고 지혜롭고 실력 있게 반응할 수 있게 만드는 것이 제자훈련입니다. 우리는 이 훈련을 받아야 합니다. 낚시질 한 번으로 많이 건져 올리는 법을 훈련하는 것이 아닙니다. 우리가 생각하는 능력과 업적을 거룩으로 바꿔야 합니다.

성경에는 유명한 자, 능력 있는 자가 되라는 말은 거의 없고, 이 '거룩'에 관한 이야기는 많습니다. 그 예로 에베소서 4:21-24을 한번 보겠습니다.

진리가 예수 안에 있는 것같이 너희가 참으로 그에게서 듣고 또한 그 안에서 가르침을 받았을진대, 너희는 유혹의 욕심을 따라 썩어져 가는 구습을 따르는 옛 삶을 벗어 버리고, 오직 너희의 심령이 새롭게 되어 하나님을 따라 의와 진리의 거룩함으로 지으심을 받은 새 사람을 입으라.

이 말씀 이후 25절부터 거룩하게 사는 'ABC'가 나옵니다. 거짓을 버리고, 참된 것을 말하고, 분을 내어도 죄를 짓지 말고, 해가 지도록 분을 품지 말고, 마귀로 틈을 주지 말고, 도둑질하지 말고, 구제하고, 수고하고, 더러운 말은 입 밖에도 내지 말고, 선한 말을 하고, 은혜를 끼치고. 그리고 31-32절에 "모든 악독과 노함과 분냄과 떠드는 것과 비방하는 것을 모든 악의와 함께 버리고 서로 친절하게 하며 불쌍히 여기며 서로 용서하기를 하나님이 그리스도 안에서 너희를 용서하심과 같이 하라"고 되어 있습니다. 선교사 몇백 명 보내고, 개척 교회 몇십 개 돕는 거 하지 말고 뭐하라고요? 떠들지 말고, 훼방하지 말고, 분을 내어도 죄를 짓지 말라고 하십니다. 이런 것이 굉장히 어렵습니다. 화가 날 수 있습니다. 분이 날 수 있습니다. 사람이 미울 수 있습니다. 그때 악독한 말을 쏟지 마십시오.

화내고 그냥 거기서 끝내야 합니다.

    결론에서 다시 언급하겠습니다만, 제자훈련의 핵심은 결국 신앙 인격 훈련입니다. 신앙 인격 훈련이란 새 사람이 되는 것입니다. 주를 닮아 십자가를 질 줄 알고 인자하고 용서하며 덕과 선한 말로 유익을 도모하는 자로 훈련하는 것입니다. 얼굴에 쌩한 표정 드러내지 말고, 누가 잘못하면 눈에 힘주고 째려보지 말며, 다른 사람이 잘못한 것을 흉잡지 말라는 겁니다. 골로새서 3:12-17을 보겠습니다.

> 그러므로 너희는 하나님이 택하사 거룩하고 사랑 받는 자처럼 긍휼과 자비와 겸손과 온유와 오래 참음을 옷 입고, 누가 누구에게 불만이 있거든 서로 용납하여 피차 용서하되 주께서 너희를 용서하신 것 같이 너희도 그리하고, 이 모든 것 위에 사랑을 더하라. 이는 온전하게 매는 띠니라. 그리스도의 평강이 너희 마음을 주장하게 하라. 너희는 평강을 위하여 한 몸으로 부르심을 받았나니 너희는 또한 감사하는 자가 되라. 그리스도의 말씀이 너희 속에 풍성히 거하여 모든 지혜로 피차 가르치며 권면하고 시와 찬송과 신령한 노래를 부르며 감사하는 마음으로 하나님을 찬양하고, 또 무엇을 하든지 말에나 일에나 다 주 예수의 이름으로 하고 그를 힘입어 하나님 아버지께 감사하라.

이런 것들이 거룩한 것입니다. 이 거룩한 삶, 새 사람으로 부르심을 받은 성도들에게 첫 번째 임무는 베풀고 다스리는 일 이전에, 순종하고 견디는 역할을 먼저 강조하고 있습니다. 사실 성도의 인생 전체를 보면, 세상에서 분통 터지는 일을 많이 겪습니다. 옳은 일을 하거나 다른 사람을 위해 희생하고 애썼는데도 정당한 보상이 돌아오지 않고, 오히려 모욕과 불이익까지 덤터기를 쓰는 경우가 있습니다. 그럴 때 주를 본받아 십자가를 지고 복종하며 감사하며 견디는 것이 요구되기 때문에 이 역할이 먼저 강조되는 것입니다.

서신서에 이런 요구들이 얼마나 많은지 살펴보십시오. 서신서는 뜻밖에도 이쪽을 훨씬 많이 강조하고 있습니다. 복음서 끝부분 "모든 민족을 제자로 삼[으라]"(마 28:19)와 다음 부분에 "땅끝까지 이르러 내 증인이 되[라]"(행 1:8)고 하고서는 가서 만난 자들에게 또 가라고 명한 것이 아니라 그들에게 요구한 것은 '너희는 거룩하라'입니다. 신자다운 것, 거룩함의 더 깊은 경지로 가는 싸움, 하나님의 사람으로서 그 존재의 깊이와 폭이 넓어지는 싸움, 이것이 제자훈련입니다.

제자훈련과 기도

우리는 이제 기독교 신앙과 기독교인이 된다는 것이 하나님의 뜻을 알고 순종하는 존재와 삶을 살아야 한다는 것임을 확인했고, 하나님을 알기 위해서 성경을 아는 것은 필수라는 것을 확인했습니다. 그뿐 아니라 우리는 하나님을 알기 위하여 기록된 계시인 성경만을 갖고 있는 것이 아니라, 하나님 앞에 나아가 대화를 나눌 수 있고 간구할 수 있고 물어볼 수 있는 특권을 가진 존재입니다.

우리가 하나님께 기도해야 하는 가장 큰 이유는 신자로서 우리의 삶에 필요한 모든 거룩한 것이 세상에서 얻어지는 것이 아니라는 것을 확인하는 행위이기 때문입니다. 확인 전이라 할지라도 이 모든 것, 의와 거룩과 생명과 진리에 속한 모든 것은 하나님으로부터만 나오기에 기도가 필요합니다. 그러므로 기도는 우리가 요구하는 결과를 얻기 위한 방법(주문과 부적)이 아닙니다. 즉 거룩과 생명에 속한 것이 세상에서 얻어지지 않고 하나님만이 주실 수 있다는 것을 기도가 당연하게 만듭니다.

마가복음 9:14-18에 대표적 사건이 나옵니다. 예수께서 베드로와 요한을 데리고 변화산에 올라갔다가 막 내려왔을 때입니다.

> 이에 그들이 제자들에게 와서 보니 큰 무리가 그들을 둘러싸고 서기관들이 그들과 더불어 변론하고 있더라. 온 무리가 곧 예수를 보고 매우 놀라며 달려와 문안하거늘, 예수께서 물으시되 '너희가 무엇을 그들과 변론하느냐?' 무리 중의 하나가 대답하되 '선생님, 말 못하게 귀신 들린 내 아들을 선생님께 데려왔나이다. 귀신이 어디서든지 그를 잡으면 거꾸러져 거품을 흘리며 이를 갈며 그리고 파리해지는지라, 내가 선생님의 제자들에게 내쫓아 달라 하였으나 그들이 능히 하지 못하더이다.'

이에 예수께서 귀신을 내쫓았습니다. "집에 들어가시매 제자들이 조용히 묻자오되 '우리는 어찌하여 능히 그 귀신을 쫓아내지 못하였나이까?' 이르시되 '기도 외에 다른 것으로는 이런 종류가 나갈 수 없느니라' 하시니라"(막 9:28-29). 이겁니다. 어떤 사본에는 금식이 더 포함되어 있다고 합니다. '기도와 금식 외에는'이라고 말이죠.

가끔 마가복음 9:29이 필요한 것을 얻는 최후의 방법 혹은 가장 좋은 방법으로 기도를 오용하는 부작용을 낳기도 합니다. 기도를 하면 잘 안 풀리던 일도 바로 결과를 얻는데, 더 빠른 결과를 원할 때는 금식까지 하면 된다고 믿기 시작했습니다. 기도가 신문고같이 된 것입니다. 우리는 기도만 하면 무엇이든지 다 된다는 식의 사고방식을 갖고 있습니다. 하지만 여기서 말하는 기도는 그런 뜻이 아닙니다.

금식이란 내가 신령한 일을 하는 데 있어서는 세상의 것이 힘이 되지 않는다는 고백입니다. 사람은 먹어서 힘을 냅니다. 먹지 않는다는 것은 내가 얻으려는 힘이 세상에 있지 않은 신령한 것 곧 하나님이 주시는 것이라는 표를 나타내는 행위입니다. 기도도 마찬가지입니다. '지금부터 내가 얻고 싶은 모든 것은 하늘로부터 온다. 세상이 줄 수 없고 하나님은 주실 수 있다는 방법적 차원에서 하는 거다. 세상은 거룩과 생명에 대해 아무런 힘이 없다. 오직 하나님만이 하실 수 있다'는 고백입니다. 그래서 하나님께 구하는 겁니다. '제가 얻으려는 것은 신령한 것이고 거룩한 것입니다'라는 표현이 기도로 나타나는 것입니다.

기도는 생명과 거룩과 진리, 이 모든 것이 하나님으로부터 나오기 때문에 우리가 그분께 드리는 행위입니다. 세상에는 이런 것이 없습니다. 그래서 예수께서 "기도 외에 다른 것으로는 이런 종류가 나갈 수 없[다]"고 하신 것입니다. 하나님 외에는 이 일을 하실 분이 없습니다. 에스겔서 36:33-38을 보면 이런 상황을 이해하기 좋은 역사적 사건이 하나 나옵니다.

주 여호와께서 이같이 말씀하셨느니라. '내가 너희를 모든 죄악에서 정결하게 하는 날에 성읍들에 사람이 거주하게 하며 황폐한 것이 건축되게 할 것인즉, 전에는 지나가는 자의 눈에 황폐하게 보이던 그 황폐한 땅이 장차 경작이 될지라. 사람이 이르기를 이 땅이 황폐하더니 이제는 에덴동산같이 되었고, 황량하고 적막하고 무너진 성읍들에 성벽과 주민이 있다 하리니 너희 사방에 남은 이방 사람이 나 여호와가 무너진 곳을 건축하며 황폐한 자리에 심은 줄을 알리라. 나 여호와가 말하였으니 이루리라.' 주 여호와께서 이같이 말씀하셨느니라. '그래도 이스라엘 족속이 이같이 자기들에게 이루어 주기를 내게 구하여야 할지라. 내가 그들의 수효를 양 떼같이 많아지게 하되 제사 드릴 양 떼 곧 예루살렘이 정한 절기의 양 무리같이 황폐한 성읍을 사람의 떼로 채우리라. 그리한즉 그들이 나를 여호와인 줄 알리라' 하셨느니라.

아주 재미있는 표현들이죠? 이스라엘 백성이 하나님께 죄를 범하여 이제 바벨론의 포로가 되었고, 자신이 살던 땅이 황폐하게 되었습니다. 그러나 하나님이 이런 상황에서 이스라엘 백성을 다시 회복시킬 것입니다. 사람의 힘으로는 회복할 수 없을 지경에 이르렀는데 이를 회복하게 함으로써, 하나님 외에는 어느 누구도 이 일을 할 수가 없다는 것을 증명하실 것입니다. 그러나 이 회복은 이스라엘 백성이 하나님께 직접 기도로 구해야 들어주시겠답니다. 우리가 늘 생각하는 '기도를 하면 되고, 안 하면 안 된다'는 문제가 아닙니다. '그 일을 누가 하시는 것이냐?'의 확인을 위해 기도가 필요한 셈입니다. 기도를 안 하고 그 일이 이루어지면 누가 한 것인지 모르죠? 묏자리를 잘 써서 그렇게 된 것인지, 어젯밤 꿈을 잘 꾼 탓인지 분명하지 않기 때문에 하나님은 우리에게 기도를 요청하십니다. 그러므로 기도했기 때문에 이루어진 것이 아니라 이런 일들이 다 하나님으로부터 말미암는다는 것을 우리에게 확인시키는 것에 초점이 있습니다. 이를 분명히 해야 합니다.

따라서 우리가 기억해야 할 기도의 핵심은 우리가 하는 기도와 그 안에 담긴 간구의 내용이 하나님의 뜻에 부합해야 합니다. 그렇죠? 올바른 기도에는 설명이 많습니다. 설명이 많은 이유는 '이 요구가 하나님의 뜻과 맞다'고 여기기 때문입니다. 주문하고 다릅니다. 주문에 설명이 붙는 거 봤습니까? 주문은 신속하게 외우고 나열하면 그만이지만 기도는 그럴 수 없습니다. 기도는 편지 쓰는 것과 같습니다. 왜 그럴까요? 기도는 이제부터 하려는 모든 얘기가 최소한의 상식과 교양을 가지고 하나님께 하는 것이기 때문입니다. "우리나라가 선교 100주년을 맞아 그동안 하나님이 피로 심으신 이 복음에 뿌리가 내리고 싹이 날 때가 되었습니다. 그런데 우리가 이게 뭡니까?" 이런 설득할 근거를 하나님이 당연하게 여기실 어떤 내용들에다가 붙여 호소하는 것이 기도의 중요한 틀이 됩니다.

출애굽기 32:11-13은 이스라엘 백성이 금송아지를 만든 사건에 대하여 하나님이 진노하시고 그들을 멸하겠다고 하셔서 모세가 기도를 하는 장면입니다.

> 모세가 그의 하나님 여호와께 구하여 이르되 '여호와여, 어찌하여 그 큰 권능과 강한 손으로 애굽 땅에서 인도하여 내신 주의 백성에게 진노하시나이까? 어찌하여 애굽 사람들이 이르기를 여호와가 자기

의 백성을 산에서 죽이고 지면에서 진멸하려는 악한 의도로 인도해 내었다고 말하게 하시려 하나이까? 주의 맹렬한 노를 그치시고 뜻을 돌이키사 주의 백성에게 이 화를 내리지 마옵소서. 주의 종 아브라함과 이삭과 이스라엘을 기억하소서. 주께서 그들을 위하여 주를 가리켜 맹세하여 이르시기를 내가 너희의 자손을 하늘의 별처럼 많게 하고 내가 허락한 이 온 땅을 너희의 자손에게 주어 영원한 기업이 되게 하리라' 하셨나이다.

이 기도 내용이 재미있지 않나요? 열심과 간절함이 전부가 아니라 기도의 중요한 틀에 "하나님, 이러시면 안 됩니다"가 있습니다. 모세가 "하나님은 그렇게 일하시는 분이 아니시지 않습니까?"라고 한 말은 감히 하나님께 따지겠다는 의미가 아닙니다. 아니, 따지는 것이지만 힐문을 하고 무례하거나 건방지게 기어오르는 식의 말이 아니라 생각이 오고 간다는 의미가 담긴 말입니다. 그래서 기도를 하다 보면 성경에서 배우는 것과 별개로 하나님에 대해 배우는 부분이 생깁니다. 많이 기도하면 하나님에 대해 자기도 모르게 많이 알게 됩니다. 기도 속에 하나님의 성품과 그분의 일하시는 방법에 대하여 특별한 깨우침이 있습니다.

다시 한번 말하지만, 우리의 기도는 부적과 주문의 신앙이 아닙니다. 하나님과 대화를 하는 것입니다. 그런 면에서 기도는 생각할 틈이 없이 따발총처럼 쏘면 안 되고 고함만 질러서는 안 됩니다. 막힘없이 쏟아 붓는 것을 잘하는 기도라 생각하는 것은 정말 잘못입니다. 기도는 좀 씹어가면서 해야 합니다. 또박또박해야 합니다. 그렇다고 어눌하게 하는 것이 잘한다는 뜻은 아닙니다. 생각할 틈이 없이 쏟아내는 것은 안 됩니다. 그런 의미에서 통성 기도는 좀 생각해볼 문제입니다. 통성 기도를 하면 옆에서 크게 떠드는 바람에 방해받지 않으려고 그냥 막 읊습니다. 누구 목소리가 더 큰지 말입니다. 이것은 별로 좋은 방법이 아닙니다. 기도를 소리 내서 할 때가 있습니다. 공동 기도 제목을 놓고 간단한 내용이지만 절실한 것을 구할 때가 있습니다. 그럴 때 우리의 간절함이 통성으로 나타날 수 있습니다. 이때는 더 이상의 생각이 필요 없기 때문에 모두 합심해서 소리 내서 기도할 수 있습니다. 그러나 대부분의 기도는 생각을 해야 됩니다.

마태복음 6:7-8은 기도에 대한 주님의 가르침입니다.

> 또 기도할 때에 이방인과 같이 중언부언하지 말라. 그들은 말을 많이 하여야 들으실 줄 생각하느니라. 그러므로 그들을 본받지 말라. 구하기 전에 너희에게 있어야 할 것을 하나님 너희 아버지께서 아시느니라.

여기서 "중언부언하지 말라"는 것은 '지성이면 감천' 식으로 하지 말라는 것입니다. 우리가 이런저런 말은 여러 번 할 수 있으나, 간절함과 정성을 드리는 것이 기도의 내용이며 결과를 얻는 방법이라고 생각하지 말라는 것입니다. 이방인들의 중언부언은 다른 것이 아니고 "비나이다, 비나이다"입니다. 자기 소원을 얻기 위한 열심만 있지, 그 내용이 무슨 당위성과 필연적 근거를 가지고 있는지, 그래서 결과를 얻을 이유가 있는지가 없습니다. 그건 기도가 아닙니다. 기도란 응답될 필연적 어떤 이유가 있어야 합니다. 하나님의 뜻에 맞아야 합니다. 하나님의 기뻐하심과 부합해야 합니다. 그래서 기도는 당위성이 있어야 합니다. 이것은 '하나님의 뜻에 부합한다'는 의미의 당위성이어야 하고, 이에 기초하고 이를 아는 일에 기도가 도움을 줍니다. 우리가 기도를 할 때, 어느 부분에서는 하나님의 뜻을 알지만 어느 부분에서는 그분의 뜻을 모릅니다. 하나님의 어떤 속성과 일하심에 대해서는 알고 있어도 또 다른 속성과 일하시는 방법에 대해서는 모르는 것이 있습니다. 기도할 때에 이런 것들을 깨닫는 때가 많습니다.

여러분이 잘 아는 시편 73편은 불의한 자들이 형통한 것에 대해 의로운 자가 품고 있는 의문이 나옵니다. '왜 악당들이 잘 되고 의로운 자들이 고난을 당하는가?'로 깊은 고민하다가 16-17절에 이렇게 말합니다.

> 내가 어쩌면 이를 알까 하여 생각한즉, 그것이 내게 심한 고통이 되었더니 하나님의 성소에 들어갈 때에야 그들의 종말을 내가 깨달았나이다.

참 재미있습니다. 이 상황이 갑자기 왜 이렇게 되었는지는 알 수 없습니다. 우리 표현대로 하자면 하나님께 가서 따진 겁니다. "하나님, 이럴 수 있습니까?" 이런 태도는 하박국 선지자에게도 나타났습니다. "하나님, 어떻게 불의한 자가 의로운 자들을 압제하는데 가만히 계십니까?" 기도에는 따지는 부분이 있습니다. 따진다는 것은 감히 하나님 앞에 우리가 무슨 언성을 높인다거나 추궁을 한다는 의미가 아닙니다. 도무지 이해할 수 없는 부분에 대해 깨우치기 위한 간절함과 답답함을 호소하는 것이 기도 속에 있습니다. 그러고는 언제 깨달았습니까? 성소에 들어갈 때 깨닫습니다. 기도할 때 아는 겁니다.

무엇을 깨달았을까요? "주께서 참으로 그들을 미끄러운 곳에 두시며 파멸에 던지[신다]"(시 73:18)는 것을 알게 되었습니다. 이 문제를 가지고 하나님 앞으로 들어간 자는 "주의 교훈으로 나를 인도하시고, 후에는 영광으로 나를 영접하시리니"(24절), "하나님께 가까이 함이 내게 복이라. 내가 주 여호와를 나의 피난처로 삼아 주의 모든 행적을 전파하리이다"(28절)라는 기도로 마무리합니다. 기도로 하나님의 일하시는 방법의 가장 깊은 것을 깨닫는 자리에 간 것을 봅니다. 불의한 자들이 잠깐 누리는 형통함이 복이 아니라는 것을 깨닫습니다. 결국에 하나님이 의로운 자들을 보상하시며, 경건하고 거룩하게 산 자들이 당하는 모든 어려움에 대해 외면하시지 않는다는 것을 깨달아 새로운 힘으로 자신을 무장하고 그분 안에서 모든 것을 견딜 힘을 가집니다. 그것은 하박국 선지자도 동일했습니다. "의인은 그의 믿음으로 말미암아 [산다]"(합 2:4)는 결론을 얻고, "비록 무화과나무가 무성하지 못하며 포도나무에 열매가 없으며 감람나무에 소출이 없으며 밭에 먹을 것이 없으며 우리에 양이 없으며 외양간에 소가 없을지라도, 나는 여호와로 말미암아 즐거워하며 나의 구원의 하나님으로 말미암아 기뻐하리로다"(3:17-18)라고 고백합니다. "여호와로 말미암아" "하나님으로 말미암아"라는 것은 하나님의 통치와 심판에 대한 신뢰와 항복하는 모습으로 돌아오는 것이며, 이것이 기도의 핵심임을 알 수 있습니다.

우리가 기억해야 할 기도의 핵심은 우리가 기도를 통해 요청하는 것, 기도 속에 들어 있는 간구 내용이 하나님의 뜻에 부합해야 한다는 사실입니다. 하나님이 어떤 분이시며, 그분이 나에게 원하시는 것이 무엇인지를 놓치면 우리의 기도는 삭제되고 맙니다. 따라서 기도는 어떤 일을 이루기 위한 주문이나 방법이 아니고, 하나님과 대면하는 특별한 초청입니다. 하나님을 만나는 겁니다. 그런 만남을 해서 하나님은 우리 자신의 생각과 의견을 그분 앞에 쏟아 놓게 합니다. 하나님이 우리의 기도에 귀 기울이십니다. 하나님이 우리에게 "너는 이렇게 해라" 하고 명령을 주시는 것이 아니라 우리 자신에게 일어난 일과 맡겨진 일들에 대해 스스로 하나님 앞에 가서 일종의 따지는 일을 허락하신 것입니다. 이 일은 하나님이 우리를 기계나 종으로 부리시지 않는다는 의미입니다. 하나님이 우리 성도들을 기계나 종으로 부리지 않으시고, 우리를 설득하시며 의논하신다는 것을 엿볼 수 있는 부분입니다. 하나님이 비록 온 천하 만물의 창조주요, 주권자라 하실지라도 그 일을 행하심에 있어서 독재적으로 하지 않으십니다. 우리와 의논하시고 설득하시며 우리를 항복시켜 일하기를 기뻐하십니다. 이것이 하나님의 한 성품이면서 동시에 우리의 존재와 위치가 얼마나 대단한지를 증명합니다.

여러분, 사람이 잠을 잘 때 피로가 회복됩니다. 자는 것 이외에 피곤을 푸는 방법 중 하나는 목욕을 하는 것입니다. 그런데 목욕보다 더 좋은 것은 마음에 맞는 친구와의 대화라는 것 아십니까? 친구는 기쁠 때 만나면 기쁨이 배가 되고, 슬플 때 만나면 슬픔이 반으로 줍니다. 반면에 제일 피곤한 게 뭘까요? 마음에 안 드는 사람과 억지로 얘기하는 겁니다. 친구는 일이 있어서 만나지 않습니다. 만나는 것 자체로 기쁘고 행복합니다. 상대방이 유명하고 위대하면 위대할수록 함께하는 것 자체가 영광입니다. 우리는 하나님과 같이 앉아 있습니다. 그건 대단한 겁니다. 그 자체로 대접입니다. 거기에서 뭘 따져요? 윗사람이 부르면 들어가서 메모만 하고 나와도 센 겁니다.

독재 국가로 가면 갈수록 권세를 갖고 있는 1인 독재자 주변에 있는 사람이 높은 겁니다. 국무총리보다 누가 높아요? 비서실장이 높은 거예요. 그다음이 경호실장이고요. 애굽 시대를 보십시오. 술 맡은 관원장, 떡 굽는 관원장이 높습니다. 높은 지위에 가면 먹고 마시는 일 외에 할 일이 따로 없기 때문에 이 두 관원장이 제일 센 겁니다. 옛날 이승만 대통령 시절에는 이발사도 셌다고요. 그런데 아무리 관계가 가깝더라도 비서실장이나 경호실장이 술을 마시거나 노는 것은 같이 할 수 있어도 따질 수는 없습니다. 그런데 누가 와서 따질 수 있습니까? 애들은 와서 따집니다. "아빠, 그럴 수 있어?" 이게 기도입니다. 대단하죠. 그런데 우리는 이런 기도를 "주시옵소서"로밖에 못 써 먹습니다. 이런 기도만 하는 것은 신자가 누려야 할 특권을 스스로 박차는 꼴입니다. 기도는 하다하다 안 돼서 맨 마지막으로 뛰어가는 무슨 전당포 같은 곳이 아닙니다. 하나님이 그런 분도 아니고 우리가 그런 신분을 가진 것도 아닙니다. 우리가 맡은 일은 그런 식으로 해결되지 않습니다.

우리는 믿음도 성경도 기도도 다 기술이기를 바라고 있습니다. 그래서 보란 듯이 하나님께 뭘 해드리고 싶은 겁니다. 그 뜻과 열심은 가상하나 하나님은 원하지 않으십니다. 우리의 잘못된 이해에서 나온 버릇일 뿐입니다. 그럼에도 불구하고 우리는 어떤 일에 쓰임을 받고 나 자신도 기계적 능력이 있기를 바랍니다. '나 같은 사람이 어떻게 되든 그저 하나님께 쓸모 있는 도구(기계)가 되었으면 좋겠습니다. 나는 하나님을 향한 열심이 있습니다. 주를 위해 일하고 싶습니다. 난 죽어도 좋고, 바보가 되어도 좋습니다. 명예도 이름도 빛도 없어도 좋습니다. 그러니 제 열심을 받아 주세요'라는 고백은 대단한 겸손이고 결심입니다. 하지만 하나님은 우리를 어떻게 대접하시며, 우리가 하나님께 무엇을 요구하는지에 대해 관심이 있습니다. 하나님은 우리에게 하나님의 은총과 능력에 동참하고, 거룩한 생명과 진리의 자녀가 되라고 요구하십니다. 어떤 의미에서 일은 방법이고 수단이며, 목적은 우리 자신입니다. 그런 면에서 제자훈련은 훈련하는 사람의 성품과 태도가 바뀌어야 하는 것입니다.

그런데 제자훈련을 하는 곳에 가면 분위기가 어떻습니까? 기계적 능력을 함양하기 위해 다 기술적 차원에서 믿음이나 성경이나 기도를 사용하려고 합니다. 하지만 앞서 살펴본 바와 같이 믿음, 성경, 기도 어느 것 하나 일과 기술로 쓰이지 않았습니다. 하나님은 그 궁극적 목적을 우리에게 두고 있는 것을 봅니다. 그래서 믿음의 내용이나 성경에서 우리가 깨우치는 것이나 기도를 통해 얻는 것도 모두 수단과 방법이 아니라 그 자체가 우리가 하나님께 존귀한 인격자로 대접받는 것입니다. 성경도 하나님의 높으심을 근거로 하지만, 하나님의 존귀하심과 능력은 우리를 향한 사랑과 우리에게 복 주시기를 기뻐하는 것으로 표현됩니다. 그래서 우리에게 거룩을 요구하는 것입니다. 기도도 마찬가지입니다.

우리가 답답하고 안타깝고 이상해서 하나님께 나아가지만, 이를 통해 하나님은 우리를 만나시는 것이 먼저이고, 문제가 풀리는 것은 이차 문제입니다. 그래서 기도는 우리가 하나님께 열심히 기도하여 어떤 일이 이루어졌느냐가 아니라, 우리가 하나님을 얼마나 자주 찾아뵙느냐에 자랑이 있는 겁니다. 기도는 '하고 안 하고'의 문제가 아닙니다. 그럼에도 불구하고 우리가 계속 기도를 부추기는 것은 기도가 기쁨과 대접을 누리는 차원이기 때문입니다. 그렇게 함으로써 남보다 더 큰 능력을 가져서 어떤 일이 해결되었다는 차원은 아닙니다. 그래서 기도한다는 것은 어떤 일을 이루기 위한 명분과 가치라기보다 하나님께 얼마나 중요한 지위와 대접을 받고 있는지를 반증하는 것으로 이해해야 합니다.

우리는 하나님 앞에 가서 마음껏 기도할 수 있습니다. 그러나 기도하면서 우리의 생각, 고민과 답답함을 모두 이야기한 후에 충분히 듣고 나와야 합니다. 기도는 떠들기 위해 들어간 것이 아니라 듣기 위해 들어가는 것이기 때문입니다.

제자훈련과 경건의 시간

우리는 '신자란 누구인가?'라는 근본 질문부터 신자가 무엇을 믿고, 어떻게 사는 자인지에 대한 신앙의 핵심을 생각해보았습니다. 우리가 하나님 안에 사는 존재이고 거룩하게 사는 것이 신앙의 핵심이라는 것을 알았습니다. 더불어 성도가 하나님의 뜻과 거룩함을 알기 위해 성경과 기도라는 좋은 수단이 주어진 것도 확인했습니다. 이 모든 것은 성도를 성도답게 하며, 하나님의 자녀로서 마땅히 누려야 할 것들을 충만히 누리게 하기 위해 허락된 하나님의 특별 은총인 것도 알았습니다. 이에 따라 교회는 성경을 많이 보고 기도를 많이 할 것을 성도들에게 요구했습니다. 이에 대한 방법으로 경건의 시간(Q.T.)이 한국 교회에 꽤 오래전에 소개되었습니다.

그럼에도 불구하고 우리가 앞에서 믿음, 성경, 기도라는 제목으로 살펴본 바와 같이, 신앙의 핵심 곧 제자의 모습을 어떻게 이해하느냐에 따라 경건의 시간도 오용할 수 있습니다. 경건의 시간은 매일 일정량의 성경을 보고 그날 깨달은 하나님의 말씀으로 그분의 뜻을 구하고 실천하는 것입니다. 그런 의미에서는 전혀 문제가 없을 뿐 아니라 바른 자세임에 틀림없습니다. 그러나 오해되는 부분이 있습니다. 우선, 그날 읽은 성경의 일부 말씀에서 너무 단편적인 뜻을 긁어내려는 잘못이 제일 큽니다. 성경에는 하나님의 모습이 장과 절 가운데 들어 있기도 하면서 그것이 하나님의 전체 모습 중 한 부분이기도 합니다. 경건의 시간만을 통해서 성경을 접하면 하나의 주제를 감격으로, 내용으로, 결론으로 끌어내기 때문에 성경 전체를 볼 수 있는 시각을 자꾸 놓칩니다.

경건의 시간을 갖는 것은 좋습니다. 그러나 우리가 성경을 보는 첫 번째 이유는 이렇습니다. 우리는 세상에 속해 있으나 실제적으로는 하늘나라에 속한 자들입니다. 우리가 아무리 마음속으로 거룩한 곳에 속해 있고, 거룩한 욕심을 갖고 있다 할지라도 세상의 영향권 속에 살고 있으면 우리도 모르게 그 속에서 허우적대며 살게 됩니다. 그렇기에 우리가 늘 말씀을 통해 하나님이 기뻐하시는 뜻으로 자신을 점검하고 정결하게 하는 것입니다. 세상 속에서 점점 내려와 낮아진 나를 점검하는 것이 성경을 보는 이유입니다.

옛날에는 바나나가 아주 귀했습니다. 몇 년에 한 번쯤 바나나를 사다 먹었습니다. 어머니가 바나나 하나를 사다 주시면서 "절반은 네가 먹고 나머지는 남겼다 동생 줘라"고 그런다 말이에요. 어머니의 말씀대로 절반만 먹고서 나가 놀지만 남은 바나나를 어떻게 그냥 둘 수 있어요? 놀다 돌아와서 한 입 더 잘라 먹죠. 그리고 놔두고 또 나가 놉니다. 또 조금 있다 다시 들어와서 또 한 입, 또 한 입, 이렇게 야금야금 먹습니다. 나중에 어머니가 보고 내가 먹은 줄 금방 알아요. 그때는 참 희한했어요. 요만큼밖에 안 먹었는데 어떻게 아시는지 놀랐어요. 먹은 사람이야 먹을 때마다 남은 부분에서 조금씩 잘라 먹었으니 그 차이를 잘 모르지만, 어머니는 절반이었다가 나중에 조금 남은 걸 보았으니 차이가 확실히 났던 것입니다. 이 말을 이해하시겠습니까?

세상 삶은 기준이 100에서 시작했다가 다음 날은 100에서 10만 양보해서 90이 되는데, 그다음 날에는 그 90이 기준이 됩니다. 90에서 또 10을 양보합니다. 그다음에는 80이 기준이 되고, 다시 80을 기준으로 또 10을 양보하다 보면 나중에는 어느새 기준이 20이나 10쯤으로 내려와 있습니다. 그래서 다시 기준을 100으로 끌어 올리기 위해 성경을 읽어야 합니다. 이것이 경건의 시간이 갖는 기본 목적이고 가장 중요한 이유입니다. 이 부분이 성경을 볼 때 확인해야 하는 부분이기도 합니다. 매일 10이나 20쯤 양보할 수 있습니다. 그러나 다음 날은 다시 기준을 100으로 정해야 합니다. 그렇지 않으면 80, 70, 60 사정없이 떨어지고 맙니다.

또 다른 문제는 매일 겪는 그날의 어떤 특별한 테마나 목적을 세우려고 해서는 안 됩니다. 성경도 그렇고 기도도 그렇습니다. 왜냐하면 성경은 어떤 명령서가 아니기 때문입니다. 성경은 '오늘은 뭘 해라' 하고 명령하지도, 오늘의 운세를 알려 주지도 않습니다. 성경은 상당히 넓고 크고 무한히 깊은 것입니다. 하나님에 대한 이야기이며 하나님의 뜻에 대한 이야기입니다. 오늘 본 것은 충만하신 하나님의 일부분입니다. 한 부분으로 알고 계셔야 합니다. 그 경험이 매일매일 쌓여서 티끌 모아 태산같이 하나님에 대해 뭐라 말할 수 없이 깊어져 가는 겁니다.

마치 욕조에 물 받는 것과 같습니다. 욕조에 물을 받으면 처음에는 수도꼭지에서 욕조 밑바닥까지 물기둥이 섭니다. 조금씩 물이 떨어져 욕조 전체에 넓게 수면이 차오르면 기둥으로 서 있지 않습니다. 우리가 신앙생활을 하다보면 어떤 말씀 사경회나 각종 집회를 참가할 때가 있습니다. 그때 은혜를 받아서 한 달쯤 힘 있게 살다가 그다음부터는 희미해지죠? 왜 그럴까요? 물기둥이 전체를 채워야 하기 때문입니다. 흩어지는 게 아니라 전체로 골고루 채워 나가는 것입니다. 1미터짜리 기둥으로 받았는데, 내려오면 전체적으로 1밀리나 2밀리미터밖에 안 높아진다는 말입니다. 그래서 '이상하다, 내가 참 엄청난 걸 받았는데, 이게 왜 며칠밖에 안 갈까?' 하고 놀라는데 이건 놀랄 일이 아닙니다. 신앙은 막대기 가지고 싸우는 싸움이 아니기 때문입니다. 전체적으로 수면이 높아지면서 '그건 아마 이럴 걸?'이라고 말하는 것이 좋은 신앙입니다. 신앙은 뾰죽하고 높은 것이 아닙니다. 한국 교회 성도들은 벽돌 한 장을 들면, 그 벽돌 한 장을 세로로 쌓아 놓습니다. 그래서 높기는 정말 높은데 매일 넘어질까 봐 그 벽돌을 붙들고 있습니다. 그 벽돌을 가로로 뉘여서 튼튼하고 넓게 쌓아야 피라미드처럼 높아지는 것인데 말이죠. 그래서 경건의 시간을 가질 때, 여러분은 어떤 번쩍하는 말을 만들어 올리려는 유혹을 떨쳐야 합니다. 그것을 조심해야 합니다.

저는 경건의 시간에 나눔(Sharing)을 하지 않았으면 좋겠습니다. 경건의 시간에 나눔을 하는 바람에 누구나 잘난 말을 하나씩 해야 하는 상황이 되었습니다. 그 때문에 자꾸 억지로 뭘 긁어 오려고 하는데, 그러지 말아야 합니다. 하루씩 일 년 내내 읽어서 괜찮은 생각이 나오는 건 한두 번밖에 없습니다. 그런 식으로 하면 설교가 쉽게요? 그냥 밋밋합니다. 그냥 그게 그거입니다. 그 소리가 그 소리 같고, 무슨 소린지도 모를 때가 많습니다. 하지만 그게 꾸준히 쌓이면 자신도 모르는 사이에, 이슬비에 옷 젖는 줄 모른다고, 수면이 높아지고 깊이가 깊어지는 겁니다. 이것이 경건의 시간입니다.

우리는 경건의 시간을 하면서 성경을 깨우치는 것과 기도에 대해 눈에 보이는 조급한 목표나 소원을 갖지 않도록 경계심을 갖고 날마다 성경 읽기와 기도에 열중해야 합니다. 긴 안목을 갖고 멀리 내다보라는 말입니다. 그래서 충만하신 하나님, 부요하신 하나님, 넓고 크신 하나님에 대해 매일 차근차근 배워 나가는 겁니다. 조급해 하지 마십시오. 이 복과 기쁨이 무한정 있다는 것을 알고 날마다 하나님 앞에 가는 것이 경건의 시간입니다. 그럴 때 여러분은 '어디서, 무엇 때문에'라는 기억 없이 하나님의 사람으로 쑥 커 있는 것을 볼 것입니다.

우리가 클 때 보약을 먹고 컸다든가, 비타민을 먹고 컸다는 말은 통하지 않습니다. 밥 먹고 큰 겁니다. 그렇죠? 늘 먹는 그 밥으로 우리가 큽니다. 맛있는 것만으로도 아니고 가장 영양가 있는 것만으로도 아닙니다. 보약은 아슬아슬할 때 한 번 먹는 것이지, 아무 때나 보약을 먹지 않습니다. 누가 한약에다 밥을 말아 먹습니까? 주식으로 인삼이나 녹용을 먹지 않잖아요? 밥 먹고 김치 먹은 것이 머리카락도 되고, 이빨도 되는 겁니다. 말씀 한 절이 나중에 하나님의 모습과 나의 나 된 것을 아는 전체적 힘과 영양과 분별과 안목이 됩니다.

신자가 되는 것과 우리가 누구인가를 튼튼하고 넉넉하며 풍성하게 쌓아가는 일에 성경과 기도가 주어졌다는 것을 기억해야 합니다. 일을 위해 주어진 것이 아닙니다. 우리는 매일매일 하나님의 뜻을 아는 일에 게으르지 않아야 합니다. 그것이 우리의 영광이기 때문입니다. 그렇게 될 때 우리는 참다운 거룩함과 영광을 스스로 찾게 됩니다. 그 풍성함에 참여하게 되고 승리와 감사를 소유할 것입니다. 그리고 우리를 보는 이들이 우리의 넘치는 새 생명으로 거룩한 생명에 속한 도전과 증언을 받을 것입니다.

지금까지 제자훈련을 놓고 신앙의 핵심 원리들에 대해 재조명해보았습니다. 우리가 믿음, 기도, 성경 등 가장 기본적인 것들을 일을 이루기 위한 기술과 방법과 수단으로만 이해했던 부분도 발견했습니다. 무엇보다 이 문제가 하나님을 향한 열심에서 비롯되었다는 사실에 두려움이 있습니다. 처음부터 잘난 척하자고 해서 이 문제가 일어났으면 문제는 간단합니다. 그런데 진심으로 주를 위한 열심이 이런 오해를 빚는다는 것은 얼마나 큰 비극일까요? 진심을 가지면 전부가 아닙니다. 뱀같이 지혜로워야 합니다. 성경이 우리에게 요구한 것은 하나님이 우리에게 무엇을 원하시는지에 대해 냉철하게 분별하고 생각하는 것입니다.

우리는 이 시대와 이 시대 속 기독교의 분위기에 자기도 모르게 젖어 커 왔습니다. 이런 제동을 거는 작업이 쉽지는 않았습니다.

잘하는 사람들에게 초를 치려는 것이 아닙니다. 칭찬 받고 보상 받아야 할 사람들이 자기도 모르게, 약간의 무지함이라고 해도 되고 한국 교회가 미숙한 탓이라고 해도 되는 그런 이유 때문에, 손해를 보고 그 손해가 계속 이어져 가는 것에 재고할 것을 요청하고자 시작한 작업입니다. 성경을 보는 눈과 하나님의 일하시는 방법, 뜻, 우리를 향하신 목적에 대해 새로운 시각을 갖고 정신 차릴 질문을 스스로에게 던질 수 있는 계기가 되기를 바랍니다.

5장

증인으로서의 삶

그러므로 예수께서 자기를 믿은 유대인들에게 이르시되 '너희가 내 말에 거하면 참으로 내 제자가 되고 진리를 알지니 진리가 너희를 자유롭게 하리라.'

요 8:31-32

우리는 그동안 넉 장에 걸쳐 예수 그리스도의 명령을 받아 땅끝까지 이르러 증인이 되고 모든 민족을 제자로 삼는 곧 제자로서의 책임들에 대해 살펴봤습니다. 그러던 중에 우리가 증거하고 가르쳐야 할 것들이 무엇인지 아는 것이 먼저라는 사실을 알았습니다. 우리가 가르치고 전해야 할 내용들을 분명히 하기 위해 신자란 누구이고, 무엇을 위해 사는지 생각해보았습니다. 또한 우리가 믿는 것이 무엇이고, 우리의 힘은 어디에서 오며, 우리가 알고 실천해야 하는 모든 원칙은 무엇인지도 함께 나눴습니다. 더불어 신앙의 핵심 원리인 믿음과 그 믿음의 근거인 성경과 기도 그리고 경건의 시간에 대해 살펴보았습니다. 그렇다 보니 모든 민족을 제자로 삼아 주께서 분부한 모든 것을 가르치는 일에 있어, 다만 지식을 전수하는 교육이나 훈련이라는 차원 이전에 근본적으로 다른 사명이 있지 않은지 생각하게 됩니다.

존재로서의 증인

우리가 다른 사람에게 전해야 할 예수 그리스도가 누구이며 그분이 우리에게 무엇을 가르치라고 했는가보다, 내가 누구이며 내가 왜 이 내용을 그들에게 가르치려고 하는가에 더욱 초점이 있었습니다. 나는 왜 이 사실을 다른 사람들에게 가르쳐야만 속이 풀리는 사람이 되었는가, 전하는 이유가 도대체 나에게 왜 생겼는가에 더 초점을 맞출 수밖에 없습니다. 왜냐하면 "오직 성령이 너희에게 임하시면 너희가 권능을 받고 예루살렘과 온 유대와 사마리아와 땅 끝까지 이르러 내 증인이 되리라"(행 1:8)는 말씀이 가리키는 바는 단순히 예수가 누구시며 그분이 오셔서 하신 일이 무엇인지를 가서 가르치는 문제만은 아닌 것으로 보이기 때문입니다.

우리가 어떤 사람을 제자로 삼고 예수께서 가르치고 분부한 모든 것을 가르쳐 지키게 하는 이 일에 있어서, 먼저 우리가 무엇을 믿는지가 확정되지 않으면 믿지 않은 자들을 가르칠 수 없습니다. 우리는 우리의 인생관과 가치관이 무엇인지 분명하지 않고서는 나누어 줄 것이 없는 사람들입니다. 그런 면에서 저는 우리가 다른 사람을 제자로 삼고 주께서 우리에게 분부한 것을 가르치려는 사람으로 바뀌는 것이 먼저 일어나지 않은 상태에서 '가르친다' '전수한다'에 초점을 두는 것은 순서가 어긋났다고 생각합니다. 우리가 무엇을 하느냐가 아니라 왜 그것을 하느냐가 먼저여야 합니다. 이런 것들은 우리에게 별로 중요하게 다가오지 않고 그냥 지나치기 쉽습니다. 물론 당연한 전제 조건이기 때문일 수는 있습니다. 전도를 하려면 내가 먼저 전도를 할 만한 신자로서 성숙해야 한다는 것이 전제 조건입니다. 하지만 일을 하다 보면 이 전제 조건이 확인하기가 어렵습니다. 그렇다 보니 계속 그다음에 이어지는 구체적 행동에만 매달려서 정작 그 열매를 맺게 하는 근거, 뿌리, 본래의 존재 가치 같은 것들은 쉽게 파묻히고 맙니다.

다시 말해, 예수의 증인이 된다는 것은 우리가 누군가를 말로 권유하기 전에 그리스도를 통해 변한 우리 자신이 일차 증인이라는 의미임을 생각해야 옳습니다. '예수의 증인'이라고 하면 예수를 설명하고 전달하는 자이기 전에, 이를 가르치려는 내가 누구인지를 분명하게 확인하는 일이 증인의 첫 번째 몫입니다. 그 사람이 무엇을 가르치느냐가 아니라 그 사람이 왜 그것을 가르치느냐가 초점이 되어야 합니다. 그러니까 우리 자신이 예수의 증인 되는 일을 나열해서가 아니라 존재 자체로서 증인이라는 말입니다.

제자훈련이 전도 훈련으로 오해되는 것에 시비를 걸었듯이 제자훈련이 기술화되는 것을 반대하는 이유가 여기에 있습니다. 방법론과 전략의 문제가 아니고, 존재의 문제가 강조되어야 제자훈련이 제자리로 돌아올 수 있습니다. 제자훈련은 전도 훈련이 아닙니다. 하지만 예수의 제자들은 전도를 해야 합니다. 그러나 전도는 제자 된 자의 여러 몫 중에 하나일 뿐입니다. '제자=전도'는 아닙니다. 물론 제자는 증인이기 때문에 존재론적으로 전도적 지위를 가지고 있습니다. 전도 역시 제자의 몫이어야지 전도를 하는 행위로만 제자라는 것이 확인된다면 그것은 잘못입니다.

그동안 많은 교회들에서 전도적 사명을 크게 강조해왔고, 또 증인 되는 일이 신자의 일차 책임인 것도 사실입니다. 하지만 증인 됨이라는 것이 가서 전하는 행위 곧 전도라는 일로만 강조되어 왔다는 데 문제가 있습니다. 그 결과 예수를 먼저 믿은 내가 도대체 무엇이 되었으며, 믿지 않는 사람과 어떻게 다른지를 보여줘야 할 전도자의 책임에는 소홀했던 것 같습니다. 예수의 증인이 된다는 것은 내가 무엇을 믿고, 다른 사람에게 무엇을 전하려고 하는 게 아닙니다. '예수를 믿은 내가 어떻게 변했으며, 무엇으로 변했는지'가 예수의 증인이 되었다는 의미입니다. 우리가 말로 전하기 전에 우리의 존재, 삶의 방법과 모습으로 분명히 세상 사람들과 다르다고 증거되어야만 합니다. 그것이 일차적 책임입니다. 그런데 이것이 너무 전도라는 일로만 강조되어 왔기 때문에 모든 전도 전략이 기술적인 것으로만 발전해오지 않았나 싶습니다. 전도는 기술적이기 이전에 근본적으로 우리 존재의 변화로 증언되어야 하는 책임이고, 그 후에 기술을 도입해야 한다고 저는 생각합니다.

존재적 차원에서 예수의 증인 된, 제자 된 자들의 조건은 예수를 먼저 믿은 성도들이 그리스도로 말미암아 변화되는 것, 그분을 통하지 않고는 알지 못했던 것을 아는 것입니다. 다시 말해 진리와 생명으로의 변화가 증인에게 필수 조건임을 분명히 해야 합니다.

증인은 누구입니까? 그는 예수 믿는 사람입니다. 예수 믿는 사람은 진리의 사람이요, 생명의 사람이라는 말을 들을 수 있어야 합니다. 앞에서 진리와 생명을 언급하면서 '우리는 누구인가? 우리는 무엇을 믿는가? 우리의 믿음은 무엇에 근거하는가? 우리는 무엇 때문에 사는가?'라고 할 때 성경이나 기도를 동원해서 우리가 누구인지를 확인했습니다. 이런 것들을 다른 시각에서 둘로 나누면 진리와 생명이 됩니다. 우리는 진리 안에 있는 자들이고 새 생명을 입은 자들입니다.

증인 된 조건, '진리'

요한복음 8:31-32에 주께서 친히 하신 말씀이 있습니다.

> 그러므로 예수께서 자기를 믿은 유대인들에게 이르시되 '너희가 내 말에 거하면 참으로 내 제자가 되고 진리를 알지니 진리가 너희를 자유롭게 하리라.'

제자 된, 증인 된 큰 특징 중 하나는 '진리'입니다. 좀 더 구체적으로 말하면, 먼저 믿은 성도들이 예수 그리스도의 증인이 되는 일의 첫 번째 핵심 원리는 '진리'라고 규정할 수 있습니다.

우리는 예수의 증인입니다. 말씀에도 나타난 바와 같이 진리는 우리를 자유롭게 합니다. 모든 거짓을 고발하며 바른 길을 제시하는 것이 진리입니다. 신자들이 비신자들에게 '왜 예수 믿는 사람들은 편협하냐?'는 지적을 많이 받습니다. 상대적으로 불교가 관대하기 때문입니다. 스님들도 성경을 봅니다. 그러나 예수 믿는 사람들은 불경을 안 봅니다. 포교하는 스님들은 성경을 놓고 얘기를 합니다. 예수의 말씀도 인용하고, 예수를 인간적 차원에서 상당히 높이 평가해 줍니다. 그러나 우리 중 열심 있는 신앙인들은 등산 갔다가 절을 보면 신앙적 마음으로 돌을 던지기도 합니다. 물론 실제로 돌을 던져서는 안 됩니다.

그렇다면 기독교가 왜 이렇게 배타적입니까? 이유는 하나입니다. 우리는 정답이 있고, 그들에게는 정답이 없기 때문입니다. 정답이 있다는 것은 정답이 아닌 것을 틀렸다고 할 수 있다는 얘기입니다. 정답이 없으면 무엇이라도 상관이 없습니다. 우리가 자가용을 운전할 때 중앙선 침범을 하면 교통규칙 위반입니다. 이때 중앙선이 그어 있어야 중앙선 침범인 줄 알지 중앙선이 없으면 침범인 줄 모릅니다. 우리가 그렇습니다. 우리는 진리와 생명을 알아야 유일하신 하나님을 압니다. 진리가 진리 된 표로서 그렇지 않은 것들은 진리가 아니고 거짓이라 고발할 수 있습니다. 일부러 고발하기 위해 돌아다니는 것이 아니라 진리는 진리가 아닌 것을 아니라고 얘기할 수밖에 없습니다. 이런 점이 기독교가 배타적이라고 여길 수 있는 지점입니다. 그러나 이런 점은 배타성이 아니라 정답을 알기에 나오는 부수적인 부작용일 뿐입니다.

그래서 예수를 믿는 사람들은 하나님의 말씀대로 살아야 합니다. 진리를 근거로 해서 말입니다. 그런데 우리는 예수를 믿으면 하나님의 힘을 빌려서 자기 욕심을 이루겠다고 생각합니다. 신자로 살 때에 '무엇을'과 '어떻게'를 바꾸어야 하는데, '무엇을'은 그냥 있고 '어떻게'만 하나님이 개입하시게끔 하는 것입니다. '무엇을'이라는 목표는 내가 갖고, '어떻게'는 내 힘으로는 안 되기에 하나님이 개입하시도록 열심을 내는 겁니다.

실제로 우리나라 성도들이 이 부분을 제일 많이 틀리고 있다고 저는 생각합니다. 신앙생활 30, 40년 했다고 하는데도 '어떻게 살아야 하는지'가 늘 헷갈리는 신자들이 너무 많습니다. 그러다 보니 교회에서 하는 종교적 행사에는 익숙합니다. 기도도 잘하고 성가도 잘하고 봉사도 잘합니다. 그런데 집에 돌아가서 일상생활을 할 때에는 세상 사람들보다 양보를 잘 안합니다. 진리와 거짓을 분별하는 것이 아니라 융통성과 재주만 자란 것 같습니다.

믿지 않는 자들

에베소서 4:17-18을 봅시다.

> 그러므로 내가 이것을 말하며 주 안에서 증언하노니 이제부터 너희는 이방인이 그 마음의 허망한 것으로 행함같이 행하지 말라. 그들의 총명이 어두워지고 그들 가운데 있는 무지함과 그들의 마음이 굳어짐으로 말미암아 하나님의 생명에서 떠나 있도다.

믿지 않는 자들에 관한 설명입니다. 이들은 한마디로 '진리가 없는 자들'입니다. '허망하다'는 것은 과녁이 없는 것을 말합니다. 아무데나 대고 활이나 총을 쏘는 것과 같습니다. 여러분, 볼링을 쳐 보신 적 있으신가요? 처음 볼링을 치면 볼이 개천으로 자주 빠집니다. 만약 누가 이를 방지하기 위해 기다란 원통으로 볼링공 롤러를 만들어 특허를 냈다고 합시다. 던지면 언제나 스트라이크를 치도록 말이죠. 그럼 어느 누가 볼링을 치겠습니까? 이렇게 되면 게임의 본질이 완전히 사라집니다. 세상 사람들이 그렇습니다. 세상 사람들은 무엇을 해야 하는지, 왜 살아야만 하는지, 그것을 어떻게 살아야 하는지 모르는 자들입니다. 다시 말해 허망한 자들입니다.

그래서 성경은 "그들이 총명이 어두워지고 그들 가운데 있는 무지함과 그들의 마음이 굳어짐으로 말미암아 하나님의 생명에서 떠나 있도다"(18절)라고 합니다. 이 표현들이 얼마나 진리라는 차원에서 언급되고 있는지를 보십시오. 철저하게 진리와 연결되어 있습니다. 그들은 목표도 없고 기준도 없기 때문에 잘했다 못했다 하는 감각이 없습니다. 양심의 가책이나 올바른 길을 갔는지 아닌지에 대한 감각도 없습니다. 이들은 무지합니다. 미련하기보다 오히려 모르는 겁니다. 우리나라 사람들은 '몰랐다'고 하면 많이 봐 줍니다. 하지만 모르는 것은 큰 죄입니다. 예수를 모르고 안 믿는 것과 똑같은 겁니다. 진리를 모르는 것이 비신자들의 삶의 큰 특징이라는 것을 성경이 가르쳐 줍니다.

여러분, 혼동하지 말아야 할 부분이 있습니다. 신앙생활을 하는 중에 우리의 적대감을 가장 크게 불러일으키는 것은 아마 교활함과 위선이 아닌가 싶습니다. 그래서 사람들이 곰과 여우를 놓고 자꾸 저울질합니다. 살아 보면 곰이 나아요, 여우가 나아요? 그래도 여우가 낫다면서요? 답답한 것은 더는 못 참겠다는 거죠. 그런데 어떤 문제가 생기는지 한번 봅시다. 보통 '곰이긴 하지만 교활하지 않은 게 어디냐' 하면서 점수를 주는 경우가 많습니다. 그건 어느 것이 낫다는 차원에서 점수를 주는 게 아닙니다. 나이가 들면 순진하지 않습니다. 아니, 나이가 들어서 순진하면 안 됩니다. 나이가 들어서 순진하다는 것은 게으르게 살았다는 것 외에 아무 의미도 없습니다. 나이가 들면 경륜이 쌓여 분별과 경험에 의한 어떤 지식이 있어야 합니다.

'나는 저런 짓 안 한다'로 자신을 내세우면 안 됩니다. '저 사람같이 교활해질 것 같으면 난 안 해'라고 하는 것은 결국 안 하는 겁니다. '난 하려면 확실하게 하지, 난 저렇게는 안 해'는 결국 안 한 겁니다. 누구 때문에 하지 않으면 어떡합니까? 하나님 때문에 해야지요. 어느 젊은 친구가 제게 와서 물었습니다. 봉사부에서 열심히 일하고 있는데, 자기를 시기하는 사람이 와서 "당신이 하는 것은 진정한 충성이 아니라 교만이야!"라고 했답니다. "목사님, 제가 이렇게 하는 게 교만일까요?"라고 묻더군요. 그래서 제가 "당신이 교만을 떨어서 하나님께 이익이 된다면 교만을 떨어야 될 것 아니요?"라고 말했습니다. 여러분은 어떻게 생각하십니까?

자신이 교만한지 아닌지 때문에 자신이 해야 할 일, 하나님이 이 일을 좋아하시는지 싫어하시는지를 놓치면 안 됩니다. 우리가 하나님이 좋아하시고 싫어하시는 것에 기준을 두지 않고, 자신이 교만한지 아닌지에 흔들리고 있는 겁니다. 교만이나 겸손보다 하나님이 모든 것의 기준이 되어야 합니다. 이것이 흔들리는 건 신자가 훈련을 잘못 받아서 그렇습니다. 아주 근본적인 싸움거리입니다. '난 누구처럼 안 해'라고 하면 안 됩니다. 적극적으로 하나님의 기뻐하심과 영광을 위한 소원과 열심이 있어야 합니다. 우리는 훨씬 깊어져야 합니다. 오랜 신앙생활을 했으면 빙긋이 웃고 포용할 수 있는 넓은 마음을 갖춰야 합니다. 이런 것들이 예수를 믿지 않는 자들과 우리가 어떤 차이가 나는지를 비교하면서 정확한 기준을 제시해줍니다. 비신자들은 허망하고 무지하며 하나님의 생각에서 떠나 있습니다. 잘못된 길로 가도 잘못인 줄 모릅니다.

거듭난 자들

그렇다면 하나님의 사람들, 거듭난 사람들은 누구입니까? 우리는 어떻습니까? 에베소서 4:20-21입니다.

> 오직 너희는 그리스도를 그같이 배우지 아니하였느니라. 진리가 예수 안에 있는 것같이 너희가 참으로 그에게서 듣고 또한 그 안에서 가르침을 받았을진대.

우리는 언제나 진리를 압니다. 믿지 않는 자는 "감각 없는 자가 되어 자신을 방탕에 방임하여"(19절) 그냥 물결치는 대로, 바람 부는 대로 내버려 둔 인생입니다. 그들 같지 않다는 것은 방탕하거나 더러움에 자기를 버리지 않는다는 말이 아닙니다. 아는 겁니다. 우리가 아는 것은 진리의 감각이 있는 겁니다. '나는 죄를 짓지 않는다' 하는 것만 가지고는 안 됩니다.

진리 없이 똑바로 가는 사람이 있습니다. 일관되게 미지를 향해서 가는 겁니다. 혹자는 어디로 가는지 아는데 계속 비뚤대며 가기도 합니다. 어떻게 보면 하나님을 모르는 자들이 윤리적이고 도덕적으로 일관성이 있고, 예수를 믿는 사람들이 오히려 이상하게 사는 것처럼 보일 때도 있습니다. 그래서 우리는 윤리적이고 도덕적인 것에 더 후한 점수를 주는 편입니다. '진리가 있고 없고'를 평가하지 않습니다. 하나님 앞에서 가져야 하는 감각이 없는 것이죠.

한번은 보수 교단이 아닌 사회 구원론을 강조하는 교단에서 저희 교회를 탐방하다가 저와 인터뷰를 했습니다. 그중에 한 사람이 교회 교역자였는데, 이런 무시무시한 질문을 했습니다. "목사님이 그동안 여러 가지 훌륭한 일을 한 걸로 알고 있습니다. 그러나 후에 목사님이 역사와 민족 앞에서 책임을 다하셨다고 생각할 수 있으십니까?" 그래서 제가 화를 벌컥 냈습니다. 왜 화를 냈을 것 같습니까? 어디서 '역사와 민족'이라고 하나요, 하나님 앞과 산 자와 죽은 자를 심판하실 그리스도 앞에서 하는 거죠. 무슨 역사와 민족이에요. 우리는 하나님과 그리스도 예수 앞에서입니다. 이를 하기 위해 이리저리 왔다 갔다 할 수 있습니다. 역사와 민족 앞에서는 멋있다고 생각하는 자들이 있는데, 우리는 혼동하면 안 됩니다. 에베소서 4:22-24을 보십시오.

> 너희는 유혹의 욕심을 따라 썩어져 가는 구습을 따르는 옛 사람을 벗어 버리고, 오직 너희의 심령이 새롭게 되어 하나님을 따라 의와 진리의 거룩함으로 지으심을 받은 새 사람을 입으라.

이 표현들을 잘 보십시오. 우리가 하나님을 모르고 구원받기 이전에는 목표로 삼고 애써야 할 것이 없었습니다. 방탕해도 그냥 가는 대로 떠내려가거나 흘러가는 겁니다. 그런데 재미있게도, 예수를 믿고 나면 신자들은 "하나님, 제가 주를 사랑하고 주의 뜻을 따라 살 진심이 있습니다. 그러니 힘을 주소서!"라고 기도합니다. 그런데 하나님이 힘을 주지 않고 진리를 주십니다. 하나님이 무엇을 좋아하고 싫어하는지를 보여주시지, 우리에게 그것을 감당할 힘을 주지 않으십니다. 태엽을 감아 주지 않으십니다.

예수를 믿고 나면 하나님이 내 마음에 거룩한 마음을 주시고 거룩한 힘을 주셔서 거룩한 곳으로 나를 떠밀고 갈 거라고 생각하면 안 됩니다. 하나님이 우리에게 주시는 것은 진리입니다. 그것을 깨달아 실천해야 합니다. 물결에 휩쓸려 가던 자에서 생명을 가진 물고기가 폭포를 거슬러 올라가듯이 유혹을 따라 썩어져 가는 옛 사람을 벗어버리고 새 사람으로 가는 길은 자신이 직접 해야 합니다. 서신서에 나타나는 성화에 대한 요구들을 보면 거룩함을 행할 기계와 회로를 넣어 주지 않습니다. 밤낮 '이래야 한다, 이러면 안 된다'만 있습니다. '진리와 생명으로'를 내가 직접 해야 합니다.

계속해서 승리할 힘을 달라고만 요구해서는 안 됩니다. 그래서 제자훈련이 필요한 것입니다. 훈련이란 생래적이지 않은 어떤 것을 습관, 제2의 천성으로 만드는 것을 말합니다. 성화나 거룩한 것들은 기도해서 얻는 것이 아니라 연습하고 연습하고 또 연습해서 할 수 있는 것입니다. 그래서 제자훈련이 필요한 거죠. 이제 적극적인 제자훈련의 입구가 보일 것입니다.

제자훈련은 본질적으로 절제와 경건을 익숙하게 하기 위한 연습입니다. 전도지 돌리는 것은 제자훈련이 아닙니다. 우리는 '기도했다, 성경 봤다, 전도했다'는 것으로 너무 쉽게 자기가 한 일에만 집중했습니다. 이런 것으로 자기가 할 신앙적 책임을 다한 것으로 오해하기 쉽습니다. 절제하고 참고 견디고 양보하고 희생하는 모든 것이 습관이 되어야 합니다. 표정과 감정과 행동까지 모든 것을 바꿔 가는 싸움이 결국 제자훈련입니다.

제자는 하나님의 백성으로 부름받아 내가 예수로 말미암아 지금 복 받은 자리에 와 있다는 것을 증언하는 자로서 살고 그런 모습으로 바뀌는 것입니다. 그래서 제자가 된다는 것은 어떤 지도력을 가진 특수 계층의 책임이 아니고 일반 신자에게 요구되는 본질적 책임이고 모습입니다. 제자훈련은 지도자들만 받는 것이 아니고 모든 성도가 받아야 하는 것입니다. 또한 앞서 살펴본 바와 같이 우리가 알게 된 진리와 생명을 근거로 한 하나님의 사람으로서 인격과 행위의 습관을 만들며, 그 생각을 우리의 것으로 온전히 채우는 싸움을 해야 합니다.

다시 말하지만, 증인의 첫 번째 필수 조건은 '진리'입니다. 언제나 예수 그리스도를 알고, 예수 그리스도를 배우고, 예수 그리스도를 닮는 싸움을 해야 합니다. 그래서 먼저 "거짓을 버[리는]"

(엡 4:25) 것입니다. 공통분모는 언제나 진리입니다. 여기서 '거짓' 이라는 것은 사실과 사실이 아닌 것을 분류하는 것이 아니고 진리에 속한 것과 그렇지 않은 것을 분류하는 것입니다. 성경은 마귀를 '거짓말하는 자'라고 합니다. 그는 처음부터 하나님을 반대한 자이며, 거짓의 아비요, 거스르는 자입니다. 제자도, 제자 된 모습이 무엇이냐고 할 때는 행위적이지 않습니다. 업적에 관한 문제가 아닙니다. 능력이 아닌 본질에 관한 문제입니다.

마태복음 5:13-16을 봅시다.

> 너희는 세상의 소금이니, 소금이 만일 그 맛을 잃으면 무엇으로 짜게 하리요? 후에는 아무 쓸 데 없어 다만 밖에 버려져 사람에게 밟힐 뿐이니라. 너희는 세상의 빛이라. 산 위에 있는 동네가 숨겨지지 못할 것이요. 사람이 등불을 켜서 말 아래에 두지 아니하고 등경 위에 두나니 이러므로 집 안 모든 사람에게 비치느니라. 이같이 너희 빛이 사람 앞에 비치게 하여 그들로 너희 착한 행실을 보고 하늘에 계신 너희 아버지께 영광을 돌리게 하라.

우리는 횃불이나 레이저나 화염병이 아닙니다. 말씀에서 말하는 빛은 밝히는 것입니다. 타오르는 불길이 아닙니다. 우리는 어떻게 하고 싶습니까? "성령이여, 임하사 온 세대와 민족을 성령의 불길로 삼켜 주옵소서." 성경에는 이런 정복적이고 파괴적인 표어는 없습니다. 그냥 우지끈 뚝딱 밀고 나가는 식의 싸움을 왜 전도적 사명으로 갖고 있는지 모르겠습니다. 그렇지 않습니다. "그들로 너희 착한 행실을 보고"(16절)입니다. "저 사람은 다르네" "저 사람은 왜 저렇게 살까?" "저 사람은 분명 우리에게 없는 것을 가지고 있는 것 같아." 이것이 예수의 증인입니다. 믿음의 대상과 삶의 목적을 묻게 만들어야 합니다. "열 번 찍어 안 넘어가는 나무 없다"는 식으로 매일 아침저녁으로 찾아가서 "예수 믿으세요. 좋은 말로 할 때 믿으세요. 안 믿으면 가만두지 않을 거예요. 그래도 안 믿으려면 집 비워 주세요"라고 하지 마십시오. 왜 이런 공갈 협박으로 전도를 하는지 모르겠습니다. 옆에서 보면 예수 믿는 사람들이 반갑지 않습니다.

좀 마음 불편하겠지만 꾸중 하나 들읍시다. 교회에 갈 때 주차 좀 잘하셔야 합니다. 교회마다 주차 전쟁입니다. 상대방이 너무한 면도 있습니다. 하지만 우리는 믿는 사람입니다. 그럼에도 불구하고 우리가 지려고 하지 않습니다. 공영 주차장이나 합법적으로 지정된 곳에 주차하고 교회로 오면 됩니다. 차를 세워도 길목에 딱! 무슨 노량해전을 하는 이순신 부하가 일본군 테러를 막는 것도 아니지 않습니까? 만약 불가피하게 세웠으면 기아를 중립에라도 놔야 할 것 아닙니까? 그저 하나 못해서 지나가는 사람들을 악을 쓰게 만들면 안 됩니다. 이걸 지고서는 우리는 할 말이 없습니다.

우리 모든 신앙을 "너희 착한 행실을 보고"에서 점검하셔야 합니다. 예수의 증인이 되었는지는 우리가 달라진 모습으로 압니다. 윤리적·도덕적 차원이 아닙니다. 진리의 문제입니다. 그래서 전도자의 책임은 행동과 능력이기보다 훨씬 본질적 문제이고 인간 존재에 관한 문제입니다. 우리가 계속해서 예수의 증인이 되는 것을 전도적 차원에서 접근하여 이를 업적이나 기술로 여겨왔던 것은 성경이 전하는 것과 다르다는 걸 분명히 알아야 합니다.

증인 된 조건, '생명'

증인의 두 번째 필수 조건은 '생명'입니다. 생명이 있다는 것은 무엇을 보고 알 수 있습니까? 열매를 보고 알 수 있습니다. 생명이 있는 것만이 열매를 맺습니다. 우리는 예수 그리스도로 말미암아 새로 태어나 자라나서, 내가 맺은 열매를 사람들에게 전합니다. 역시 생명이 있는 열매입니다.

갈라디아서 5:19-21을 봅시다.

> 육체의 일은 분명하니 곧 음행과 더러운 것과 호색과 우상 숭배와 주술과 원수 맺는 것과 분쟁과 시기와 분냄과 당 짓는 것과 분열함과 이단과 투기와 술 취함과 방탕함과 또 그와 같은 것들이라. 전에 너희에게 경계한 것같이 경계하노니, 이런 일을 하는 자들은 하나님의 나라를 유업으로 받지 못할 것이요.

재미있게도, 바로 뒤에 나오는 성령의 열매와 비교하면 여기서 소개된 것들은 육체의 열매라고 하지 않고 육체의 일이라고 했습니다. 가치 있는 결실이 아니라, 쓸데없는 애씀일 뿐입니다. 헛된 노력입니다. 여기에는 열매가 없습니다. 생명이 없는 죽은 것이기에 육체의 일이라고 표현한 것입니다. 성령을 따라 가는 것에만 열매가 있습니다. 22-23절 상반절을 "오직 성령의 열매는 사랑과 희락과 화평과 오래 참음과 자비와 양선과 충성과 온유와 절제니"라고 되어 있습니다. 성도들은 성령의 열매가 아홉 가지나 된다는 것도 알고 다 외웁니다. 그런데 23절 하반절은 잘 모릅니다. "이 같은 것을 금지할 법이 없느니라." 생명이 있으면 그 생명은 자라고 열매를 맺습니다. 그걸 막을 방법이 없기 때문입니다.

자연법칙을 보십시오. 생명과 사망이 싸우면 누가 이길까요? 세상은 사망이 이깁니다. 그러나 부활 생명에 참여한 우리에게는 생명이 사망을 이깁니다. 단시간을 놓고 볼 때, 생명이 없는 것은 다 썩어 사라집니다. 비가 오면 비가 와서 썩고, 해가 나면 해가 나서 썩고, 바람이 불면 바람이 불어서 썩습니다. 그러나 생명은 비가 오면 비 때문에 크고, 바람이 불면 바람 때문에 크고, 해가 비치면 햇빛 때문에 큽니다. 신자들이나 교회도 그렇습니다. 좋은 일이 생기면 좋은 일 때문에 크고, 교회가 어려우면 어려운 일로 큽니다. 교회에 이단 사상이 들어오면 그때 교회는 더욱 분명해집니다. 전지 효과가 생깁니다. 쓸데없는 가지를 치는 일은 있어도 생명을 죽이는 일은 없습니다.

생명은 정말 대단합니다. 길 가거나 외곽도로를 가다 보면 축대가 있습니다. 큰 돌을 놓고 사이사이에 시멘트를 발라서 축대를 쌓습니다. 그런데 그 축대에 잡초가 핀 걸 본 적이 있으실 겁니다. 저는 언제나 그걸 보면 생명의 경이로움에 감탄을 합니다. 도대체 어떻게 거기서 싹을 틔웠는지 모르겠어요. 돌과 시멘트밖에 없는데 도대체 어떻게 씨가 뿌리를 내리고 싹을 틔웠는지 이해할 수 없습니다. 또 하나, 저는 속리산밖에 가본 곳이 없어서 속리산 이야기를 합니다만, 속리산에 가면 이상한 소나무가 있습니다. 바위 위에 소나무가 있는 겁니다. 소나무 뿌리 때문에 바위에 균열이 가기 시작한 걸 봤습니다. 도대체 소나무가 거기에 어떻게 자리를 잡았는지 이해가 안 갑니다.

생명은 다른 것으로 자기가 생명이 있다고 말하지 않습니다. '나 생명 있음'이라고 곁에 쓰고 다니거나 나팔을 불지 않습니다. 생명은 당연히 자라는 겁니다. 왜 예수께서 "너희에게 겨자씨 한 알만 한 믿음이 있었더라면"(눅 17:6)이라고 말씀하셨는지 아십니까? 생명은 겨자씨로 시작할지라도 나중에 큰 나무가 될 수밖에 없기 때문입니다. 믿음이 겨자씨로 남아 있는 법은 없습니다. 결국 산을 옮길 수 있는 데까지 갑니다. 그 이유는, 시작은 겨자씨 같아도 생명이 있다면 나중에 감당하지 못할 자리까지 당연히 크기 때문입니다. 그것을 막거나 금지할 법이 없습니다.

새 생명의 열매

그런데 오늘날 주변 성도들을 보면 믿음이 크질 않습니다. 생명을 가진 자로서 생명에 대한 관심과 초점이 명확하지 않고, 믿음을 생명으로 이해하지 못하기 때문입니다. 진리와 생명으로 이해하지 못하기 때문에 예수를 믿고 감동할 때마다 벽돌을 한 장씩 굽는 것 같습니다. 집에 가 보면 벽돌만 산처럼 쌓여 있습니다. 누군가 믿음에 대해 권면하거나 도전하면 자극을 받아서 벽돌을 쌓습니다. 누구 벽돌이 더 높은지 말이죠. 그래서 벽돌 쓰러질까 봐 밤낮 옆에서 붙잡고 있습니다. 좀 넉넉하면 납작하게 쌓아놓고 그러지 못하면 세로로 쌓기도 합니다. 그러고는 무너질까 봐 그 옆을 한시도 못 벗어납니다. 그러다가 정말 하고 싶은 유혹거리가 있기라도 하면 '에이, 모르겠다' 하고 실컷 놀고 방황하다가 어느 날 또 눈물 흘리며 회개하고 돌아와 흩어진 벽돌을 다시 정돈합니다. 방에 벽돌이 가득하면 뭐합니까? 그것들로는 집을 짓지 못합니다.

그냥 벽돌더미일 뿐입니다. 비 오면 벽돌더미 위에서 비 맞고, 바람 불면 벽돌더미 옆에서 바람 맞을 뿐입니다. 그 속에 들어가 쉬지 못합니다. 벽돌이 내 안에서 양식이 되어 내 믿음을 키운 것이 아니라 감격의 사건과 기억들만 남아 있습니다. 무슨 일만 생기면 그 벽돌을 잡고 '내가 그때는 얼마나 행복했는지, 울었는지, 진심으로 가득했는지'를 계속 회상하고 그리로 도망을 갈 뿐입니다. 옛날을 피난처로 삼는 겁니다. 감격과 자랑거리만 가지고 있지, 실제 우리를 키우고 우리 안에서 자라나는 것은 없습니다. 그 옛날의 사건이 오늘 일어나는 사건을 이기도록 내 안에 어떤 힘이나 지혜로 남아 있지 않습니다. 생명의 힘으로 들어와 있지 않고, 나 아닌 물건으로만 쌓여 있습니다. 누굴 만나도 계속 옛날 얘기만 합니다. 그건 바보입니다. 내 것이 안 되어 있는 겁니다.

믿음이 자라질 않아서 그렇습니다. 그 안에 생명이 없어서 그렇습니다. 생명이 신자 된 큰 조건 중에 하나인 것을 이해하지 못해서 그렇습니다. 자신의 모든 믿음이 감격적인 사건으로 들어와 있지, 생명을 키우는 영양분으로는 들어와 있지 않습니다. '나'라는 존재가 감격을 기억하고 회상하는 존재이지, 그 감격이 '나'를 키우고 있지 않습니다. 왜냐하면 내가 그걸 먹고 크는 생명체가 아니었기 때문입니다. 우리는 분명히 생명체인데도 불구하고 하나님이 주시는 양식을 먹고 크지 않았던 것입니다. 우리 안에 생명이 없다는 것은 하나님이 그리스도 예수 안에서 우리에게 주신 것이 아닙니다. 우리는 신자가 됨으로 진리와 생명을 받았습니다. 우리는 자기 자신이 어떻게 변했는지, 그 열매로 증거하고 보상하고 대응하는 그런 사람으로 변해 있어야 맞습니다. 이렇게 내 안의 생명을 키우고 자라게 하는 훈련이 제자훈련입니다.

마태복음 7:15-20에 가면 이 문제에 대해 다음과 같이 증언합니다.

> 거짓 선지자들을 삼가라. 양의 옷을 입고 너희에게 나아오나 속에는 노략질하는 이리라. 그들의 열매로 그들을 알지니 가시나무에서 포도를, 또는 엉겅퀴에서 무화과를 따겠느냐? 이와 같이 좋은 나무마다 아름다운 열매를 맺고 못된 나무가 나쁜 열매를 맺나니, 좋은 나무가 나쁜 열매를 맺을 수 없고 못된 나무가 아름다운 열매를 맺을 수 없느니라. 아름다운 열매를 맺지 아니하는 나무마다 찍혀 불에 던져지느니라. 이러므로 그들의 열매로 그들을 알리라.

무엇을 기준으로 삼습니까? '열매'입니다. 좋은 나무면 좋은 열매를 맺습니다. 열매로 그 나무를 안다고 합니다. 그러므로 예수의 증인이 되려면 우리에게 예수 그리스도로 말미암아 거듭난 새 생명의 열매가 있어야 합니다. 성경이 이 새 생명의 열매를 우리에게 요구합니다. 인자하고 자비하며 오래 참고 유익한 말을 나누고 빛에 거하며 사랑 안에서 살아야 합니다. 이런 열매가 새 생명으로 말미암아 변화된 신자인 우리에게 마땅히 맺어져야 합니다.

그러나 우리는 그렇게 하지 않았습니다. 감격거리만 갖고 있었습니다. 자랑거리만 갖고 있지 실제로 우리를 키우고 자라게 하는 것은 갖고 있지 않았습니다. 그동안 우리는 얼마나 많이 잡아왔느냐가 열매라는 식으로 강요받았습니다. 전도는 우리가 마땅히 해야 하는 일이지만 얼마나 많이 잡아오느냐가 우리의 열매는 아닙니다. 열매는 하나님의 사람으로서 우리 안에 가진 생명이 어떻게 성장하느냐로 나타납니다. 이것을 보고 많은 사람이 그리스도를 찾을 것입니다. 내가 어떤 사람을 데리고 왔다고 그 사람이 내 열매는 아닙니다. 데려온 사람을 내 열매라고 하니까 그게 훈장이 되는 겁니다. 내가 전도한 사람에게 자신이 언제나 상급자가 됩니다. 이건 아주 나쁜 생각입니다. 다시 말하지만 전도한 사람은 내 열매가 아닙니다. 엄밀히 말해, 내가 그 사람을 믿게 한 게 아닙니다. 내가 그 사람을 구원한 게 아닙니다. 하나님이 하신 것입니다. 하나님이 내게 주신 생명의 향기와 열매로 그 사람의 마음을 두드려서 그 사람을 하나님의 자녀로 삼는 일에 나를 써 주신 겁니다.

우리가 전도 문제를 다룰 때, 우리의 태도는 하나님이 예수 그리스도로 말미암아 허락하신 새 생명이 나를 어떻게 변화시켰으며, 하나님이 변화된 나를 어떻게 주께서 부르시는 영혼들에게 인도하시고 잠자는 영혼들을 깨우셨는지를 보는 것을 원칙으로 삼아야 합니다. 어떻게 시간을 내고 노력을 하고 경주하여 사람을 잡아 오는지에 따라 그 사람의 신앙이나 하나님께 쓰임 받는 정도를 자랑할 수 없습니다. 혹 쓰임 받았다 할지라도 하나님이 우리를 어떻게 쓰시는지를 근본적으로 오해한 것입니다.

거룩함에 이르는 열매

이 문제를 분명히 하기 위해 로마서 7:4을 보겠습니다.

> 그러므로 내 형제들아, 너희도 그리스도의 몸으로 말미암아 율법에 대하여 죽임을 당하였으니, 이는 다른 이 곧 죽은 자 가운데서 살아

나신 이에게 가서 우리가 하나님을 위하여 열매를 맺게 하려 함이라.

하나님을 위하여 열매를 맺는 이 싸움을 로마서 6:20-23은 이렇게 표현합니다.

> 너희가 죄의 종이 되었을 때에는 의에 대하여 자유로웠느니라. 너희가 그때에 무슨 열매를 얻었느냐? 이제는 너희가 그 일을 부끄러워하나니 이는 그 마지막이 사망임이라. 그러나 이제는 너희가 죄로부터 해방되고 하나님께 종이 되어 거룩함에 이르는 열매를 맺었으니 그 마지막은 영생이라. 죄의 삯은 사망이요, 하나님의 은사는 그리스도 예수 우리 주 안에 있는 영생이니라.

거룩함에 이르는 열매, 이것이 우리가 얻은 것이고 하나님을 위하여 맺은 것입니다. 하나님의 영광은 죄인으로 영벌을 받아야 할 우리가 예수 그리스도로 말미암아 구원받고 하나님의 사람으로 거룩의 완성에 이르는 것입니다. 이 아름다운 구원 사역을 완성하시기 위해 능력과 사랑을 큰 증거로 보이셨습니다. 여러분은 이 부분에 대해 오해가 없어야 합니다.

그래서 우리는 '땅끝까지 이르러 예수 그리스도의 증인이 되라'는 이 부탁의 말씀을 사명으로 갖는 이 일에 있어서 더욱 성도다워야 합니다. 의와 진리로 부르심을 받은 새 사람, 새 생명이 허락된 하나님 백성의 모습과 정당한 가치관은 하나님이 우리를 통해 이루시려는 일이요, 목적지를 위해 필요한 원리이며, 우리에게 채우시려는 내용입니다. 이를 통해 하나님이 일하시고 부수적 결과로 우리 주변의 수많은 영혼을 하나님께 돌아오게 하는 일을 허락하신 것입니다.

다시 한번, 마태복음 5:13-15을 봅시다.

> 너희는 세상의 소금이니 소금이 만일 그 맛을 잃으면 무엇으로 짜게 하리요? 후에는 아무 쓸데 없어 다만 밖에 버려져 사람에게 밟힐 뿐이니라. 너희는 세상의 빛이라. 산 위에 있는 동네가 숨겨지지 못할 것이요. 사람이 등불을 켜서 말 아래에 두지 아니하고 등경 위에 두나니 이러므로 집 안 모든 사람에게 비치느니라.

우리는 세상의 빛이고 소금입니다. 우리가 빛을 들고 소금을 뿌리는 것이 아닙니다. 우리가 흑암에 빛을 비추러 갑니다. 그러나 나 자신이 빛이 되어 갑니다. 우리는 빛을 비추는 행위와 나 자신이 빛인 존재의 차이를 잘 구별하지 못합니다. 그래서 성도들이 무슨 일만 생기면 목사에게 오는 버릇이 있습니다. 스스로 아무 문제도 해결하지 못합니다. 목사에게 떠넘깁니다. 그런 면에서 한국 교회 목사들은 우민정책을 쓴 것 같습니다. 성도들을 목사가 없으면 아무것도 못하게 만들었습니다. 교인들을 하나님의 사람으로 분별하고 책임을 지도록 키워야죠. 그들이 빛이 되고 소금이 되어야 합니다. '존재의 변화'가 우리로 하여금 맡은 일을 하게 하는 가장 중요한 몫입니다. 우리가 무엇을 하느냐 이전에, 우리가 빛과 소금이 되며 우리가 하나님의 백성으로 거룩해지는 것 자체가 하나님의 우리를 향한 일차 목표입니다.

옛날에 이런 얘기를 들은 적이 있습니다. 전도를 강조하시는 목사님이 설교 중에, "나중에 천국 가서 하나님이 '넌 뭐하다 왔냐?'라고 물으실 때 '햄버거 만들다 왔습니다'라고 하면 얼마나 창피하겠어요. '전도하다 왔습니다'라고 해야 할 것 아닙니까?"라고 하시더군요. 이건 아닙니다. 하나님은 이렇게 물어보실 겁니다. "햄버거를 어떻게 만들었느냐?"고 말이죠. "손님이 순 악질이었지만 맛있게 만들었습니다"라고 하면 "너 잘했다"라고 하실 겁니다. 햄버거를 만들면서 예수 믿으라고 했느냐 안 했느냐가 아닙니다.

전도가 형태화되고 명분화되었습니다. 원리적 차원에서 보는 법을 잃어버렸기 때문에 어떤 형태가 없는 것은 하나님의 일이 아닌 것이 되었습니다. 그러나 하나님의 일은 한 가지 형태를 취하지 않습니다. 형태는 아주 다양할 수 있습니다. 하지만 아무리 우리가 선지자 노릇하고 귀신을 쫓아내고 많은 권능을 행했다 하더라도 아닌 것은 아닌 것입니다.

하나님의 백성으로 거룩해지는 것 자체가 일차 목표입니다. 그것이 나를 향한 복이고 그 일로 말미암아 "너희 착한 행실을 보고 하늘에 계신 너희 아버지께 영광을 돌리게 하라"(마 5:16)가 되는 것입니다. 우리가 착한 행실을 하는 것은 착한 행실이라는 열매를 맺는 착한 나무가 되었다는 증거입니다. 사람들을 믿게 하기 위한 어떤 행위가 아닙니다. 착한 나무가 되어 착한 행실이라는 열매가 저절로 나올 수밖에 없는 겁니다. 세상의 빛과 소금이라는 존재가 되는 것입니다. 하나님은 우리를 진리와 생명으로 부르십니다. 진리와 생명으로 부름받았기 때문에 우리에게서 나타나는 모든 것이 우리가 하나님께 속한 것임을 증거하고 세상을 향해 아니라고 말할 수 있는 것입니다.

형태와 명분에 관한 문제가 아니라 진리와 생명에 관한 것입니다. 그렇기 때문에 우리가 빛이고 소금인 것입니다. 빛을 비추고 소금을 뿌리는 싸움이 아닙니다. 나의 존재가 거룩해지는 것이 일차 목표이고 그것을 통해 하나님이 다른 많은 영혼을 자신의 백성으로 부르신다는 것이 증인 된 일의 선후인 것을 기억해야 합니다.

훈련의 장

이제 우리는 예수 그리스도의 증인이 된다는 것이 기술의 문제나 업적의 문제가 아니라는 것을 알았습니다. 우리의 우리 된 것이 나타난 당연한 결과로서 있어야 할 증언이라면 전도가 기술적으로 발전해서는 안 됩니다. 기술적으로 발전해서는 안 된다는 것은 기술성이 없어도 좋다는 것이 아닙니다. 기술을 본질로 갖는 것은 안 된다는 말입니다. 열심과 정성으로 기술이 고도화되는 것은 아무 상관 없습니다. 다만 수단과 결과라는 차원에서 기술화되면 안 된다는 말입니다. 이 말이 어렵죠? 그런데 이는 정말 중요합니다. '실제적으로 증인 노릇은 어떻게 해야 하는가?'를 논할 때 문제가 달라집니다. 제자훈련이 특수 기능 훈련이라면 우리는 기술자가 되어야 합니다. 그런데 앞에서 언급한 바와 같이, 제자훈련이 모든 신자에게 요구되는 본질이라면 얘기가 달라집니다. 하나님이 우리에게 새 사람을 입으라고 한 것은 무지와 허망한 것이 아니라 진리와 생명으로 새 사람이 되라는 것입니다.

에베소서 4:25-32을 봅시다.

그런즉 거짓을 버리고, 각각 그 이웃과 더불어 참된 것을 말하라. 이는 우리가 서로 지체가 됨이라. 분을 내어도 죄를 짓지 말며, 해가 지도록 분을 품지 말고, 마귀에게 틈을 주지 말라. 도둑질하는 자는 다시 도둑질하지 말고, 돌이켜 가난한 자에게 구제할 수 있도록 자기 손으로 수고하여 선한 일을 하라. 무릇 더러운 말은 너희 입 밖에도 내지 말고, 오직 덕을 세우는 데 소용되는 대로 선한 말을 하여 듣는 자들에게 은혜를 끼치게 하라. 하나님의 성령을 근심하게 하지 말라. 그 안에서 너희가 구원의 날까지 인치심을 받았느니라. 너희는 모든 악독과 노함과 분냄과 떠드는 것과 비방하는 것을 모든 악의와 함께 버리고, 서로 친절하게 하며 불쌍히 여기며 서로 용서하기를 하나님이 그리스도 안에서 너희를 용서하심과 같이 하라.

바로 이런 것들을 해야 합니다. 이런 것들을 하기 위해 무슨 실험실이나 훈련장 같은 곳에 모여서 하라는 말이 아닙니다. 따로 만들어진 훈련장은 우리의 본질을 점검하는 좋은 조건이 아닙니다.

운전하면 입이 거칠어집니다. 여러분도 운전해보셔서 잘 아실 겁니다. 성질날 일이 정말 많습니다. 우리 모두 똑같은 성정을 가졌기에 화가 날 수 있는데, 욕이 나오지 않도록 조심할 때가 있습니다. 교회 근처에 오면 누구랑 부딪쳐도 웃습니다. 누가 교인인지, 교인의 친구인지 모르니까 웃습니다. 이처럼 교인끼리 모아 놓으면 서로 웃고 "예, 예" 잘합니다. 이런 곳은 훈련의 장소로 적합하지 않습니다. 하나님이 우리가 누군지를 우리 자신에게 확인시키고 훈련시키려면 어디에서 하시겠어요? 시험이란 아는 것을 내지 않는 법입니다. 시험 문제를 "자기 이름을 한글과 한문과 영어로

써라"고는 내지 않습니다. 시험은 내가 어디가 부족한지 스스로 확인하게 하며, 무엇을 더 준비해야 하는지를 점검하게 하기 위한 것입니다. 하나님이 우리를 진리와 생명으로 부르셔서 이를 채우고 완성하려는 것이 분명하다면, 이 훈련을 위한 조건과 환경으로 몰아넣으실 것입니다.

우리는 예수의 증인이 된다고 하면, '하나님이 우리가 겪고 있는 여러 가지 문제를 해결해주시면 이 싸움은 알아서 해결하겠습니다'라고 생각을 합니다. 그래서 자식이 공부를 못해도 "하나님, 자꾸 왜 이러십니까? 제가 나가서 일하려면 이건 해결해주셔야 할 것 아닙니까?"라고 기도합니다. 남편이 회사를 그만둬도 같은 기도를 합니다. 그러나 하나님은 우리를 짜증나기 꼭 좋은 장소, 화낼 장소에 몰아넣으신다는 것을 아셔야 합니다. 하지만 우리는 하나님이 해결해주셔야 우리가 할 수 있다고 계속 흥정을 합니다. 그러다 조건과 상황이 좋아지면 마치 하나님이 자신을 사용하거나 자기 신앙이 좋은 것으로 착각을 합니다.

아이들은 학교 다니기를 싫어합니다. 공부하는 걸 좋아하지 않습니다. 그러나 유치원은 누구나 가려고 합니다. 유치원에는 책이 없기 때문입니다. 숙제가 없습니다. 그런데 초등학교부터는 고달픕니다. 학년이 올라갈수록 고달픕니다. 그때부터 공부가 무엇인지, 왜 필요한지 조금씩 알아 가기 때문입니다. 이처럼 신앙이 별 볼 일 없을 때는 모든 것이 형통합니다. 기도하면 남편이 승진하고, 건강하고, 자식들이 공부도 잘합니다. 지금 그 상황에서는 조금만 어려워지면 예수 안 믿을 것 같아서 하나님이 건들지 않으시는 겁니다. 견딜 만하고 감당할 만한 시험만 주시는 거죠. 그러나 하나님은 시험으로 여러분을 넘어뜨리거나 실패하도록 하려는 게 아니라 여러분을 키우기 위해서 시험을 주십니다. 운동을 해본 적도 없는 사람에게 역기를 줘서 허리라도 다치면 어떡합니까? 하나님은 우리가 빛인 것을 증거하기 위해, 나와 나를 보는 이웃에게 증거하기 위해, 우리가 일할 곳을 보여주시기보다 우리가 누구인지를 확인하는 것과 나라는 존재에 관한 것을 먼저 형성하십니다.

우리는 내가 하나님의 빛과 소금이고 제자라면 하나님이 나에게 일터를 줄 것이라고 생각합니다. 그러나 착한 행실은 착한 존재의 당연한 열매이므로, 일에 대한 생각을 하기에 앞서 우선적으로 착하고 거룩한 존재가 되라는 것이 성경의 요구입니다. 하나님이 우리에게 일할 곳이나 환경을 먼저 주기보다 우리가 누구인지를 완성하기 위한 조건을 먼저 주신다는 것을 기억해야 합니다. 그래서 우리는 일터로 가기보다는 우리의 완성을 위한 환경을 먼저 제공받는다고 생각하면 좋겠습니다.

하나님이 건강도 주시고 돈도 주시고 실력도 주시면, 정말 주를 위해 일을 할 텐데 왜 이렇게 시간을 끄시는지 모르겠다고요? 그건 여러분 자신이 목적이기 때문입니다. 하나님은 여러분이 일차 목표이지 여러분을 써 먹는 것이 목표는 아니기 때문입니다. 우리는 우리의 인생과 과정을 통해 하나님이 만족할 만한 존재가 되어야 합니다. 하나님은 그 작업을 통해 우리를 빛과 소금으로 이웃들에게 제시합니다.

그래서 우리는 하나님의 백성, 예수의 증인으로서 하고 싶은 일보다 하나님이 우리를 어떤 환경과 조건으로 인도하는지를 먼저 보는 게 중요합니다. 즉 하고 싶은 일의 형태나 명분보다 하나님이 우리에게 경건한 연습을 시키고 하나님의 사람으로 증언하도록 훈련할 수 있는 실습 환경과 현장을 결정하더라는 사실입니다. 그래서 여기에 대한 가장 대표적 예가 아브라함의 생애입니다. 창세기 12:1-3절을 보겠습니다.

> 여호와께서 아브람에게 이르시되 '너는 너의 고향과 친척과 아버지의 집을 떠나 내가 네게 보여줄 땅으로 가라. 내가 너로 큰 민족을 이루고 네게 복을 주어 네 이름을 창대하게 하리니 너는 복이 될지라. 너를 축복하는 자에게는 내가 복을 내리고, 너를 저주하는 자에게는 내가 저주하리니 땅의 모든 족속이 너로 말미암아 복을 얻을 것이라' 하신지라.

우리가 생각하는 제자훈련을 이 말씀에 적용해보면, 아브라함이 가나안 땅을 다니면서 매일 전도지를 돌리고 전도 집회를 해야 할 것입니다. 웃기는 상황 아닙니까? 이 말씀은 하나님이 아브라함 편이기에 아브라함에게 밉보이면 하나님께 밉보이고, 아브라함에게 잘하면 하나님께 잘하는 거라는 뜻이 아닙니다.

왜 아브라함이 복의 근원입니까? 그가 믿음의 조상이고, 그의 후손으로 그리스도께서 나실 것이기 때문이라는 신학적 이유만 있는 것이 아닙니다. 다른 중요한 부분은 아브라함이 하나님을 의지하여 사는 생애를 보고, 다른 사람들이 하나님을 발견할 기회를 주기 때문입니다. 그래서 아브라함은 복의 근원입니다. 아브라함을 축복한다는 것은 '너를 지키시는 하나님은 정말 놀라운 분이구나. 나도 그 하나님의 보호하심 속에 있기를 원한다'는 뜻이 되는 겁니다. 아브라함을 보고 저주한다는 것은 '너는 네 한 몸 건사하고 네 뜻대로 살기도 바쁜데 무슨 하나님을 섬긴다고 그 고생을 하느냐?'고 하며 자신의 생애 가운데서 하나님을 못 보고 저주하는 것입니다. 결국 아브라함의 생애를 통해 하나님이 나타나시는 겁니다. 그 일이 아브라함에게 숙제로 주어진 것입니다. 그게 어디서 나타날까요? 아브라함이 "나는 하나님을 믿는 사람이니 너희도 이 하나님을 믿으라"고 선포하고 다녀야 나타나는 것입니까? 아닙니다. 그냥 아브라함이 묵묵히 하나님의 뜻을 따라 여기저기 다니고 양 치며 산 그 모습, 그 평범한 삶의 현장 속에서 하나님이 나타나십니다.

하나님은 평범한 삶을 사는 아브라함을 통해 자신의 뜻을 보이십니다. 아브라함이 하나님을 믿는 사람으로서, 하나님이 그를 어떻게 지키시는지, 그가 하나님께 어떻게 복종하는지가 증거되는 것으로 아브라함의 사명을 다하는 것입니다. 그것으로 아브라함을 축복하는 자가 복을 받고, 그를 저주하는 자가 저주를 받습니다. 다시 말해 아브라함에게 주어진 인생과 그에게 허락된 땅, 바로 그 시간과 공간을 통해 하나님이 누구신지, 하나님을 어떻게 섬기는지를 증언하는 것입니다.

아브라함이 나가서 전도를 해서가 아닙니다. 그는 언제나 대를 이을 아이 낳기를 고대하다 이스마엘을 낳고 하나님께 혼나고 백 살에 이삭을 낳고 죽었습니다. 특별하게 한 일이 없습니다. 그러나 아브라함의 삶 가운데 롯과 헤어지고 또 롯을 구하러 가는 과정에서 보듯이 그가 하나님만을 방패로 삼고 그분이 기뻐하시는 길을 가는 것만으로도 충분히 하나님은 모든 민족을 구하실 수 있습니다. 행위적 책임이 먼저가 아니라 존재적 책임이 먼저입니다. 그 행위는 언제나 우리의 우리 됨을 잘 나타낸 "이 같은 것을 금지할 법이 없느니라"(갈 5:23)는 말씀에서 확인할 수 있습니다. 신자가 신자답게 서 있으면 저절로 이루어집니다.

우리도 마찬가지입니다. 하나님이 우리를 예수 그리스도의 증인으로 삼으면서 우리에게 요구하는 것은 열심과 기술보다 시간과 공간입니다. 선교사로 땅끝까지 가서 가가호호 방문하여 전도지를 돌리는 것이 예수의 증인으로서의 일차 임무가 아닙니다. 여러분에게 허락된 최소한의 공간과 시간, 이것이야말로 예수의 증인 된 삶의 첫 형태라고 봐도 틀림없습니다. 아브라함과 같은 인생을 사는 것, 이웃이 여러분을 보고 축복할 것인지, 저주할 것인지 점검하는 자세가 필요합니다.

구약 성경은 땅에 대해 집중적으로 강조합니다. 신명기 28:15 이전에는 축복을 약속하고, 15절 이후에는 저주를 약속합니다. 여러분이 축복의 약속은 다 아는 것이고, 저주의 약속도 대강 아시겠지만 저주의 약속에서 맨 끝 곧 이스라엘 백성을 벌하는 것 중에 최후의 벌은 백성들이 살고 있는 땅에서 뽑아 다른 나라에 던지는 것입니다. 땅에서 뽑아 버리는 겁니다. 하나님을 의지해서 살면 그들이 사는 땅에서 잘 지내게 되어 있습니다. 그렇게 함으로써 모든 생사화복이 하나님께 있고, 복의 근원이 하나님이라는 것을 알 수 있습니다. 그러는 한 그들은 그 땅에서 제대로 살게 됩니다. 그들이 그 땅에서 사는 모습이 하나님을 증거하는 모습이기 때문입니다.

그러나 백성들이 하나님을 배반하거나 자기 마음대로 살거나 다른 우상을 섬기는데도 잘 살면 주변 사람들이 뭐라고 생각할까요? 하나님이 생사화복을 주는 분이 아니라고 생각할 뿐 아니라 섬기는 우상이 복을 줬다고 생각할 것입니다. 그래서 그때는 하나님이 자기 백성들을 치십니다. 일단 재앙을 내리십니다. 기근이 들어 흉년을 겪습니다. '하나님을 버리면 복을 받지 못한다'는 것을 알려 주십니다. 그런데도 백성들이 계속 믿지 않고 순종을 하지 않으면 적이 쳐들어옵니다. 그럼 어떤 효과가 나타날까요? '하나님이 그들을 못 살도록 한 것이 아니라 적 때문에 그들이 저 꼴이 되었다'가 됩니다. 지금 백성들에게 다가온 재앙은 하나님에 의해서, 하나님이 복 주실 능력이 없어서가 아니라 적이 그들을 압제하고 있기 때문이라는 것입니다. 그러는 동안 하나님의 사람으로 발휘해야 하는 일들은 제한을 받습니다.

그래도 백성들이 말을 안 들으면 나중에는 그 땅에서 뿌리를 뽑아 버리십니다. 이 저주가 바로 바벨론 포로에서 나타났습니다. 뽑힌다는 것은 '너희가 나의 증인으로 이제 쓸모없게 되었다'는 의미입니다. 정말 무서운 벌입니다. '너희가 내 증인으로 자격이 없다'는 뜻이니까요. 연극 무대에 올라가지 못하는 배우와 같습니다. 정말 무서운 저주입니다. 그런 면에서 유대인들에게 기업이 있다는 것이 얼마나 중요하겠습니까? 이것이 얼마나 중요한지 유대인들은 제대로 이해하지 못했습니다. 그들은 제사장 나라가 무엇인지 제대로 이해하지 못했습니다. 결국 그들의 기업은 자신들이 하나님의 사람으로 증언할 기회가 주어진 공간입니다.

오늘날 우리에게도 이 땅은 시간과 공간을 통해서 하나님의 사람인 것을 증언하는 자리입니다. 환경이고 조건입니다. 우리가 성경을 보면서 위로를 받는 인물 중에 다니엘과 바울이 있습니다.

다니엘이 사자 굴에 들어간 사건과 다니엘의 세 친구가 풀무불 가운데 떨어진 것, 사도 바울이 옥에 갇힌 것을 통해 우리가 무엇을 배워야 할까요? 전능하신 하나님과 그런 하나님을 믿는 사람들의 충성된 모습을 배워야 합니다.

그런데 여러분은 그런 충성보다 어떤 역할을 하려고 합니까? 요셉처럼 국무총리가 되어 부모 형제까지 와서 절하는 것을 좋아하지 않습니까? 종노릇이나 감옥에 갇히는 일 없이 나중에 총리 자리에 앉는 것만 달라고 하지 않나요? 어떤 과정을 거쳐서 거기까지 왔는지는 알려고 하지 않습니다. 성경이 우리에게 밝히 말하는 것은 언제나 한 알의 썩은 밀알입니다. 우리는 밀알이 되어 썩으려 않고 심지도 않습니다. 그래서 오늘날 신자의 모든 기도는 "주십시오, 주십시오"입니다. "내가 주를 위하여 이런 의욕과 열심을 갖고 있습니다"는 정당한 기도가 아닙니다. 하나님이 이미 주셨습니다. 무엇을 주셨습니까? 지지고 볶으며 사는 것을 주셨습니다. 제발 다르게 살려고 하지 마십시오.

제자훈련 마지막 부분에 가면 언급하겠습니다만, 제자훈련에서 가장 중요한 것은 작은 일에 충성하는 겁니다. 평범하게 숨겨지는 것입니다. 그래서 어떤 일을 하겠다고 정한 후에 능력과 조건을 구하는 것은 잘못 가는 길입니다. 하나님이 이미 우리에게 무엇을 주셨고, 무엇을 하라고 하셨는지를 놓치고 있는 것입니다. 성경이 우리에게 요구하는 대부분의 일은 현재 우리가 생각하는 것과 180도 다릅니다. 성경은 별 볼 일 없는 것을 묵묵히 하는 것을 가장 소중하다고 하고 우리에게 그것을 요구하고 있습니다.

사소하지만 큰일

성경이 신자에게 요구하는 신앙 핵심 단어들이 무엇입니까? 잘 생각해보십시오. 능력이 아닙니다. 충성, 인내, 온유, 겸손, 절제, 감사, 남을 나보다 낫게 여기는 것 등입니다. 이걸 안 하려고 합니다. 우리가 요구하는 것은 신앙이 아닙니다. 자존심의 만족, 우월감의 확인을 신앙이라는 이름으로 마음껏 써먹는 겁니다. 아주 잘못된 것입니다. 세상에서 덜 된 것 중에 제일 덜 된 것은 하나님께 자신을 다른 사람보다 더 높여 달라고 예수의 이름으로 기도하는 겁니다. 그것도 간절히 눈물을 흘리면서 철야 및 금식을 하면서 말이죠. 그게 될 리가 있습니까? 그 기도가 이루어질 거라 생각하십니까? 이루어지면 큰일이죠. 성도들이 왜 이단의 말에 솔깃할까요? 이단들이 약속하는 게 다 그런 겁니다. 다른 사람보다 높여 주겠다는 겁니다. 원하는 것을 제때 만들어 주겠다는 겁니다.

신앙적으로 훌륭하다는 것은 경쟁적 우위를 말하는 것이 아니라 맡은 일에 충성하는 것입니다. 저는 '맡은 일'을 삶 자체라고 생각합니다. 우리의 일상 말입니다. 신앙생활은 종교적 형태의 일을 하는 게 아니라 하나님이 우리에게 주신 일상 곧 비신자들과 똑같이 맡겨진 일반적 상황에서 신자로서 반응하고 수행하는 것입니다. 그러므로 형태의 변화가 없습니다. 똑같이 지지고 볶고 사는 겁니다. 매일 아침, 자식들이랑 싸우는 거 하는 겁니다. 천국 가서 주님이 "너는 세상에서 무엇을 하고 왔는고?"라고 물으시면 "저는 전도하고 선교하다 왔습니다"고 하는 게 아닙니다. 이런 대답을 하겠다고 준비하는 것은 잘못 가는 길입니다. "지지고 볶다 왔습니다"가 정답입니다.

요즘은 절제가 없는 시대입니다. '하고 싶은 것은 참지 말라'고 합니다. 어느 연예인이 토크쇼에 나와서 이런 얘기를 하더군요. 자기는 하기 싫은 일은 죽어도 안 하는 성질이랍니다. 무슨 대단한 의지가 있고 집념이 있는 사람처럼 얘기를 하더군요. 그런데 저는 그 말을 듣고 "너는 어디서 배웠냐, 너는 부모도 없냐?"는 말이 불쑥 나오더군요. 이 세상에 하고 싶지 않은 것이 얼마나 많습니까? 귀한 것은 다 하기 싫은 것들입니다. 공부하기 좋아하는 사람 없고, 정숙하기 좋아하는 사람 없고, 예의 지키기 좋아하는 사람 없습니다. 그런데 왜 해야 합니까? 우리가 하고 싶은 것은 대부분 못된 것이기 때문입니다. 그러니까 그걸 깨우치고 분별하고 절제해야 합니다. 누구는 상소리 할 줄 모르고 죄 지을 줄 모르나요? 그렇게 하면 결과가 어떨지 뻔히 알기 때문에 안 합니다. 그걸 참는 게 실력이죠. 맡은 일이 적고 드러나지 않는 것 때문에 흔들리시면 안 됩니다. 지지고 볶고 사는 게 큰 신앙입니다.

누가복음 16:9-12을 봅시다.

내가 너희에게 말하노니 불의의 재물로 친구를 사귀라. 그리하면 그 재물이 없어질 때에 그들이 너희를 영주할 처소로 영접하리라. 지극히 작은 것에 충성된 자는 큰 것에도 충성되고 지극히 작은 것에 불의한 자는 큰 것에도 불의하니라. 너희가 만일 불의한 재물에도 충성하지 아니하면 누가 참된 것으로 너희에게 맡기겠느냐? 너희가 만일 남의 것에 충성하지 아니하면 누가 너희의 것을 너희에게 주겠느냐?

이 말씀은 종종 오해를 일으키는데, 그 앞에 나오는 불의한 청지기 비유(1-8절) 때문입니다. 이 불의한 청지기 비유는 우리가 잘 아는 내용입니다. 이 청지기는 부잣집에서 주인의 재물을 자기가 관장을 합니다. 중간에 재물을 횡령하는 겁니다. 주인이 불의한 청지기의 일들을 알고 그를 파면시키기로 했습니다. 주인이 청지기에게 하던 일을 다음 사람에게 인수인계하라고 했습니다. 이때 이 청지기가 쫓겨나면 이제 어떻게 살 것인지를 고민했습니다. 지금까지 다른 사람에게 넘겨주어야 할 돈의 일부를 중간에서 가로채는 일로 살았는데, 여기서 나가면 살 방법이 없었기 때문입니다. 빌어먹자니 창피하고, 땅을 파자니 힘이 없더란 말입니다. 그래서 이제 자기가 할 수 있는 일은 남들에게 은혜를 입혀 놓는 거라 생각했습니다. 주인에게 1억 빚진 사람에게는 5천만 원이라고 쓰라 하고, 5천만 원 빚진 자에게는 2천만 원이라고 쓰라 했습니다. 이렇게 되면 은혜를 입은 사람들이 후에 자기에게 뭔가 갚을 것이 아니냐는 심산이었습니다. 이런 불의한 청지기의 행위를 보고 주인이 그 지혜로움을 칭찬했다는 것으로 이 말씀을 오해합니다. 여기서의 지혜는 불의한 청지기가 내일 있을 일을 오늘 준비했다는 것에 국한됩니다. 그것 외에 이 비유에서는 아무것도 도입하면 안 됩니다. '수단과 방법을 가리지 말고 목적을 성취해야 한다'는 말이 아닙니다.

그렇다면 9-12절의 이야기는 무엇일까요? "불의의 재물로 친구를 사귀라"(9절)에서 "불의의 재물"은 말 그대로 불의한 것을 말하는 것이 아닙니다. 부정한 돈이 아니고 상대적으로 영원한 것에 비해 적은 것, 비교할 수 없이 적은 것을 말합니다. 예를 들어, 이 말씀의 핵심이 천국에 가기를 준비하는 것이라면, 이 세상의 것들은 거기에 비하면 정말 사소한 것입니다. 표현이 사소하다 못해 불의한 것까지 갑니다. 왜 그럴까요? 그것은 이런 표현과 같습니다. 주를 사랑하기 위해 부모, 형제, 자매를 미워해야만 한다고 할 때, 여기서 미워한다는 것은 형제, 자매, 혈육을 실제로 미워하라는 것이 아닙니다. 혈육을 사랑하는 것은 이 세상에서 무엇과도 바꿀 수 없는 것입니다. 그러나 주를 사랑하는 것과 비교할 때는 이 혈육의 사랑은 미움이라는 표현밖에 할 수가 없다는 말입니다. 그런 의미에서 이 세상의 것은 불의한 것이 됩니다. 이 세상의 것은 지나가는 것입니다. 영원하지 않습니다. 그래서 영원한 것을 준비하라고 하는 것입니다. "불의의 재물로 친구를 사귀라"(9절)라는 말씀은 이 세상에서 주어진 것으로 영원한 것을 준비하라는 것입니다.

"지극히 작은 것에도 충성된 자"(10절)도 마찬가지입니다. 여기서 "작은 것"은 그것 자체가 작은 것이 아니라 영원한 것과 비교할 때 작은 것입니다. 대통령직이라도 그건 작은 것입니다. 아무리 많은 돈을 주무르는 세계적 경영인(CEO)이라도 영원한 것과 비교하면 작은 것이 됩니다. 그리고 그것은 남의 것입니다. 우리가 가질 수 있는 것이 아닙니다. 불의의 재물로 친구를 사귀고, 작은 것에 충성하고, 남의 것에 충성해야 합니다. 지금 맡은 그 일로 결과를 얻는 것이 아니라 어떻게 그 일을 감수하고 끌고 가느냐에 따라 우리의 점수가 주어지기 때문입니다. 그게 나를 위한 큰 복이 되는 것이요, 이를 통해 하나님이 일을 하십니다.

이 작고 불의해 보이는 남의 일, 사소하게 보이는 지지고 볶는 일을 통해 하나님은 우리를 준비시키십니다. 하나님은 우리가 요구하는 보란 듯한 큰일, 자랑스러운 일, 영광스러운 일로 내용을 담지 않으십니다. 우리가 볼 때 사소한 것에 큰일을 담으십니다. 그래서 우리는 모든 유혹을 물리치고 매일 밥하고 빨래하고 자녀와 싸우고 한숨 짓고 울고 텔레비전 보다 웃는 그런 상황에서 하나님의 사람으로 살아가는 겁니다.

행위적 차원에서 어떤 큰 업적을 쌓기 위해 싸우지 마십시오. 성경은 하나님이 우리를 쓰시는 방법이 전혀 다르다고 알려 줍니다. 우리가 무엇을 하기보다 하나님이 원하시는 무엇이어야 한다는 말입니다. 일(doing)보다는 존재(being)에 관심이 많으십니다. 하나님은 큰일보다 작은 일을 요구하시고 십자가를 지고 죽을 것을 요구하십니다. 제자훈련은 이렇게 해야 합니다. 한 알의 썩은 밀알로 끌고 가야 합니다.

마태복음 25:31-40을 보겠습니다.

인자가 자기 영광으로 모든 천사와 함께 올 때에 자기 영광의 보좌에 앉으리니, 모든 민족을 그 앞에 모으고 각각 구분하기를 목자가 양과 염소를 구분하는 것같이 하여 양은 그 오른편에, 염소는 왼편에 두리라. 그때에 임금이 그 오른편에 있는 자들에게 이르시되 '내 아버지께 복 받을 자들이여, 나아와 창세로부터 너희를 위하여 예비된 나라를 상속받으라. 내가 주릴 때에 너희가 먹을 것을 주었고, 목마를 때에 마시게 하였고, 나그네 되었을 때에 영접하였고, 헐벗었을 때에 옷을 입혔고, 병들었을 때에 돌보았고, 옥에 갇혔을 때에 와서 보았느니라'. 이에 의인들이 대답하여 이르되 '주여, 우리가 어느 때에 주께서 주리신 것을 보고 음식을 대접하였으며, 목마르신 것을 보고 마시게 하였나이까? 어느 때에 나그네 되신 것을 보고 영접하였으며, 헐벗으신 것을 보고 옷 입혔나이까? 어느 때에 병드신 것이나 옥에 갇히신 것을 보고 가서 뵈었나이까?' 하니, 임금이 대답하여 이르시되 '내가 진실로 너희에게 이르노니 너희가 여기 내 형제 중에 지극히 작은 자 하나에게 한 것이니 곧 내게 한 것이니라' 하시고.

참 무서운 말씀입니다. 이 말씀과 마태복음 7:22-23을 비교해보십시오.

그날에 많은 사람이 나더러 이르되 '주여, 주여, 우리가 주의 이름으로 선지자 노릇 하며, 주의 이름으로 귀신을 쫓아내며, 주의 이름으로 많은 권능을 행하지 아니하였나이까?' 하리니 그때에 내가 그들에게 밝히 말하되 '내가 너희를 도무지 알지 못하니 불법을 행하는 자들아, 내게서 떠나가라' 하리라.

얼마나 무서운 대조입니까? 목사들이 성도들에게 이런 것은 안 가르쳐 주고 "할 수 있거든이 무슨 말이냐. 믿는 자에게는 능히 하지 못할 일이 없느니라"(막 9:23)만 가르칩니다. 물론 이 말씀도 주님이 하셨습니다. 그러나 이런 말씀만 가르쳐서 성도들의 간덩이만 부풀려 났습니다. 그래서 욕심을 기독교적 용어와 접목해서 목사에게 잘 보여서 안수나 축복 기도를 받아 자기 욕심을 채우는 것이 신앙의 자랑인 줄 알고 있습니다. 목사들의 가르침에 대해 문제를 말하는 게 아니라 그것 때문에 피해가 아주 커서 그렇습니다. 모든 신자가 복 받기 원하는 것은 그것이 신앙적 일에 있어서 가장 앞선다고 생각하기 때문입니다. 그저 하나님께 잘 보이고 칭찬받는 길이라고 생각하기 때문입니다. 좀 무던하게, 숨어서 자기 맡은 일 하나로 쩔쩔매는 것, 그게 큰일인 줄을 모릅니다. "주여, 우리가 주의 이름으로 선지자 노릇 하며, 주의 이름으로 귀신을 쫓아내며, 주의 이름으로 많은 권능을 행하지 아니하였나이까?" 이에 주님이 뭐라 말씀하셨다고요? "내가 너희를 도무지 알지 못[한다]"고 하셨습니다. 이 얼마나 심각한 말인가요?

그러나 우리는 그런 것만이 최고로 신앙생활을 하는 거라고 생각합니다. 그렇지 않습니다. 여러분, 나이가 들면 벌써 아버지 어머니 같은 표정이 나타나야 합니다. 적은 월급을 받아 그걸 쪼개써서 살아오느라고 고생한 표가 얼굴에 나타나야 합니다. 제가 왜 이런 말을 하냐면, 교회 안에서 누가 멋있게 하고 와서 대접을 받으면 다른 성도가 금방 시험에 들어서 그렇습니다. 그렇게 되면 모두 멋있게 입지 못한 걸 부끄러워하기 시작합니다. 멋있게 입는 걸 욕심내기 시작하고, 똑똑한 척하려고 합니다. 그래서 목사의 위치가 중요합니다. 하나님이 무엇을 좋아하시는지를 분명히 하고 가르쳐야 합니다.

예쁘고 똑똑한 것은 신앙과 아무 상관 없습니다. 똑똑한 건 똑똑한 거고 예쁜 건 그냥 예쁜 겁니다. 소 닭 보듯 해야 합니다. 우리는 신앙이 좋아지자고 모인 겁니다. 예쁘면 그걸로 끝입니다. 똑똑한 것도 그걸로 끝입니다. 신앙이 좋은 것은 다른 문제입니다.

제자훈련도 너무 잘난 척을 합니다. 보이기 위한 잘난 척이 아니라 각자 '이것이 하나님이 원하는 것이다'라고 생각하고 훈련하고 있습니다. 훈련하는 사람은 실감 나실 겁니다. 일하는 기분은 나기 때문입니다. 그런데 하나님은 사소한 것을 하라고 하십니다. 그러니 어렵죠.

우리 신앙의 약점은 너무 큰일과 원대한 목표 때문에 해야 할 작은 일들을 교회에서 놓친 것입니다. 이런 말을 해서 죄송하지만 우리나라 목사들은 1년 동안 집회가 얼마나 많은가, 방송 설교에 몇 번 나갔나가 자랑입니다. 1월 첫 주부터 12월 마지막 주까지 쉬는 주가 없습니다. 그게 왜 자랑인 줄 모르겠습니다. 마치 국가와 전 세계를 위해 뛰는 한 나라의 원수나 국가 대표 선수 같습니다. 그러니 자신의 발뒤꿈치를 잡지 못하게 하는 거 아닙니까? 사소한 것을 못하면 큰 것도 못합니다.

왜 이렇게 되었을까요? 존재 위주가 아니라 업적 위주이기 때문입니다. 존재 위주라면 크냐 작으냐 유명하냐 유명하지 않냐가 문제되지 않습니다. 업적 위주이면 작은 일을 하는 사람은 취급도 하지 않습니다. 경쟁적이죠. 다 나서서 선지자 노릇 하고 귀신을 쫓아내고 많은 권능을 행했다고 자랑해야 할 거 아닙니까? 그러다 주님이 "난 너희를 모른다"고 하시면 그땐 얼마나 황당하겠습니까? 유명하다는 것은 아무런 자랑이 못 됩니다. 얼마나 고달픈지 모릅니다. 이런 나쁜 흐름이 제자훈련에 녹아 있다는 게 걱정스럽습니다.

이런 문제는 우리 신앙이 어떤 의미에서 논리정연하지 않기 때문에 생깁니다. 문제마다 다 다릅니다. 한국 교계는 믿음의 역사가 일천합니다. 이제 이런 문제들을 엮어서 일관된 작업을 하고 이를 제대로 이해하고 실천해야 하는 싸움들이 우리 앞에 있습니다. 우리는 훌륭해지려고 해서 될 문제가 아니라는 것을 알아야 합니다. 예수의 증인이 되는 일은 우리 삶을 통해서, 우리 삶의 현장에서 나타나야 합니다. 그런 일은 훌륭하지 않고 겉으로 보기에 평범한 싸움입니다. 살다가 보면 여러 훌륭한 사람을 만나는데 그 사람들이 공통적으로 가진 약점이 있습니다. 주변 사람들이 싫어합니다. 그의 곁에 있지 않은 사람들은 훌륭하다고 하는데, 같이 있는 사람들이 이를 가는 경우가 있습니다. 이건 아닙니다. 내 이웃에게 항복을 받아내지 못한 훌륭함은 없습니다.

그렇다고 여러분에게 평범해서 못나거나 게으르라고 하는 것은 아닙니다. 충성해야 합니다. 한 알의 밀알로 썩는 싸움입니다. 여러분은 평범하게 충성되고 진실해야 합니다. 그리고 여러분이 가진 모든 것을 남김없이 드리기 위해 열심히 살아야 합니다. 성경에는 "열심을 품고 주를 섬기라"(롬 12:11)든가 "네 마음을 다하고 목숨을 다하고 뜻을 다하고 힘을 다하여 주 너의 하나님을 사랑하라"(막 12:30)는 표현이 나옵니다. 그것이 평범하고 감추어졌다는 것 때문에 여러분이 힘을 덜 내서는 안 됩니다. 내일 전쟁이 난다면 우리가 무엇을 해야 합니까? 각자 해야 할 일을 해야 합니다. 내일 주님이 오신다면 어떻게 하시겠습니까? 오늘까지 각자 할 일을 하셔야 합니다. 주님이 언제 오신다고 해서 오늘의 우리 삶을 팽개치고 모이는 것은 하나님이 원치 않으십니다. 하나님은 그것을 의도한 것이 아니시기 때문에 오실 날을 가르쳐 주지 않으신 것입니다. 주님이 한 시간 후에 오신다고 할지라도 지금 맡은 일을 하는 것이 하나님이 우리에게 요구하시는 신앙생활입니다.

어떤 의미에서 제자훈련의 핵심 혹은 신자의 최고 훈련은 '분별과 절제'일 것입니다. 분별은 내가 맡은 작은 일에 어떻게 죄의 유혹과 거룩한 싸움이 충돌하는지를 보는 것입니다. 아무것도 아닌 일이 충돌하면 분별하기가 쉽지 않습니다. 그것이 종교적 형태를 취하고 반대하는 형태를 취하면 쉬운데 그렇지 않을 때에는 어느 쪽으로 갈 것이며, 어떻게 할 것인지 결정을 내리는 '분별'이야말로 신자들에게 있어서 제일 필요합니다.

절제는 우리가 맡은 일을 감수할 때, 구습을 쫓는 유혹에서 벗어나거나 자신이 바보가 아니라는 것을 자랑하고 확인하고 싶은 마음 곧 하나님의 사람인 것을 좀 더 빨리 증명하기를 원하는 조바심을 이겨 내는 것입니다. 이 믿음이야말로 제자훈련에서 가장 필요한 것이라 생각합니다.

그래서 '예수의 증인으로 산다'는 문제가 우리에게 이미 주어진 것임을 잊지 마시고 여러분이 처한 형편, 가정, 이웃 등을 소중한 사명으로 알고 거기서 하나님의 사람으로 충성하고 감사하는 그 복된 인생을 걸으시기를 바랍니다. 그것이 바로 아브라함의 가정이 되는 것입니다.

6장

성도의 삶과 훈련

그러므로 형제들아, 내가 하나님의 모든 자비하심으로 너희를 권하노니 너희 몸을 하나님이 기뻐하시는 거룩한 산 제물로 드리라. 이는 너희가 드릴 영적 예배니라. 너희는 이 세대를 본받지 말고 오직 마음을 새롭게 함으로 변화를 받아 하나님의 선하시고 기뻐하시고 온전하신 뜻이 무엇인지 분별하도록 하라.   롬 12:1-2

새 생명을 가진 자요, 하나님을 아는 자요, 하나님이 기뻐하시는 대로 인도함을 받는 자로서 달라진 모습을 삶의 현장에서 증거하는 것이 제자 된 책임이라고 앞에서 확인했습니다. 말하자면 "모든 민족을 제자로 삼아……내가 너희에게 분부한 모든 것을 가르쳐 지키게 하라"(마 28:19-20)는 말씀에서 '가르친다'는 말 때문에 제자훈련을 무슨 특수 분야 교육을 받는다거나 지식을 전수하는 기술 같은 것으로 생각하면 안 됩니다. 제자훈련은 전인격적인 존재와 삶으로 증거하는 신자의 책임이 나타나는 제자도요, 이 책임을 훈련하는 것입니다.

신앙상의 오해들

제자훈련은 특별한 기능을 극대화하는 싸움이 아닙니다. 인격과 영혼이 변화되어 새 사람이 된 우리가 당연히 그 변화를 증거해야 합니다. 여기서 '당연히'가 중요합니다. '당연하다'는 의미는 '보편적'이라는 의미입니다. 신자 된 자에게는 제자로서의 증언이나 역할이 특수 계층에만 있는 희소한 것이 아니라 모두에게 있는 당연한 것이란 뜻입니다. 여러분은 '과연 그럴까?'라고 생각할지 모릅니다. 오늘날 대부분 교회들이 이런 특수 기능을 훈련하는 것으로 제자훈련을 사용하기 때문입니다. 물론 이것도 제자훈련의 한 부분일 수 있습니다. 다만 저는 제자훈련이 한두 가지 특수한 기능만이 아닌 전인적 책임을 요구한다고 답을 드릴 수 있습니다.

서신서 곧 교회에 쓴 편지들을 보면, 뜻밖에도 '전도하라'는 내용이 거의 없습니다. 단 디모데후서 4:2에서 사도 바울이 디모데에게 전하는 유언으로 "너는 말씀을 전파하라"고 나옵니다. 교회에 쓴 서신들에서 전도에 대해 꼭 집어 소개하는 부분은 찾아볼 수 없습니다. 오히려 하나님의 자녀 된 성도들에게 요구하는 신앙의 핵심은 '인내'와 '복종'이라는 것을 성경에서 확인할 수 있습니다.

이제 우리가 살펴보겠지만, '참으라' '견디라' '믿음으로 승리하라' 또는 '서로 복종하고 겸손하라'는 말을 반복적으로 언급하는 이유는 이런 말들이 어떤 특별한 일에 관한 싸움이 아니기 때문입니다. 오히려 우리가 처한 환경에 순응하고 그 자리에서 우리의 믿음을 지켜 내는 싸움인 것을 이미 내포하고 있습니다.

우리가 적극적으로 해야 하는 어떤 사역이나 사업이 아니라 모든 신자에게 맡겨진 소극적이고 부정적인 일들이 담겨 있습니다. 우리가 어떤 일을 하겠다는 의지나 목표를 내세우는 것이 아니라 주어진 환경과 조건 속에서 신자 된 존재 자체를 지키는 것입니다. 이것이 인내와 복종이라는 말 속에 특징적으로 나타납니다.

성도들에게 요구되는 인내와 복종은 주를 위한 적극적 헌신과 열심으로 비약하지 않습니다. 그런 것은 제자도가 아닙니다. 제자도는 뛰쳐나가는 것이 아니라 있는 자리에서 하는 것입니다. '있는 자리'란 주를 향한 우리의 헌신이 적극적으로 특별하게 나타나는 곳도 아니고, 그러한 특별한 일을 선택하는 자리도 아니며, 평범한 신자들이 비신자들과 똑같은 조건과 환경 속에서 신자로 반응하는 곳을 말합니다. 죄와의 타협을 거부하고 유혹을 외면하는 식으로 되어 있지, 뛰쳐나가서 죄와 유혹을 다 쳐부수는 게 아닙니다.

우리는 신앙생활을 열심히 한다고 하면, 어느 정도 뛰쳐나가는 것으로 생각합니다. 그렇지 않습니다. 좋은 신앙이란 내 자리를 든든히 지키는 것입니다. 어떤 기분이냐면 흘러내리는 물을 막으려고 큰 돌을 하나 갖다놓는 것 같습니다. 큰 돌이 있어야 그 사이에 작은 돌이 있을 수 있습니다. 작은 돌은 큰 돌에 의지해서 자기 자리를 지켜야 물을 막을 수 있습니다. 그런데 우리는 이 물줄기를 믿음으로 삼아 하늘로 올라가는 로켓처럼 되기를 원합니다.

골로새서 1:9-12을 봅시다.

이로써 우리도 듣던 날부터 너희를 위하여 기도하기를 그치지 아니하고 구하노니, 너희로 하여금 모든 신령한 지혜와 총명에 하나님의 뜻을 아는 것으로 채우게 하시고, 주께 합당하게 행하여 범사에 기쁘시게 하고, 모든 선한 일에 열매를 맺게 하시며, 하나님을 아는 것에 자라게 하시고, 그의 영광의 힘을 따라 모든 능력으로 능하게 하시며, 기쁨으로 모든 견딤과 오래 참음에 이르게 하시고, 우리로 하여금 빛 가운데서 성도의 기업의 부분을 얻기에 합당하게 하신 아버지께 감사하게 하시기를 원하노라.

이 말씀은 골로새 교회의 교인들을 위한 기도입니다. 9-10절에 있는 바와 같이 "신령한 지혜와 총명에 하나님의 뜻을 아는 것으로 채우게 하시고, 주께 합당히 행하여 범사에 기쁘시게 하고" 그래서 "하나님을 아는 것에 자라게 하시고, 그의 영광의 힘을 따라 모든 능력으로 능하게" 하여 어디로 가는지 보십시오. "기쁨으로 모든 견딤과 오래 참음에 이르게"(11절) 하십니다. 이상하지 않습니까? 오늘날 우리는 믿음이 분명하고 충만하면 거칠 것이 없다고 생각합니다. 그러나 이는 큰 오해입니다.

이런 오해를 하는 대표적 두 단체가 있었습니다. ○○○ 아카데미, ○○ 선교회입니다. 이들은 온전한 믿음을 가지면 실패나 부족함이 없다고 합니다. 한쪽은 병으로 갔고, 한쪽은 실패로 갔지만 둘 다 근본 사상은 같습니다. 무슨 말이냐면, 한쪽은 우리가 온전한 믿음을 갖고 있으면 병에 걸리지 않는다고 하고, 다른 한쪽은 우리가 온전한 믿음을 가지고 있으면 실패할 수 없다고 주장한 것입니다. 양쪽 다 신앙을 근본적으로 오해했습니다. 결국 이들의 말에 의하면 우리가 병들고 실패하는 이유는 주님을 온전히 모시지 못한 연약한 믿음 때문입니다.

예수께서 40일 금식을 하실 때, 맨 처음 사탄이 찾아옵니다. 우리는 믿음을 가지면 하나님이 특별한 능력을 주셔서 모든 악을 제거하고 계속 승리하게 하실 것이라 생각합니다. 그러나 예수께서는 그렇지 않으셨습니다. 하나님이 우리에게 주시려는 것은 그런 승승장구가 아니라 십자가입니다. 주님은 우리에게 오셔서 온전히 십자가를 지게 하십니다. 그런데 우리는 견딜 필요가 없게 해 달라고 합니다. 다시 말해, 겸손할 필요와 십자가를 질 필요가 없게 해달라고 합니다. 그러나 말씀은 "아무든지 나를 따라오려거든 자기를 부인하고 날마다 제 십자가를 지고"(눅 9:23)입니다. "그리스도의 남은 고난을 그의 몸 된 교회를 위하여 내 육체에 채우노라"(골 1:24)고 합니다. 우리가 온전한 믿음으로 주를 모시고 우리 안에서 주의 힘이 발하면, 주께서는 우리에게 십자가를 지는 일을 계속하라고 하십니다. 십자가란 용서하는 것이고 기다리는 것입니다. 상대방이 회개할 때까지 기다리는 겁니다. 그런데 우리는 온전한 믿음을 가지면 실패와 실수가 없을 거라고 기대합니다. 여기에 큰 오해가 있습니다.

인생살이가 고달프면 우리는 다 믿음이 나빠서 고달프다고 생각합니다. 그렇지 않습니다. 하나님은 골로새 교인들이 "모든 신령한 지혜와 총명에 하나님의 뜻을 아는 것으로 채우게 하시고, 주께 합당하게 행하여 범사에 기쁘시게 하고, 모든 선한 일에 열매를 맺게 하시며, 하나님을 아는 것에 자라게 하시고, 그의 영광의 힘을 따라 모든 능력으로 능하게"(9-11절) 되기를 원하십니다. 그래서 "기쁨으로 모든 견딤과 오래 참음에 이르게"(11절) 하십니다. 모든 견딤과 오래 참음은 원하는 결과가 아직 이루어지지 않아서 나타나는 갈등과 어려움을 믿음으로 견디는 것입니다.

우리는 '신앙이 좋다'는 것을 많이 오해하고 있습니다. 우리나라 사람들이 갖고 있는 완전주의적 이상주의 때문에 신앙의 핵심을 계속 오해하는 것이 아닌가 싶습니다. 우리가 예수 그리스도의 증인으로 이 땅을 살아갈 때, 하나님의 사람으로 영웅적 삶을 사는 것이 아니라 주어진 삶 속에서 수동적이고 소극적 전투를 하며 산다는 것을 잊지 않아야 합니다. 침체하고 숨고 도망가는 식의 소극성을 말하는 것은 아닙니다. 자신이 주를 위해 무엇을 해야 하는지가 아니라 주께서 나에게 무엇을 요구하시는지를 듣는 입장에서 소극적이라는 의미입니다.

고린도전서 15:57-58을 보십시다.

> 우리 주 예수 그리스도로 말미암아 우리에게 승리를 주시는 하나님께 감사하노니, 그러므로 내 사랑하는 형제들아, 견실하며 흔들리지 말고 항상 주의 일에 더욱 힘쓰는 자들이 되라. 이는 너희 수고가 주 안에서 헛되지 않은 줄 앎이라.

이 말씀은 "보라, 내가 너희에게 비밀을 말하노니, 우리가 다 잠잘 것이 아니요 마지막 나팔에 순식간에 홀연히 다 변화되리니"(51절)라고 시작하는 부활에 관한 말씀 속에 나오는 것입니다. '우리는 죽지 않는다'는 약속을 받았으나 실제로 우리는 죽습니다. 우리는 이 세상과 이별해야 합니다. 그러나 이 이별은 하나님과의 관계가 단절되거나 영원히 사라지는 죽음은 아닙니다. 성경은 "예수 안에서 자는 자들"(살전 4:14)이라고 되어 있습니다. 언제까지요? 주님이 다시 오시는 그날까지입니다. 먼저 죽은 성도들의 영혼은 주님 앞에 가지만 몸은 이 땅에 묻혀 분리된 상태로 있다가 주님이 다시 오시는 그날에 성도의 육체가 부활합니다. 변화된 몸 곧 새 몸으로 부활하여 영원한 처소에 들어갈 것입니다.

이 이야기에서는 우리가 성도라 할지라도 결국 이 세상을 떠날 때는 죽는다는 걸 알려줍니다. 아주 잘 믿고 하나님의 기뻐하심을 입은 사람도 하나님께 갈 때는 실패자의 모습으로 갑니다. 성도가 신앙생활을 잘해서 하나님께 인정받았다면, 죽을 때라도 천군 천사를 대동한 불병거는 아니더라도 중형 세단 자동차라도 보내 주실 수 있잖아요? 아니 소형차라도 좋습니다. 그런데 그렇지 않습니다. 악인들의 마지막 모습과 똑같이 세상을 떠납니다. 믿음의 거장들도 악인들과 똑같은 모습으로 죽었습니다. 하나도 더 낫지 않았습니다. 죽을 때 '얼굴이 평안했다'는 것은 친인척 관계에서만 그렇게 보이지 다른 사람들은 그렇게 보이지 않습니다. 죽는 것은 다 처참합니다. 그리고 맥없이 정말 허무하게 죽습니다.

우리의 운명과 결국이 우리의 손에 달려 있지 않다는 것을 죽음만큼 강조한 것이 없습니다. 그러나 우리는 죽으면 끝이 아닙니다. 나중에 우리는 변화된 몸으로 일어납니다. 그 변화된 몸으로 일어나기 위해 우리는 죽어서 아무것도 모르는 상태에 있습니다. 나중에 주께서 나팔소리와 함께 오셔서 우리를 불러일으키실 때, 우리를 홀연히 변화시켜 일으키십니다. 예수께서 다시 오시는 날에 나팔소리가 들려서 자고 있다가 깨어나는 것이 아닙니다. 시체는 들을 수가 없습니다. 죽은 자는 귀가 있어도 들을 수가 없습니다. 하나님이 일으키시는 겁니다. 우리를 사망에서 일으키는 일은 주님이 하시는 일입니다.

고린도전서 15:57-58을 인용한 이유는, 우리 성도의 인생은 하나님이 이 세상 역사를 끝내고 영원한 나라를 시작하시기 전까지는 우리에게 완성된 모습을 안 주기로 하셨기 때문입니다. 여러 이유가 있습니다만 특별히 구원을 위해서는 더욱 그렇습니다. 그래서 세상에서 우리는 언제나 실패자의 모습이고 숨겨진 모습입니다. 사도 바울도 우리에게 죽는 것으로 끝이 아니라고 당부합니다.

죽는 게 실패가 아니랍니다. 마지막 나팔소리에 우리가 홀연히 다 변한다고 했습니다. 하나님이 승리를 영원한 영광의 보상으로 주신답니다. "우리 주 예수 그리스도로 말미암아 우리에게 승리를 주시는 하나님"(57절)이십니다. 우리가 사망을 이기는 것이 아닙니다. 우리가 혼자 부활하는 것도 아닙니다. 하나님이 그리스도 예수 안에서 우리를 부활시키고 변화시킬 것입니다. 그런 다음, "내 사랑하는 형제들아, 견실하며 흔들리지 말고 항상 주의 일에 더욱 힘쓰는 자들이 되라. 이는 너희 수고가 주 안에서 헛되지 않은 줄 앎이라"(58절)가 나오는 것입니다.

이 말씀(고전 15:57-58)을 앞에 나온 논리와 연결해보면, 우리가 행한 모든 믿음의 행위 그 자체로 볼 때, 끝까지 실패하고 헛된 것으로 보일 수 있습니다. 특별해 보이지 않습니다. 마치 성도들이 죽을 때도 비신자들이 죽는 것과 똑같이 작별하는 것처럼, 믿음을 가지고 신앙생활을 승리한 사람들의 모습이 성공한 것인지 실패한 것인지 구별할 수 없습니다. 그러나 주님이 다시 오시는 날 나팔소리와 함께 모든 성도가 새로운 몸으로 부활할 것을 알려 줍니다. 우리가 그 결과를 못 보더라도 성도들은 죽음으로 끝나지 않고 그 수고는 헛되지 않습니다.

그래서 성도의 신앙생활은 겉으로 볼 때는 어떤 덤이나 독특한 특혜를 받고 있지 않습니다. 영웅적이거나 모든 사람이 놀랄 만큼 각광을 받지 못하는 것이 대부분입니다. 이 부분이 대단히 중요합니다. 우리는 신앙생활에서 자신이 헌신과 희생을 했고 열심을 냈기 때문에 그만큼 자신이 부각되거나 효과가 있어야 한다고 생각합니다. 이건 뭘 몰라도 한참 모르는 겁니다. 여러분, 처음 곡식을 심을 때 어떻게 합니까? 쌀이든 보리든 지금 당장 먹을 수 있는 것을 심습니다. 가을에 추수할 것을 기대하고 심습니다. 그러다 농부가 곡식을 심고 죽으면 있던 것을 버리고 죽은 건가요? 싹이 나는 거라도 봐야 하나요? 아닙니다. 할 게 없습니다. 나중에 추수하는 사람이 그 결과를 보는 겁니다. 이렇듯 우리가 맡은 일이 무엇일지는 모릅니다. 대부분 성도들이 하는 일반적이고 보편적인 신앙생활은 씨를 뿌리는 것 같고 김을 매는 것 같습니다. 그래도 낙심하지 말아야 합니다. "이는 너희 수고가 주 안에서 헛되지 않은 줄 앎이라"(58절)입니다.

갈라디아서 6:6-9에서도 확인할 수 있습니다.

> 가르침을 받는 자는 말씀을 가르치는 자와 모든 좋은 것을 함께하라. 스스로 속이지 말라. 하나님은 업신여김을 받지 아니하시나니 사람이 무엇으로 심든지 그대로 거두리라. 자기의 육체를 위하여 심는 자는 육체로부터 썩어질 것을 거두고, 성령을 위하여 심는 자는 성령으로부터 영생을 거두리라. 우리가 선을 행하되 낙심하지 말지니 포기하지 아니하면 때가 이르매 거두리라.

이 말씀은 심는대로 거둔다는 의미입니다. 육체의 것을 거두고 싶으면 육체를 심으면 됩니다. 여러분이 기도만 해서는 자녀가 공부를 잘하지 않습니다. 기도는 공부 잘하는 데 아무 도움이 되지 않습니다. 여러분의 자녀를 공부 잘하게 하려면 혼을 내서라도 매일 붙잡아 앉혀서 가르쳐야 합니다. 그게 심는 겁니다. 여러분이 자녀를 위해 기도를 하면, 그 애가 공부를 못해서 영어과를 못 가고 러

시아어과를 가도 그 애가 졸업할 때쯤 되면 러시아어가 쓸모 있게 되는 일은 생깁니다. 하나님이 그 인생을 지키시고 헛되지 않게 하십니다. 하나님이 여러분의 자녀를 외면하는 일은 없습니다. 그러나 "기도를 했더니 수석으로 합격했다"는 없습니다. 그건 기도해서가 아니고 그냥 공부 잘해서 수석을 한 겁니다. 그런데 우리는 신령한 것을 심으면 육체의 것은 보너스로 줘야 한다고 생각합니다. 이런 오해 때문에 자신이 잘했을 때 물리적인 보상이 없는 것을 못 견디는 것입니다.

그러나 갈라디아서 6:9에 있는 바와 같이 "선을 행하되 낙심하지 말지니 포기하지 말[아야]" 합니다. 왜 낙심합니까? 표가 나지 않아 그렇습니다. 부디 이것을 잊지 마십시오. 때가 이르면 거둘 겁니다. 그런데 누가 거둘지는 모를 수 있습니다. 자기가 심고 자기가 거둘 수 있는 간단한 일이 있는 반면에 내가 심었지만 다른 사람이 거두는 일도 많습니다. 그래서 10절에 "그러므로 우리는 기회 있는 대로 모든 이에게 착한 일을 하되 더욱 믿음의 가정들에게 할지니라"고 했습니다.

왜 "가르침을 받는 자는 말씀을 가르치는 자와 모든 좋은 것을 함께하라"(6절)고 하셨을까요? 이 선하고 거룩하고 신령한 일을 하는 자들 곧 이를 심는 자들이 고단하기 때문입니다. 서로 위로해줄 필요가 있습니다. 아시겠습니까? 서로 위로해주십시오. 가끔 주일 예배를 마치고 나가서 있으면 누군가 와서 "목사님, 오늘 은혜 받았습니다"하고 인사하는 분이 있습니다. 그러면 꼭 이런 말로 초 치는 분이 있습니다. "그러지 마, 목사님 교만해지셔!" 이런 말은 하지 않았으면 좋겠습니다. 사람마다 기질이 낙관적인 사람이 있고 비관적인 사람이 있습니다. 저는 의외로 비관적인 사람입니다. 그래서 설교를 하고 나면 늘 주눅이 들어 있습니다. 그러니 설교를 들으신 분이 "잘했습니다"라고 해주셔야 조금 위안이 됩니다. 그런데 저 같은 사람에게 "그것도 설교라고 해요?"라고 그러면 그냥 그다음 주에 안 나올지도 모릅니다. 우리는 누군가에게 잘했다는 말을 건네는 것에 인색합니다. 잘했다는 말을 할 줄 알아야 합니다. 진심으로 위로하고 편을 들어줄 줄 알아야 합니다. 또한 이렇게 하는 것이 우리의 큰 책임입니다. 왜일까요? 우리가 하나님의 자녀로서 또는 예수의 증인과 제자로서 사는 것이 정말 고단하기 때문입니다. 또한 이 세상에서 보상이 없기 때문입니다.

이 같은 내용은 우리 믿음 전체에서 나타나는 문제입니다. 물론 제자훈련에서도 대표적으로 나타나는 문제입니다. 훈련을 받아 무시당하지 않겠다는 의지가 강하게 나타납니다. 그렇지 않습니다. 우리는 깔보이는 존재입니다. 주님이 이렇게 예언하셨습니다. "세상이 너희를 미워하면 너희보다 먼저 나를 미워한 줄을 알라"(요 15:18). 제자가 스승만 못한 것은 당연합니다. 세상이 스승인 주님도 미워했는데, 우리라고 괜찮겠습니까? 그런데 어떻게 모욕과 오해를 안 받고 실패 없이 지내려고 합니까? 도대체 제자훈련을 하는 이유가 뭡니까? 실력을 닦아서 실패와 자존심 상하는 일을 겪지 않겠다는 건가요? 성경이 우리에게 싸움에서 질 것과 고난을 받는 것을 요구하고 있습니다. 그런데 왜 부득부득 그러지 않겠다고 하는지 이해할 수 없습니다.

요한계시록 2장과 3장에는 일곱 교회에 보내는 편지가 나오는데 대단히 재미있습니다. 예를 들어, 요한계시록 2:1에서 에베소

교회가 첫 번째로 등장합니다. 7절을 보면 "귀 있는 자는 성령이 교회들에게 하시는 말씀을 들을지어다"라고 하고서 그다음에 뭐라고 했습니까? "이기는 그에게는"이라고 합니다. 일곱 교회들에게 전할 때마다 "이기는 그에게는" 혹은 "이기는 자는"이라는 말을 계속 반복합니다. 다시 말해, 이기기가 힘든 싸움을 맡기고 있다는 소리입니다. 이기는 싸움을 해서 보상이 있다면 누가 안 하겠습니까? 서머나 교회에 보낸 말씀 끝에도 "이기는 자는 둘째 사망의 해를 받지 아니하리라"(11절)고 되어 있습니다. 버가모 교회에 보낸 말씀 끝에도 "이기는 그에게는 내가 감추었던 만나를 주고 또 흰 돌을 줄 터"(17절)라고 되어 있습니다. 26절에는 "이기는 자"를 "끝까지 내 일을 지키는 [자]"와 병행구로 설명합니다. "이기는 자와 끝까지 내 일을 지키는 그에게 만국을 다스리는 권세를 주리[라]." 사데 교회에 보낸 편지도 "이기는 자는 이와 같이 흰 옷을 입을 것이요"(계 3:5), 빌라델비아 교회에 보낸 편지도 "이기는 자는 내 하나님 성전에 기둥이 되게 하리[라]"(12절), 라오디게아 교회에도 "이기는 그에게는 내가 내 보좌에 함께 앉게 하여 주[리라]"(21절)고 합니다. 전부 이기는 자, 이기는 자, 이기는 자라고 부르는데 요한계시록 2:26에서 본 바와 같이 "이기는 자"는 "끝까지 내 일을 지키는 [자]"입니다. 세상에서 보상이 없기 때문에 이 싸움에서 이기기가 그토록 어려운 것입니다.

여기서 '이긴다'는 의미는 무슨 월드컵에서 승리하거나 전쟁에서 이기듯이 보상과 영광이 쏟아지는 일이 아닙니다. 주의 말씀을 놓지 않고, 세상의 유혹과 위협에 굴하지 않으며, 오해를 감수하고 버티는 모습을 연상시키고 있습니다. 이것이 신앙입니다. 신앙생활은 어떤 특혜를 받거나 높임을 받는 것이 아닙니다. 신앙생활을 지키는 것은 동료 신자들에게마저도 대접을 못 받는 경우가 많습니다. 그러니 세상 사람들에게는 더더욱 대접을 못 받습니다. 그럴지라도 포기하지 않고 하나님의 약속에 근거하여 지키는 것이 이기는 것입니다. 모두 물리쳐서 '더 이상 덤빌 사람 없지?'라고 하는 게 아닙니다. 아주 소극적이고 부정적인 것입니다.

결국 제자훈련이란 우리의 믿는 바와 믿음의 내용인 생명과 거룩을 보존하기 위한 싸움입니다. 한 개인으로 볼 때 믿는 자 된 것과 신앙인 됨의 싸움이요, 그 신앙의 내용인 생명과 거룩을 지키는 싸움입니다. 물론 가끔 적극적으로 확장하는 싸움일 때도 있습니다. 그러나 이 확장은 언제나 나의 승리와 그 승리의 충만함에 의한 부수적 결과로의 확장이지, 칼 들고 나가 싸워서 상대방에게 억지로 생명을 주입시키는 식의 싸움은 아닙니다.

그렇다고 해서 제자훈련을 잘못하고 있다고 시비를 거는 것은 아닙니다. 설교할 때 얼마든지 본문을 잘못 해석할 수 있습니다. 또 그 본문이 말하는 것이 아닌 내용으로 딴소리하는 설교자도 있습니다. 그러나 설교자에 대한 가장 중요한 판단 기준은 '그가 하나님 편인가, 아닌가?'입니다. 하나님 편을 들기 위해 그랬다면 하나님은 전혀 뭐라고 안 하십니다. 그런 면에서 제자훈련을 기술적 방법으로 썼다고 해서 시비를 걸고 싶은 마음은 전혀 없습니다. 제자훈련이 '옳다, 그르다'를 판단하기 전에 이 도구를 쓰는 자들이 하나님 편에서 복음을 위하여 행한 것이라면 하나님은 얼마든지 제자훈련을 기쁘게 쓰십니다. 그러나 잘못 쓰면 제대로 이해되어야 할 부분이 없어집니다. 누가 옳고 그른지의 싸움을 하려는 게 아닙니다.

신자 삶의 3대 원리

성경은 신자 삶의 3대 원리를 '믿음, 소망, 사랑'이라고 이야기합니다. 여기서 믿음이란 우리가 누구인지에 대한 것입니다. 우리는 믿음을 지키는 자로서, 우리의 우리 된 것을 지키는 것입니다. 그렇다면 소망은 무엇입니까? 우리 믿음의 궁극적 목적입니다. 동시에 소망은 이 세상에서 심판이 있는 게 아니라 영원한 나라에서 심판을 받을 것을 아는 시각이기도 합니다. 마지막으로, 사랑은 내가 가진 믿음과 목적지를 나 혼자 간직하고 나 혼자 가야 하는 것이 아니라 가능한 한 많은 사람과 함께 나누도록 요구한다는 내용입니다. 그런데 우리에게는 함께 가야 한다는 이 부분이 없습니다. 신자는 전도라는 하나의 형태적 임무를 부여받은 것이 아니라 하나님이 우리에게 사랑을 요구하기 때문에 전도를 하는 것입니다. 사랑은 혼자서 가지 않고 같이 갑니다. 나 혼자만 가고 상대방을 못 가게 하는 일은 없습니다. 모든 신자는 전도의 책임을 이런 시각에서 가져야 합니다.

이제 우리는 제자훈련이 나의 나 된 곧 '새 생명으로의 나'를 확립하는 일이라는 것과 내 믿음이 완전한 것이 아니라 완성을 향해 나아가는 과정이라는 것을 이해해야 합니다. 더불어 제자훈련은 나 혼자가 아니라 여러 사람을 함께 그 목적지까지 동반하도록 요구한다는 것을 아는 것이고, 여기에 수반하는 하나님이 특별히 일하시는 몇 가지 방법과 뜻을 아는 것입니다.

우리는 믿음과 소망과 사랑이 서로 어떤 연관성이 있고, 각각 어떻게 쓰이며, 어떤 식으로 일을 하는지에 대한 이해가 없습니다.

그냥 관념적으로 하나의 독립된 단어이며 목표처럼 생각합니다. 그렇지 않습니다. 내가 누구인지를 증명하고, 그것이 어떻게 시간 속에서 진행되어야 하는지, 그 과정이 왜 필요하며, 그 가운데 우리가 많은 사람과 어떻게 동행해야 하는지가 믿음과 소망과 사랑의 내용에 들어 있고, 이것이 제자훈련의 가장 중요한 핵심입니다.

우리 믿음의 본질은 생명과 진리라고 앞서 말씀드렸습니다. 믿음이 좋다는 것은 진리와 생명에 관한 부요함입니다. 그래서 신자의 모든 신앙 훈련은 사망에서 생명으로 옮겨진 일에 관한 것입니다. 그 옛날 사망에 있을 때에는 불순종에 자신을 드려 열매 없는 인생으로 살다가 이제는 하나님 앞에서 산 자가 되어 의의 무기로 생명에 이르는 자가 갖는 풍요로운 열매를 맺는 삶을 삽니다. 이것이 신자의 믿음이며 본질적 사명입니다. 로마서에서 이 부분을 이런 식으로 설명합니다. 로마서 6:19-23입니다.

> 너희 육신이 연약하므로 내가 사람의 예대로 말하노니, 전에 너희가 너희 지체를 부정과 불법에 내주어 불법에 이른 것같이 이제는 너희 지체를 의에게 종으로 내주어 거룩함에 이르라. 너희가 죄의 종이 되었을 때에는 의에 대하여 자유로웠느니라. 너희가 그때에는 무슨 열매를 얻었느냐? 이제는 너희가 그 일을 부끄러워하나니 이는 그 마지막이 사망임이라. 그러나 이제는 너희가 죄로부터 해방되고 하나님께 종이 되어 거룩함에 이르는 열매를 맺었나니 그 마지막은 영생이라. 죄의 삯은 사망이요, 하나님의 은사는 그리스도 예수 우리 주 안에 있는 영생이니라.

여기에 나오는 "죄의 삯은 사망이요"(23절)란 결국 죄를 짓는 것은 열매가 없다는 말입니다. 죄를 지은 것의 대가는 사망뿐입니다. 그러나 이제 예수 그리스도 안에서 거듭난 우리가 갖는 새 생명의 결과는 마땅히 맺는 열매라고 성경은 가르칩니다.

훈련의 필요성과 그 내용

제자훈련은 죄 때문에 사망에 이르는 불의의 무기인 나를 뽑아내어 하나님의 자녀로서 새 생명의 가치를 드러내는 의의 무기로 사는 싸움을 하는 것입니다. 이런 훈련이 필요한 이유는 이것이 우리의 생각과 판단으로 되는 것이 아니기 때문입니다. 우리가 죄에 빠져 죄의 종으로, 불의의 무기로 살던 일들은 우리 몸에 배어 있습니다. 이제 우리의 신분이 하나님의 자녀로 거듭나 새 생명을 갖고 있지만 아직도 이 새 생명이 열매를 맺게 하는 일에는 익숙하지 않습니다. 우리는 어린아이와 같습니다. 연습해야 합니다. 머리가 아는 것을 몸이 알고 익숙해지도록 하는 것을 훈련이라고 합니다. 테니스를 치려면 소뇌가 좋아야 합니다. 그런데 빠른 공에 대한 반사는 머리로 생각하면 이미 늦고 반사 신경이 좋아야 합니다. 머리까지 올 필요 없이 근육이 먼저 움직여야 합니다. 이런 움직임은 연습하고 연습하고 또 연습해야 얻을 수 있습니다.

로마서 12:1-2을 보면, 드디어 본격적으로 제자훈련의 내용을 살펴볼 수 있습니다.

그러므로 형제들아, 내가 하나님의 모든 자비하심으로 너희를 권하노니 너희 몸을 하나님이 기뻐하시는 거룩한 산 제물로 드리라. 이는 너희가 드릴 영적 예배니라. 너희는 이 세대를 본받지 말고 오직 마음을 새롭게 함으로 변화를 받아 하나님의 선하시고 기뻐하시고 온전하신 뜻이 무엇인지 분별하도록 하라.

2절에 나오는 모든 내용은 1절에 나오는 우리 몸을 드리는 거룩한 산 제물을 위한 필수 조건입니다. 아는 것이 중요합니다. 그러나 아는 것은 그렇게 살기 위해서 중요한 것입니다. 이 로마서 12:1-2이 중요한 것은 우리가 하나님의 자녀로 변화한 모습 곧 새 생명의 증인으로 살도록 성경이 가르치기 때문입니다.

우리는 자꾸 어떤 특수한 기능과 능력을 가지고 하나님께 특별하게 영광을 돌려 신자 된 책임을 감당하고 싶어 합니다. 그런데 성경은 그렇게 말하지 않습니다. 우리 몸으로 해야 합니다. 여기서 '몸'이라는 것은 몸뚱이를 가리킵니다. 우리 삶의 전부, 우리의 모든 행동거지, 일거수일투족, 모든 것이 하나님께 바쳐지는 것입니다. 이를 통해 하나님의 사람으로서 우리의 일을 수행해야 하는 것임을 성경은 암시하고 있습니다.

우리는 표정을 잡을 줄 알아야 합니다. 연기를 하라는 것이 아닙니다. 링컨 대통령에 대한 이런 예화가 있습니다. 링컨이 장관을 추천하라고 해서 누가 좋은 사람을 소개했다고 합니다. 그랬더니 링컨이 딱지를 놓았답니다. 얼굴이 못생겼다고 말이죠. 링컨은 자기 스스로 못생겼다고 떠들고 다닌 사람입니다. 못생긴 건 본인 책임이 아니잖아요? 그런데 링컨은 남자 나이 마흔이면 자기 얼굴에 책임을 져야 된다는 것을 말한 것입니다. 생긴 게 문제가 아니라 살아온 흔적과 인품이 그 사람의 얼굴에 남아 있어야 합니다.

교회에 나오는 사람들은 목사든 장로든 성도든 전부 표정이 나쁩니다. 표정은 많은 말을 합니다. 어디 가면 '눈총'을 쏜다고 그럽니다. 눈으로 총을 쏘는 거, 말 한마디 안 해도 벌써 한 번만 쳐다보면 압니다. 대단한 능력이지요? 얼굴 표정으로 사람을 죽입니다. 서로 따뜻하게 쳐다보고 기다려 주는 것이 없습니다. 잘못 가르치고 배웠기 때문입니다. 기능인을 만들고 능력 있는 사람은 만들었는지는 몰라도 따뜻한 사람을 만들지 못했습니다.

이제부터 살펴보려는 제자훈련은 성경이 실제로 가르치는 내용입니다. 이런 문제를 두고 성경은 훨씬 더 많은 장을 할애하고 있고 그 중요성을 강조하고 있습니다. 다시 로마서 12:1을 봅시다. "너희 몸을 하나님이 기뻐하시는 거룩한 산 제물로 드리라. 이는 너희가 드릴 영적 예배니라"고 했습니다. 몸으로 드리는 것이 영적 예배입니다. 그러기 위해서 "너희는 이 세대를 본받지 말고 오직 마음을 새롭게 함으로 변화를 받아 하나님이 선하시고 기뻐하시고 온전하신 뜻이 무엇인지 분별하도록 하라"(2절)고 합니다.

하나님이 기뻐하시는 뜻이 무엇이며, 그래서 우리가 어떻게 변해야 하는지는 3절 이하에 구체적이고 현실적으로 소개하고 있습니다. "내게 주신 은혜로 말미암아 너희 각 사람에게 말하노니 마땅히 생각할 그 이상의 생각을 품지 말고, 오직 하나님께서 각 사람에게 나누어 주신 믿음의 분량대로 지혜롭게 생각하라"고 합니다. 지금 확인하려는 것은, 우리가 생각하는 제자훈련은 특별한 임무나 두드러진 능력 같은 것인 데 비해 성경이 요구하는 제자훈련은 정말 사소하고 평범한 것들이라는 점입니다. 바로 그런 작은 일들을 통해서 우리에게 예수의 증인 노릇을 하라고 분명히 이야기하고 있습니다.

우선 우리가 살펴야 할 것은 '생각과 말'입니다. 성도들을 향한 권면의 구체적인 내용을 보면 전부 '생각과 말'에 대해 집중적으로 다루고 있습니다. '생각'이 말을 결정하고 행동을 결정하기 때문입니다. 그렇다면 '말'은 왜 등장할까요? '말'은 다른 모든 것보다 가장 먼저 하는 행동이기 때문입니다. 몸으로 행동하기 전에 먼저 나타나는 첫 번째 표입니다. 하나님이 우리에게 무엇을 원하시는지 우리의 생각과 말에서 분명히 잡고 있어야 합니다. 처음에 해야 할 것은 "마땅히 생각할 그 이상의 생각을 품지 말[라]"(3절)입니다. 이 말씀은 로마서 12:3-21에 나오는 모든 내용의 전체 분위기를 결정하는 중요한 부분입니다.

그렇다면 "마땅히 생각할 그 이상의 생각을 품지 말[라]"고 할 때, "마땅[한] 생각"이란 무엇일까요? 여러분 자신 이외 다른 사람들에 대해 갖는 마땅한 생각은 무엇입니까? 하나님이 그를 사랑하시고 그를 통해 영광 받으시기를 바라는 마음이어야 합니다. 그게 마땅한 생각입니다. 그런데 우리 생각은 나와 내가 좋아하는 사람을 제외한 다른 사람들을 재밋거리로만 생각합니다. 그러니까 가십(gossip)이라는 게 생깁니다. 상대방이 실제로 그런지, 그런 일이 있었는지를 떠나 재밋거리가 됩니다. 다른 사람에 대한 얘기를 하거나 어떤 일에 대한 얘기를 할 때 재밋거리로 삼지 않는 것이 정말 중요한 훈련입니다. 그 이상의 생각을 하지 마십시오.

이제 우리가 '생각에 관한 것'에서 실제적으로 언급하고 지나갈 것들은 이렇습니다. 우리는 누군가를 미워하면 상상의 나래를 폅니다. '그 사람이 저렇게 된 것은 틀림없이 이런저런 일이 있어서 그렇게 됐을 거다' 이겁니다. 그것은 모르는 얘기인데, 너무나 그럴 듯하게 얘기를 꾸며댑니다. 그래서 "그런 거 봤냐?"고 물으면 "안 봐도 뻔하지, 뭘 그래"라고 합니다. 안 본 건 얘기하지 말고, 봤어도 얘기하지 말아야 합니다. 물론 사람에 대한 얘기만큼 재미있는 것은 없겠지만, 이를 하지 않는 것이 제자훈련에 있어서 첫 번째 훈련입니다. "마땅히 생각할 그 이상의 생각을 품지 [마십시오]." 모든 사람에 대해서 그 사람이 하나님께 은혜를 입고 기뻐하시는 자가 되는 것 외의 일은 생각하시면 안 됩니다.

예전에 고(故) 박윤선 목사님은 자신을 찾아온 목사님들이 서로 얘기를 나누다가 그 자리에 없는 다른 목사님을 비난하는 얘기가 나오면 기침을 하셨답니다. 하지 말라 이거죠. 그러면 목사님들이 '아, 싫어하시는구나' 하고 말을 잇지 않았답니다. 그러다 얘기를 하다가 다시 험담을 하면, 박윤선 목사님은 돌아앉으신답니다. 대단하죠? 그렇다고 여러분은 박 목사님의 이야기를 본받아 기침을 하거나 돌아앉고 그러지 마세요. 여러분 수준에서 그런 행동을 하는 것은 잘난 척하는 것에 불과합니다. 험담하는 사람들에게 "그런 말 하면 안 돼"라고 하지 마십시오. "점심 먹었어?" 이런 식으로 지혜롭게 화제를 돌려야 합니다.

로마서 12:4-5을 보시면, "우리가 한 몸에 많은 지체를 가졌으나 모든 지체가 같은 기능을 가진 것이 아니니, 이와 같이 우리 많은 사람이 그리스도 안에서 한 몸이 되어 서로 지체가 되었느니라"고 합니다. 사람이나 일에 대해서 판단을 보류할 것을 요구하는 이유는 내가 가진 기능으로 다른 사람이 가진 기능을 이해할 수 없는 경우가 있기 때문입니다. 우리는 나와 다르면 무조건 누가 뛰어난지, 누가 못한지 따지면서 우열의 개념으로만 보는데 성경은 그렇게 보면 안 된다고 가르칩니다.

비빔밥에 무엇을 넣습니까? 밥도 넣고, 나물도 넣고, 고추장도 넣고, 참기름도 넣습니다. 그런데 각각 넣는 양이 달라요. 가장 많이 들어간 것이 "내가 최고다"라고 말할 수 없습니다. 이해하시겠습니까? 그래서 4-5절은 '한 몸에 많은 지체를 가졌으나 모든 지체가 같은 직분을 가진 것이 아니며 우리는 한 몸이다'고 말하는 것입니다. 한 몸이라는 동등한 가치를 인정할 줄 알아야 합니다.

우리 인간의 몸에서 제일 얌체가 입입니다. 먹을 것은 혼자 다 먹고 불평도 혼자 다 하죠. 잘난 척도 혼자 다합니다. 그랬더니 위가 거부를 한다고 가정해봅시다. 그럼 누가 고생을 할까요? 몸이 고생을 합니다. 입으로 들어오는 음식을 거부했더니 몸이 힘을 못 씁니다. 어느 교회나 그 공동체 안에 입이 있습니다. 그 입으로 음식이 들어오고, 그 입이 지적도 하는 겁니다. 갓난아이가 아파 병원에 가면 뭐가 제일 힘이 들죠? 어디가 어떻게 아픈지 말을 해야 하는데 아기가 그냥 울기만 하니까 제일 힘듭니다. 증상을 얘기해야 치료를 하고 처방을 할 거 아니에요? 그래서 입이 있습니다. 입이 잘난 척하는 것을 보고 다른 장기인 위나 심장이나 간이 서로 입을 가지려고 해서는 안 됩니다. 간에 입이 있으면 어떻겠습니까? 각자 맡은 역할이 다른 것입니다.

사람은 덜 중한 것을 더 귀히 여기고, 중한 것은 덜 귀히 여깁니다. 사람의 몸에서 제일 중요한 것은 심폐 기능입니다 심폐 기능을 위해서는 무슨 특별한 것을 하지 않습니다. 덜 중요한 얼굴을 위해서는 정말 많은 치장을 합니다. 얼마나 쓸데없는 데 치장을 많이 하는지를 보세요. 고린도전서 12:23-25입니다.

> 우리가 몸의 덜 귀히 여기는 그것들을 더욱 귀한 것들로 입혀 주며 우리의 아름답지 못한 지체는 더욱 아름다운 것을 얻느니라. 그런즉 우리의 아름다운 지체는 그럴 필요가 없느니라. 오직 하나님이 몸을 고르게 하여 부족한 지체에게 귀중함을 더하사 몸 가운데서 분쟁이 없고 오직 여러 지체가 서로 같이 돌보게 하셨느니라.

이는 성경의 아주 큰 지혜로운 권면입니다. 우리는 정말 쓸데없는 데에 많이 투자를 하고, 진정으로 필요한 부분을 귀하게 여길 줄 모릅니다. 서로 충분히 이해하고 살아야 합니다. 하나님이 나를 무엇으로 부르셨는지에 대해 충성해야지, "왜, 난 저 사람에게 준 것을 안 줘요?"라고 말하면 실패한 것입니다.

그렇다면 어떻게 해야 합니까? 로마서 12:6을 전제 조건으로 이 원리를 이해해야 합니다. "우리에게 주신 은혜대로 받은 은사가 각각 다르니 혹 예언이면 믿음의 분수대로." 예언을 믿음의 분수대로 하라는 것은 예언할 때 자기가 역사를 주관하는 것처럼 굴지 말라는 것입니다. 과거 어느 교회에 고위 관리들이 많이 다녔습니다. 그 교회는 출석하는 고위 관리들의 앞날을 예언해줬습니다. "당신, 이번에 별 달겠수다, 장관 되겠수다" 하고 말이죠. 사람들은 교회에서 그렇게 말했기 때문에 그들이 별을 달고, 장관이 된 걸로 생각하게 되었습니다. 앞날을 미리 안다는 것이 미래를 조작할 힘을 가지고 있다는 것은 아닙니다.

여러분이 신앙이 약한 어떤 사람을 보고 성경 말씀을 들어 권면할 때가 있습니다. 신앙이 약한 사람이 성경을 잘 몰라서 여러분과 수준 차이가 날 때, 여러분이 성경 말씀을 만든 것 같은 입장으로 다가가지 말라는 겁니다. 그 앞에서 "난 이상하더라"라는 말은 절대로 하지 마십시오. 그게 얼마나 큰 잘난 척인 줄 아십니까? '난 이상하더라'는 '나한테는 상식 이하의 문제인데, 당신은 그것도 모르냐?'는 의미입니다.

"혹 섬기는 일이면 섬기는 일로, 가르치는 자면 가르치는 일로"(7절)라는 말은 섬기고 가르치는 일을 가지고 자랑하지 말라는 겁니다. 섬기는 일로 자랑하는 실수는 대표적으로 정치인들에게 많이 나옵니다. 그들이 유세할 때 자신들이 국민을 위해서 어떻게 일할 사람이고, 어떤 애국심을 갖고 있는지를 얘기합니다. 그런데 정작 당선되면 유세 때 했던 공약은 하나도 지키지 않습니다. 일단 당선되면 목에 힘을 줍니다. 텔레비전 뉴스에 정치인이나 고위 인사들이 나오면 앉은 자세부터 다릅니다. 왜 그런지 모르겠습니다.

섬기는 자는 자신의 희생정신과 고귀한 인격으로 보상 받고 싶어 합니다. 가르치는 자는 내가 가르친 열매로 보상 받고 싶어 합니다. 그런데 그러지 말라고 합니다. 효도한다는 것은 참 어려운 일입니다. 효도하는 자의 상은 효심을 가진 것이 상입니다. 부모에 대해 불편한 마음과 불만족을 갖고 있으면 그것 자체가 벌입니다. 효도하는 자는 효심을 가진 것으로 이미 보상 받은 것입니다.

톨스토이가 쓴 글 중에 이런 이야기가 있습니다. 어느 사람이 태어날 때, 하나님이 "너한테 무엇을 주랴?"라고 질문하셨습니다. 하나님의 이런 질문에 태어날 그 사람이 "모든 사람이 나를 사랑하는 복을 주세요"라고 했습니다. 그래서 그 사람은 최고의 지위와 용모와 재능을 갖고 태어났습니다. 모든 사람이 그를 사랑하지만 정작 그 사람은 행복하지 않습니다. 그가 무슨 짓을 해도 사랑을 받았기 때문입니다. 그는 불행했습니다. 그는 너무 비통한 나머지 하나님께 다시 요청을 드립니다. "하나님, 다른 사람이 저를 사랑하기보다 제가 다른 사람을 사랑하게 해주세요." 하나님이 그의 요구를 들어주시려 합니다. 그때 하나님이 말씀하십니다. "그 대신 너는 다른 사람들에게 사랑을 받지 못한다." 그 사람은 "그래도 좋습니다"라고 대답했습니다. 이젠 상황이 뒤집혔습니다. 그 사람은 누구나 사랑하게 되고, 다른 사람들은 누구나 그를 미워하는 처지가 되었습니다. 그러나 그는 사랑을 받을 때와는 달리 사랑을 하며 행복하게 죽어 갔답니다.

이것이 우리의 모습입니다. 우리가 하는 모든 일은 헛되지 않습니다. 그중에 가장 큰 복은 우리가 주님의 마음에 동참하는 것입니다. 그것은 자신을 위해 살지 않고 다른 사람을 위해 사는 것입니다. 이것이 복이라는 것을 아는 자만이 이타적인 삶을 살 수 있습니다. 그게 "섬기는 일이면 섬기는 일로, 가르치는 자면 가르치는 일로"입니다. 내가 하나님의 몸 된 교회나 하나님의 부르심을 받은 성도들 사이에서 누구를 가르칠 기회가 생겼다면, 내가 쓸모 있다는 것으로 이미 보상을 받은 줄 알아야 합니다. 자신이 누굴 섬길 수 있는 것 자체가 보상입니다. 남 앞에 서는 직분보다 섬기는 직분이 가장 큰 봉사직입니다. 그것이 센 것입니다.

"혹 위로하는 자면 위로하는 일로, 구제하는 자는 성실함으로"(8절). 여기서 위로는 '권면'하는 것을 말합니다. 위로하는 일에 있어서 우리가 제일 많이 실패하는 부분은 누군가 나한테 실수를 했거나 상담을 하러 오면 그걸 다른 사람에게 꼭 떠벌리는 것입니다. "아니, 글쎄 나한테 와서 이런 말을 하더라고. 그래서 내가 '무슨 소리야?' 하고 보냈어." 이런 거 하지 마십시오. "아니, 무슨 소리를 하고 있는 거야? 그러고도 예수 믿는다고 그래?"는 수준 이하의 말입니다. 여러분이 하나님의 자녀가 되고 새 생명을 얻은 자로서 배워야 하는 것은 이런 겁니다. 마음이 여린 사람이나 깨우치지 못한 사람이 갈등하는 것을 안타까워하며 그 사람 편이 되어 위로하는 마음으로 감싸야 합니다. 그런데 눈을 부라리면서 그런 건 아무 문제도 아니라는 식으로 대하면 안 됩니다. 누군가 나에게 물어보러 온 일로 고마워해야 합니다. "위로하는 자면 위로하는 일로" 감사해야 합니다.

구제하는 자는 왜 성실함으로 해야 할까요? 남의 도움을 받는 자들은 성실하고 근면한데도 도움을 받아야 하는 처지에 빠질 수 있습니다. 여기서는 그런 사람들에 대한 구제를 얘기하는 게 아니라 천성적으로 나태하고 게을러서 어렵게 사는 사람을 위한 구제 행위를 말하는 것입니다. 그런 사람들은 어느 시대에나 어느 나라에나 있습니다. 그런데 그 사람들은 구제 받을 곳까지도 오지 않습니다. 줄도 안 섭니다. 그래서 구제하는 사람은 베푸는 것 가지고 까다롭게 굴지 말라는 말씀입니다. 베푸는 자가 마치 빚을 갚는 것처럼 굴어야 합니다. 예수께서도 마치 우리에게 빚진 것처럼 찾아오셨습니다. 우리가 원치 않았는데도 오셨습니다. 우리는 자신에게 뭐가 필요한지도 모르는데 주님이 오셔서 우리를 위해 사시고, 고난 받으시고, 죽으신 것을 기억해야 합니다. 그렇기 때문에 다른 사람을 구제하는 일이 얼마나 어려운 일인지 모릅니다.

이렇다 보니 '구제받을 만한 자격이 있는 자를 구제하자'는 얘기가 나옵니다. 도와줘서 효과가 있고 성과가 드러나는 일을 찾기 마련입니다. 그런데 성경은 그렇게 말하지 않습니다. 그럼 누구를 도와줘야 할까요? 굶는 사람, 지금 당장 어려운 사람을 도와야 합니다. 언제까지 도와야 합니까? 죽을 때까지 도와야 합니다. 그 사람이 죽으면 그 사람이 죽을 때까지이고, 여러분이 먼저 죽으면 여러분이 죽을 때까지입니다. 이 말의 뜻은 돕는 것이 '밑 빠진 독에 물 붓기'라도 계속하라는 겁니다. 그런 면에서 "구제하는 자는 성실함으로" 해야 합니다.

"다스리는 자는 부지런함으로"(8절) 한다는 것도 비슷한 맥락입니다. 권세를 가지고 있는 자는 모든 사람을 이롭게 하기 위하여 권세를 받았습니다. 그래서 이 권세를 어디에 써야 하는지 찾아 돌아다녀야 합니다. 요즘도 정치판을 보면 권세를 갖고 있으면 그 권세를 이용하려는 사람들이 줄을 섭니다. 거기에는 물론 정당한 필요에 의해서 찾아온 사람도 있지만 그 권세로 부당한 이익을 누리려는 자들도 있습니다. 찾아오는 자를 만나는 것이 권세자의 일차 책임이 아니라 자신이 그 권세를 어떻게 써야 할지 늘 돌아다니는 부지런함이 있어야 합니다. 그래서 "다스리는 자는 부지런함으로"입니다. 그런 면에서 사실 성도는 하나님의 자녀로, 이 땅에 빛과 소금으로 의와 거룩과 생명과 진리를 나눠 주면서 세상을 다스리는 자들입니다. 우리는 왕 같은 제사장입니다. 내가 어디에 가서 빛을 비춰야 하는지, 어디에 가서 소금을 쳐야 하는지, 어디에 가서 봉사하고 섬기고 도움을 주고 사랑을 나눠야 하는지 부지런히 찾아 다녀야 합니다.

그런데 오늘날 교회 안에는 사람들이 돈을 내는 것으로 봉사를 때우는 습관이 생겼습니다. 가장 중요한 것은 나오셔서 몸으로 겪는 것입니다. 주변 사람에게 청첩장을 받거나 장례 소식을 들었을 때, 여러분이 할 수 있는 최고의 모습은 가는 것입니다. 가는 것만큼 좋은 것은 없습니다. 아무리 많은 돈을 보내도 가는 것을 대신할 수는 없습니다. 하나님의 거듭난 성도로서 이 세상 사람들과 분명히 다른 자세를 보여야 합니다. 가서 할 일이 없다는 얘기는 쏙 들어갈 것입니다. 가서 축하해주고 위로하고 편이 되어 주는 것이 우리가 해야 하는 다스리는 자의 부지런함입니다.

"긍휼을 베푸는 자는 즐거움으로"(8절) 해야 합니다. 긍휼을 베푼다는 것은 내가 돕는 일이 빚진 자로서 하는 일이 아니라는 말입니다. 상대방이 나에게 빚진 것을 탕감하고, 나아가서는 더 주는 것이 긍휼을 베푸는 것입니다. 구제하는 것이 상대방이 불쌍한 것을 도와주는 정도이고 채권 채무 관계와 무관한 것이라면, 긍휼을 베푼다는 것은 채권 채무 관계가 깔려 있는 것입니다. 상대방이 나에게 뭔가 빚진 것이 있는 상황입니다. 그게 정신적인 빚이든 물질적인 빚이든 이를 용서하는 일이 긍휼을 베푸는 것입니다. 그것을 기쁨으로 삼아야 합니다. 남을 용서할 수 있고, 남에게 긍휼을 베풀 수 있다는 것은 성도에게 있어서 대단한 즐거움입니다.

좋은 차를 타려면 좋은 차를 탈 자격이 있어야 합니다. 미국에 사는 제 제자가 밴을 몰고 주차장으로 들어갔답니다. 그때 막 나오려는 벤츠 세단을 박았습니다. 벤츠 앞이 왕창 우그러져서 자신이 타고 있던 밴은 물론이고 집도 내놔야 벤츠를 고칠 수 있겠더랍니다. 그 벤츠 미국인 차주가 나와서 자신의 차 찌그러진 것을 보고, 제 제자의 얼굴을 한 번 보더니, "더럽게 됐네"라고 말하고 가더랍니다. 벤츠를 타려면 그쯤 돼야죠. 그걸 치사하게 "야, 네가 박았으니까, 물어내"라고 한다면 이건 실력이 부족한 겁니다. 벤츠를 탈 자격이 없는 겁니다. 교회 집사님 한 분이 예배 때 이 설교 예화를 듣고 난 후에 아파트 단지를 들어가다 주위를 살피지 않고 후진하던 차에 자기 차 옆구리를 받혔답니다. 후진한 차주가 차에서 내려서 한 말이 "왜 하필 그때 지나갔소?" 그러더래요. 주차장에서 나오는 차가 가는 차를 받아놓고 "왜 지나갔냐?" 하는 건 말이 안 되는 상황입니다. 그런데 그 집사님이 그날 이 설교 예화를 듣고 난 후라 이렇게 물었답니다. "억울하십니까?" 그랬더니, "억울합니다" 그러더래요. "그럼, 그냥 가세요" 그랬답니다. 그쯤 되면 좋은 차를 탈 자격이 있는 겁니다. 우리가 그렇습니다. 우리는 선두에 선 자들입니다. 왕 같은 제사장입니다.

우리는 우리가 누구인지 모르기에 예수 믿는 것 때문에 받는 불이익을 절대 감수하지 않으려고 합니다. 그래서 성도들이 방긋방긋 웃고 있다가 이해관계가 부딪치면 얼굴 표정이 변합니다. "날 얕보지 마! 난 교회에서만 집사야. 내 돈 떼먹을 생각은 꿈도 꾸지 마!" 이러죠. 성경에는 돈을 꿔 줄 때는 변리를 목적으로 주지 말라고 되어 있습니다. 그러니까 여러분이 돈을 꿔 줄 때는 '뜯겨도 좋다, 떼먹어도 좋다'고 생각하면서 꿔 주세요. 떼먹힌 다음에 울고불고 목사 찾아와서 "난 그래도 그 사람이 구역장이라서 꿔 줬는데"라는 소리는 안 통합니다. 손해를 감수하고 긍휼을 베푸는 것은 우리가 누구인지 증명하는 겁니다. "저 사람은 다르다" "저 사람은 저렇게 해서 도대체 무슨 이익이 있나?" "하나님 앞에서 다 받는다" 이겁니다. 믿음이고 소망입니다. 이로써 나에게 긍휼을 입은 사람이 내가 가는 길에 찾아오는 겁니다. 이것이 제자이고 증인입니다. 그런데 이 일이 어렵습니다. 성경이 명하는 일은 우리가 정말 하기 싫은 것들입니다. 그러니까 연습해야 합니다. 여러분의 마음에 들기를 바라면 안 됩니다. 연습하셔야 합니다.

"사랑에는 거짓이 없나니 악을 미워하고 선에 속하라"(9절). 이것은 사랑에 관한 문제입니다. 사랑은 위선으로 할 수 없습니다. 그렇게 함으로써 어떤 보상을 기대하면 안 됩니다. "저 사람은 참 멋있어"라는 인간적인 대접을 받기 위해서 하는 행동이 아닙니다. "저 사람은 달라, 저 사람은 왜 다르지?"라는 얘기를 들으라는 것은 바로 여러분이 믿고 있는 하나님이 증거되기 위해서입니다. 여러분이 다른 생명을 갖고 있는 것을 증명하기 위해서입니다. "저 사람은 우리 같은 사람이랑은 종자가 달라." 이런 평가를 받는 것은 아닙니다. 왜냐하면 이는 사랑의 문제이기 때문입니다. 사랑에는 거짓이 없습니다. 그리고 "형제를 사랑하여 서로 우애하고 존경하기를 서로 먼저 하며 부지런하여 게으르지 말고 열심을 품고 주를 섬기라"(10-11절)입니다. 이런 일들은 우리가 무엇을 목표로 하고 있고, 누구 앞에서 보상을 받을지를 당연하게 분별함으로써 행해야 할 것입니다. 그리고 한 걸음 더 나아가서 이 일들을 기쁨과 사랑으로 하십시오. 그것이 우리의 자랑입니다.

주께서 이 땅에 오셔서 기꺼이 십자가를 지신 것같이 이 일들이 우리의 기쁨이 되어야 하는 이유는 하나님이 기뻐하시기 때문입니다. 하나님이 기뻐하시는 것이 나의 기쁨이어야 하고 하나님이 좋아하시는 것이 나의 소원이어야 합니다. 이것이 우리의 원칙이고 훈련입니다. 이외에 신자가 신자 된 증거를 찾을 수가 없습니다. 사랑이 우리에게 이렇게 강권합니다. 앞서 예를 든 톨스토이의 이야기와 같이 사랑하는 자는 행복합니다. 거기에는 다른 보상이 필요 없습니다. 부지런하여 게으르지 말고 열심을 품고 주를 섬기십시오. "소망 중에 즐거워하며, 환난 중에 참으며, 기도에 항상 힘쓰며, 성도들의 쓸 것을 공급하며, 손 대접하기를 힘쓰라"(12-13절). 이런 모든 것이 사랑이 갖는 특징입니다.

제가 신학교를 졸업할 때, 연구원과 연수원 사이에 졸업식에서 입는 가운에 후드를 하느냐 마느냐의 싸움이 있었습니다. 연구원은 다 정규 대학 출신들이고, 연수원은 그렇지 않습니다. 연수원 사람들은 보통 고등학교만 졸업하고 지방 신학교 다니다가 연수원으로 편입한 사람들인데, 그쪽에 좋은 사람이 많습니다. 스펄전 같은 사람은 다 연수원 부류에서 나옵니다. 연구원은 따지는 사람만 있습니다. 여하튼 연수원 사람들은 공부에 대해 한이 있으니까 후드를 하자고 했습니다. 개인적으로 저는 그들도 후드를 착용할 자격이 있다고 생각했습니다. 신학원 코스를 했잖아요. 그런데 연구원 사람들은 후드를 하지 말자는 겁니다. 본인들은 이게 겸손이라고 생각을 한 겁니다. 이 일 때문에 연구원 임원들과 연수원 임원들이 모여서 의논해서 절충안이 나왔습니다. 졸업 사진 찍을 때는 후드를 하고 졸업식 때는 하지 말자고 한 겁니다. 그런데 몇몇 연구원 동료들이 이 결정을 따르지 않고 졸업 사진 찍을 때 후드를 안 하고 찍은 겁니다. 후드를 안 한 사람들은 다 좋은 학교 출신이거나 공부를 잘한 친구들입니다. 이런 행동은 본인이 겸손한 것이 아니라 상대방을 정죄하기 위해 결벽을 떤 것에 불과합니다. 후드를 할 수 있는 사람이 하지 않음으로써 자격이 안 되는 사람이 후드를 했다는 것을 지적한 것 외에 아무것도 아닙니다. 본인이 개의치 않으면 그런 일은 상대방에게 맡겨서 상대방의 약점이 어느 정도 덮어진다면 그쪽으로 가 줘야죠. 대학을 나오지 않았는데, 어떻게 석사를 받습니까? 신학교라는 것은 문교부 인가가 그렇게 필요한 교육 기관이 아닙니다. 교단 자체 내에서 필요해서 만든 기관이에요. 그러니까 꼭 문교부 인가를 받을 필요가 없습니다.

사랑의 특징은 '주는 즐거움, 나누는 기쁨, 남의 유익을 구하는 것'입니다. 이는 연습을 해야 되는데 처음에는 이 특징을 알고도 행할 수 없습니다. 그래서 연습을 해야 합니다. 말라기서에서 '십일조'에 대한 하나님의 요청을 볼 수 있습니다. 그런데 그것은 십일조에 대한 이야기가 아닙니다. 하나님을 믿고 의지하는 삶 전반에 관한 이야기를 상징적으로 전한 것입니다. 사랑을 연습함으로 여러분의 인생이 정말 복 받는가, 안 받는가, 행복한가, 행복하지 않은가를 시험해보십시오. 말씀을 따라서 정말 살아보십시오. 여러분은 무엇으로도 얻지 못했던 행복과 보람을 누리실 것입니다.

"너희를 박해하는 자를 축복하라. 축복하고 저주하지 말라"(14절). 이 말씀이 굉장히 재미있습니다. "핍박하는 자를 축복하라"고 합니다. 성도들에게는 저주권이 없습니다. 우리는 그리스도의 사랑을 전하기 위해 부름받았습니다. 우리가 심판을 이야기하는 것은 구원을 촉구하기 위한 것이지, 우리가 심판권을 행사하기 위한 것이 아닙니다. 사람들이 처한 운명을 지적하여 구원으로 돌이키기 위해서 심판을 얘기하고 하나님의 진노를 이야기하고 죄에 대해 이야기하는 것이지 그들을 경멸하고 저주하기 위해 말해서는 결코 안 됩니다.

"즐거워하는 자들과 함께 즐거워하고 우는 자들과 함께 울라"(15절). 내가 선포하면 선포한 것으로 내 책임을 다하는 것이 아니라 상대방에게 효과 있게 해야 합니다. 함께 웃고 함께 울어야 합니다. 내가 할 말을 쏟아 붓고 돌아서는 것이 최고가 아닙니다. 우리는 지혜로워야 하며 상당한 경륜이 필요하다는 것을 알 수 있습니다. 한 사람을 돌이키기 위해 권면한다는 것이 얼마나 힘든 일이고 많은 지혜를 요구하는지 알아야 합니다.

"서로 마음을 같이하며 높은 데 마음을 두지 말고, 도리어 낮은 데 처하며 스스로 지혜 있는 체하지 말라"(16절). 우리가 다른 사람에게 베푸는 입장이라고 그 사람보다 우월하다고 생각하면 안 됩니다. 하나님이 나를 통하여 일하실 뿐입니다. 원님 태운 당나귀 이야기 아시죠? 사람들이 당나귀 보고 절하는 게 아닙니다.

"아무에게도 악을 악으로 갚지 말고, 모든 사람 앞에서 선한 일을 도모하라"(17절). 이 말씀이 왜 갑자기 등장할까요? 여러분이 모든 선한 일과 희생하는 일, 그리고 사랑하는 일과 유익을 주는 일을 함에도 불구하고 악으로 보상받을 수 있기 때문입니다. 그 때 여러분은 그걸 악으로 갚지 말라는 겁니다. 여러분이 하나님의 일꾼으로 더 많은 믿음과 신령함과 능력으로 나아가면 여리고 성이 무너지고 홍해가 갈라지듯 모든 것이 만사형통할 것이라고 생각하지 마십시오. 천만의 말씀입니다. 우리가 잘하면 잘할수록 더 두꺼운 벽에 부딪칠 것입니다. 이것이 성경이 가르치는 내용입니다. 내가 한 모든 것은 심는 작업이고, 그 열매는 뒤늦게 엉뚱한 곳에서 나타날지 모릅니다. 당장 눈앞에는 그 씨를 뿌리는 것을 방해하러 오는 적군뿐입니다. 그래서 우리는 놀랍니다. '내가 뭘 잘못했나? 이렇게 힘들어서 어디 해먹겠나?' 하고 말이죠. 그러나 우리가 하는 일에 열매를 거두는 일은 몇 번 없습니다. 아마 거의 씨를 뿌리다 죽을 겁니다. 우리는 뿌리는 동안 상 주러 오는 사람을 만나는 것이 아니라 대체로 방해하러 오는 적을 만날 것입니다. 한 손에 망치 들고 오는 적을 말이죠. 우리는 그런 일을 당하면 '적이 오는 이유가 내가 힘이 없기 때문'이라고 생각합니다. 아닙니다. 하나님이 우리에게 큰일을 맡기시는 대신 적도 더 큰 힘으로 온다는 것을 아셔야 합니다. 내가 훈련이 부족하거나 믿음이 없기 때문에 나타나는 문제가 아닙니다.

주님은 이 땅에 인간으로 오셔서 모든 고난을 겪으시고 맨 나중에는 빌립보서 2:8에 나온 바와 같이 "죽기까지 복종"하셨습니다. 그냥 죽은 것이 아니라 십자가에서 숨을 거두십니다. 그건 가장 큰 고통과 모욕의 자리였습니다. 이렇게 하려면 배우고 훈련해야 합니다. 성도답게 해보십시오. 그러면 "어머나!" 그럴 사람은 아무도 없고, "너, 미쳤니?"라고 할 사람만 있을 겁니다. 그다음에는 우리를 자기가 먹던 떡으로 여길 것입니다.

제가 여러분의 권리와 세상의 질서까지 무너뜨리거나 세상에 무조건 지라는 얘기는 아닙니다. 그건 또 다른 문제입니다. 그러나 마태복음 5장에서는 여러분 개인을 지키기 위해서나 개인의 욕심과 자존심을 지키기 위해 싸워서는 안 된다고 말씀합니다. "누구든지 네 오른편 뺨을 치거든 왼편도 돌려 대며"(39절) "속옷을 가지고자 하는 자에게 겉옷까지도 가지게 [해야]"(40절) 할 것입니다.

우리는 자존심을 지키기 위해 싸우지 않습니다. 대신 법과 질서는 지켜야 합니다. 운전하다가 접촉 사고가 나면서 상대방이 소매 걷고 악을 쓰면, 같이 싸우지 말고 그냥 떠들게 두십시오. 그리고 "경찰서로 갑시다"라고 그러면 됩니다. 그러고는 사건 경위를 얘기하고 "제가 어느 정도 책임을 져야 합니까?"라고 물으시면 됩니다.

"할 수 있거든 너희로서는 모든 사람과 더불어 화목하라. 내 사랑하는 자들아, 너희가 친히 원수를 갚지 말고, 하나님의 진노하심에 맡기라. 기록되었으되 '원수 갚는 것이 내게 있으니 내가 갚으리라'고 주께서 말씀하시느니라"(롬 12:18-19)고 한 것처럼 이게 전부입니다. 현재 우리가 가지고 있는 사명은 심판이 아닙니다. 지금은 하나님의 은혜와 긍휼과 자비와 구원을 전하는 때이지 심판을 하라는 때가 아닙니다. 여러분이 "하나님, 쟤는 좀 버리시고, 쟤는 부르세요"라고 하며 다니는 때가 아닙니다. 여러분은 누구든지 가능한 한 화평하고 여러분이 직접 원수를 갚지 마십시오. "네가 원수가 주리거든 먹이고 목마르거든 마시게 하라. 그리함으로 네가 숯불을 그 머리에 쌓아 놓으리라"(20절)입니다. 특히 "숯불을 그 머리에 쌓아 놓으리라"는 것만 좋아하면 안 됩니다. 이 말씀은 여러분 속에 있는 원한을 드러내지 않고 갚아 주신다는 약속의 말씀이 아닙니다. 심판은 하나님이 하시는 겁니다. 상대방이 악하게 다가올 때 우리는 상대방의 악한 행동 때문에 내가 악하게 하는 것이 정당하다는 생각을 합니다. 그래서 로마서 12장 마지막 절이 나옵니다. "악에게 지지 말고 선으로 악을 이기라"(21절). 상대방이 10이라는 악으로 나를 공격하면 내가 9까지 악해져도 나는 선한 것 같은 느낌이 듭니다. 상대방이 어떤 악으로 오든지 상관없이 우리는 언제나 선으로 악을 이기도록 보냄 받은 자입니다. "선으로 악을 이[겨야]" 합니다. 이 싸움은 종교화된 형태가 아닙니다. 이건 가장 사소한 문제에서 일어납니다. 시누이, 올케, 동서 사이에서 일어납니다. 재산 때문에 일어납니다. '어머니를 누가 며칠 모셨네, 말았네'의 싸움입니다. 그래서 교회 와서 기도 잘하면 그게 전부가 아닙니다. 사소한 것을 하십시오. 이웃 앞에서, 혈육 앞에서 악에게 지지 마십시오. 상대방이 나를 여러 번 손해 보게 할 것입니다. 한 번쯤 그러는 것은 괜찮다는 말은 성경에 없습니다. 얼마까지 하라고요? 일흔 번씩 일곱 번입니다. 그걸 또 계산해서 490번까지만 하라는 말이 아닙니다. 무한정입니다. 우리는 이 싸움을 하도록 요구 받았습니다.

지금까지 우리가 살펴본 이런 모습들을 볼 때, "너희 몸을 하나님이 기뻐하시는 거룩한 산 제물로 드리라. 하나님의 선하시고 기뻐하시고 온전하신 뜻이 무엇인지 분별하도록 하라"(롬 12:1-2)는 말씀은 나의 전 존재가 매일 일어나는 사소한 것들에 대해 어떻게 반응해야 하는지, 그러기 위해서 필요한 원리가 무엇인지 보여주는 것입니다. 큰일을 위하거나 특별한 일을 위하거나 특수한 기능을 위한 싸움이 아닙니다.

우리가 지금까지 살펴본 바와 같이 이런 싸움의 결과는 성공과 실패 중에 당연히 실패가 많습니다. 왜냐하면 어린아이로부터 장성해 가는 싸움이기 때문입니다. 그렇다면 여러분은 실패할 때마다 어떻게 해야 할까요? 다시 일어서야 합니다. 내가 믿음이 적기 때문에 실패한 것이 아니라 믿음은 가졌으나 그 믿음이 아직 힘을 발휘할 줄 모르기 때문입니다. 그리고 그 믿음을 발휘할 지혜가 없고 경험이 부족하기 때문에 실패했다는 것도 아셔야 합니다. 순수한 믿음이면 다 된다고 생각하지 마십시오. 그렇게 간단한 문제가 아닙니다. 믿음이 내 머리 속에 있지 않고, 내 몸에 있어야 하기 때문입니다. 내 몸을 쳐 복종시켜 연습해야 합니다. 우리는 이 훈련을 해야 합니다. 늘 연습해야 합니다. 영어 단어 외우듯이 연습해야 합니다. 운동 연습하듯이 해야 합니다. 그런 면에서 이 연습을 제자훈련이라 합니다.

제자훈련이라 할 때, 우리는 자칫 기고만장한 신앙을 갖기 쉽습니다. 남보다 더 높고 큰 소원과 주를 향한 열심을 가지고 있어서 주께서 능력을 부어 주시어 여태껏 아무도 못했던 일을 해내는 특별 훈련을 하는 것으로 오해할 수 있습니다. 성경에 나타난 모든 인물은 위인이기 때문이 아니라 그들의 생애를 통해 우리에게 교훈할 가치가 많기 때문에 하나님이 등장시킨 것입니다. 모세든 엘리야든 그들이 남다른 사람이라서 등장한 게 아닙니다.

성경이 모든 성도에게 요구하는 것은 주를 닮는 것입니다. 주의 성품에 참여하는 것입니다. 그 거룩과 영광에 서는 것입니다. 그래서 우리는 그 훈련을 사소한 것에서부터 시작해야 합니다. 모든 우리의 삶의 형편과 환경과 조건 속에서 우리는 바로 이 싸움을 해서 나를 바꿔야 합니다. 큰일을 이룬 업적으로 훈장을 다는 것이 아닙니다. 제자훈련은 나의 업적을 쌓는 게 아니라 내가 달라지는 싸움을 하는 겁니다. 내 생각과 습관의 본질이 달라질 때까지 연습과 훈련을 하는 것입니다. 다음 장에서 이 싸움에 관해 구체적으로 살펴보겠습니다.

7장

제자훈련이란 무엇인가

내가 예수 그리스도의 심장으로 너희 무리를 얼마나 사모하는지 하나님이 내 증인이시라. 내가 기도하노라. 너희 사랑을 지식과 모든 총명으로 점점 더 풍성하게 하사 너희로 지극히 선한 것을 분별하며 또 진실하여 허물없이 그리스도의 날까지 이르고, 예수 그리스도로 말미암아 의의 열매가 가득하여 하나님의 영광과 찬송이 되기를 원하노라.　　　　　　　　　　빌 1:8-11

앞장에서 제자훈련의 내용은 구체적으로 '믿음, 소망, 사랑을 근거로 삼는다'고 설명했습니다. 믿음이란 '우리가 누구인가?' 하는 것이고, 소망이란 '무엇을 목표와 가치로 두는가?' 하는 것이며, 사랑이란 '혼자 가는 것이 아니라 함께 가는 싸움'이라고 말씀드렸습니다. 우리가 제자훈련을 하려면, 먼저 '제자상이 무엇이며, 제자도가 무엇인지' 정의를 내려야 합니다. 그리고 제자상이나 제자도의 초점이 우리가 믿고 목적하는 것을 지키되 함께 가는 싸움이라는 것을 원리로 기억해야 합니다. 여기서의 초점은 일(doing)이 우선이 아니고 존재(being)가 먼저입니다. 여기서 being은 다른 사람과 함께 가는 being이어야 합니다.

빌립보서 1:8-11을 봅시다.

내가 예수 그리스도의 심장으로 너희 무리를 얼마나 사모하는지 하나님이 내 증인이시라. 내가 기도하노라. 너희 사랑을 지식과 모든 총명으로 점점 더 풍성하게 하사 너희로 지극히 선한 것을 분별하며 또 진실하여 허물없이 그리스도의 날까지 이르고, 예수 그리스도로 말미암아 의의 열매가 가득하여 하나님의 영광과 찬송이 되기를 원하노라.

이것이 바로 제자상이며, 제자훈련의 궁극적 목표입니다. 바울이 원하는 것은 자기를 위한 요구가 아니고 상대방을 위한 요구입니다. 상대방이 영광스럽고 흠이 없고 점이 없고 거룩하기를 바라는 요구입니다. 여기서 함께 가는 것은 무엇을 가지고 어디로 가느냐가 전제되어 있습니다. 내가 믿는 것을 근거로 이웃과 함께 가기 위한 것입니다. 함께 가는 것은 지식과 총명이 풍성해지는 제자훈련이라고 할 수 있습니다.

제자훈련의 원리

우리는 제자훈련이라고 하면 어떤 종교적 형태를 취하는 것으로 쉽게 생각합니다. 그러고는 조금 극단적으로 흘러 균형을 잃는 경우가 많습니다. 균형 잡힌 제자훈련은 적극적으로는 믿음의 내용이 풍성해야 하고, 소극적으로는 우리가 가는 길에 이웃과 함께 가는 일에 방해되는 요소를 극도로 경계해야 합니다.

믿음의 내용이 풍성해야 한다는 것은 믿는 자로서 그 존재가 넓고 깊고 높아야 한다는 말입니다. 근본적 원리로서 믿음, 소망, 사랑은 같이 가야 합니다. 종교적 일을 함으로써 제자 노릇을 하는 게 아니라 새롭게 변한 증인으로서 제자 노릇을 하는 것입니다. 그 일을 하는 존재 자체가 변한 것으로 말입니다. 풍성한 인격과 성품이 있어야 제자이고, 제자도를 실천하는 것입니다. 그런 면에서 믿음과 소망과 사랑은 상대방과 내가 어떻게 다른지를 점검하기 위한 것으로 쓰이는 게 아니라 상대방과 함께 가기 위한 것으로 쓰여야 합니다. 에베소서 4:21-24을 봅시다.

> 진리가 예수 안에 있는 것같이 너희가 참으로 그에게서 듣고 또한 그 안에서 가르침을 받았을진대, 너희는 유혹의 욕심을 따라 썩어져 가는 구습을 따르는 옛 사람을 벗어버리고, 오직 너희의 심령을 새롭게 되어 하나님을 따라 의와 진리의 거룩함으로 지으심을 받은 새 사람을 입으라.

이 말씀이 제자훈련의 근거가 되기도 하고 요구가 되기도 합니다. 옛 사람을 벗어버리고 의와 진리와 거룩함으로 지으심을 받은 새 사람을 입어야 합니다. 그런데 "새 사람을 입으라"고 할 때, 어떻게 하는 것이 새 사람을 입는 것인지 25-32절에서 확인할 수 있습니다.

> 그런즉 거짓을 버리고 각각 그 이웃과 더불어 참된 것을 말하라. 이는 우리가 서로 지체가 됨이라. 분을 내어도 죄를 짓지 말며 해가 지도록 분을 품지 말고, 마귀에게 틈을 주지 말라. 도둑질하는 자는 다시 도둑질하지 말고, 돌이켜 가난한 자에게 구제할 수 있도록 자기 손으로 수고하여 선한 일을 하라. 무릇 더러운 말은 너희 입 밖에도 내지 말고, 오직 덕을 세우는 데 소용되는 대로 선한 말을 하여 듣는 자들에게 은혜를 끼치게 하라. 하나님의 성령을 근심하게 하지 말라. 그 안에서 너희가 구원의 날까지 인치심을 받았느니라. 너희는 모든 악독과 노함과 분냄과 떠드는 것과 비방하는 것을 모든 악의와 함께

버리고, 서로 친절하게 하며 불쌍히 여기며 서로 용서하기를 하나님이 그리스도 안에서 너희를 용서하심과 같이 하라.

이 말씀을 하나씩 살펴봅시다.

"그런즉 거짓을 버리고 각각 그 이웃과 더불어 참된 것을 말하라"(25절). 이 말씀은 하나 됨을 해치는 행위를 기록한 것입니다. 도덕적 차원에서의 거짓말을 얘기하는 것이 아닙니다. 거짓말이야말로 하나 된 신뢰를 깨는 것입니다. 하나 됨을 해치는 행위는 함께 가는 것을 방해하는 행위입니다. 거짓말 혹은 거짓된 것은 서로 간에 신뢰를 쌓을 수 없고, 함께 갈 수 없게 하는 가장 치명적 행동이고 사건입니다. 성경은 우리가 믿고 소원하는 바를 내용적으로 풍성히 할 것과 함께 가는 일에 방해되지 않기 위하여 무엇을 해야 하는지에 대해 곳곳에서 가르치고 있습니다.

그래서 제가 설교할 때 자주 하는 말 중에 '잘난 척하지 말라'는 표현이 있습니다. 이렇게 표현하는 것은 성도의 기를 죽이기 위해서가 아니고 우리가 너무 경쟁적이기 때문에 하는 말입니다. 물론, 스스로 분발하기 위해서 경쟁적인 것은 좋습니다. 그러나 모든 경쟁은 자신의 우월함을 증명하기 위해 다른 사람을 열등하다고 증명해야 효과가 있다고 생각합니다. 그렇기 때문에 저는 그런 의미에서 '똑똑하다, 잘났다'는 쪽을 극도로 경계하는 것입니다. 성경은 "그 이웃으로 더불어 참된 것을 말하라. 이는 우리가 서로 지체가 됨이라"(25절)고 말합니다. 우리가 하나인 것을 잊지 말라는 것입니다. 또한 우리가 함께 가야 한다는 것도 잊지 말라 요구합니다.

"분을 내어도 죄를 짓지 말며 해가 지도록 분을 품지 말[라]"

(26절). 이 말씀은 참 재미있습니다. "분을 내어도 죄를 짓지 말[라]"는 건 뭡니까? 화가 나면 끝장을 보고 싶습니다. 그래서 우리가 지난 장에서 로마서 12:21을 살펴본 바와 같이 "악에게 지지 말고 선으로 악을 이기라"는 말씀은 정말 의미심장한 겁니다. 혹시 여러분은 상대방이 악하게 나오면 터무니없는 일이나 못된 것으로 뒤집어씌우려 하지 않나요? 화가 난 상태에서는 상대방이 악당이라는 것을 밝히기 위해서라면 내가 악당이 되어도 좋고, 내가 지옥에 가도 좋다는 마음이 생길 수 있습니다. 악한 자를 보면 그 악한 자를 꺾기 위해 나도 모르게 더 악한 자가 됩니다. 그것이 악에게 지는 겁니다. 어쩔 때는 교회 안에서도 목사가 상식 이하의 행동을 하는 경우가 있습니다. 한두 번 겪는 일이 아니라 자주 있거나 치명적 실수로 이어지면 결국 들고 일어나는 사람이 생깁니다. 이때 "내가 십자가를 지지"라고 합니다. 그건 십자가를 진 게 아니라 성질을 부리는 겁니다. 왜 그럴 때 "내가 십자가를 지지"라고 말하는지 모르겠습니다. 그런 표현은 "아무도 하지 못하는 말, 내가 하고 지옥 가지, 뭐"라고 성질을 부린 것뿐입니다. 십자가를 지려면 가만히 있어야 합니다. 십자가는 자기가 매달리는 곳입니다. 아무리 출연료를 많이 준다고 해도 악역은 맡지 마십시오. 출연료를 조금 받더라도 좋은 단역을 하지, 주인공이라도 악역은 하지 마십시오.

그래서 "분을 내어도 죄를 짓지 말[라]"는 말씀은 기억할 만합니다. 화가 난 것을 참을 방법은 없습니다. 그렇다고 화가 났기 때문에 무슨 짓을 해도 좋다는 것은 아닙니다. 화를 낸 것으로 그쳐야 합니다. 그것으로 무슨 열매를 맺지 마십시오. "해가 지도록 분을 품지 말라" 역시 의미심장한 말씀입니다. 화를 삭이는 쪽으로 가야지, 자신이 화낸 것은 이유가 있다는 쪽으로 가면 화낸 것에 대해 정당한 보상을 받으려고 합니다. 또한 자신이 화낸 것이 정당하다고 인정받으면 심판권을 행사하려 들게 마련입니다. 그거 하지 말라는 겁니다.

그다음 뭐라고 되어 있습니까? "마귀에게 틈을 주지 말라. 도둑질하는 자는 다시 도둑질하지 말고"(27-28절). 여기서 왜 '도둑질'이 나오는지 아십니까? 도둑질이란 자신이 책임져야 할 것을 이웃에게 피해를 주고 빼앗아 자기 필요를 채우는 것을 말합니다. 이웃을 해치는 대표적 행위입니다.

"무릇 더러운 말은 너희 입 밖에도 내지 말[라]"(29절). 여기서 '더러운 말'은 남의 밥에 재를 뿌리는 것과 같은 것이며, 남의 마실 물에 침을 뱉어 놓는 것과 같습니다. 그게 '더러운 말'입니다. 더러운 말을 하면 안 되는 이유는 우리가 함께 가도록 부름받았기 때문이고, 그게 제자 된 자의 책임이기 때문입니다. 그런 면에서 제자훈련이라 할 때 전도적 사명을 갖는 것은 당연할 뿐 아니라 첫 번째 책임입니다. 하지만 그것이 행동과 형태로 직선적으로 나타나기보다는 생활과 자세와 성품 속에 녹아져 있어야 한다는 것을 기억하고 훈련해야 할 것입니다.

이제 결론이 어디로 가는지 봅시다. "너희는 모든 악독과 노함과 분냄과 떠드는 것과 비방하는 것을 모든 악의와 함께 버리고, 서로 친절하게 하며 불쌍히 여기며 서로 용서하기를 하나님이 그리스도 안에서 너희를 용서하심과 같이 하라"(31-32절). 상대방의 현재 모습을 보고 심판하거나 악하게 굴지 말 것, 경멸하거나 정죄하지 말 것 등등. 또 하나님이 그리스도 안에서 우리를 용서하신 것

같이 용서하라고 합니다. 어떤 사람이 아무리 우리에게 못되게 굴어도 우리가 하나님께 지은 죄만큼 할 수 없습니다. 여기에서 제자가 자기 직분의 책임을 제대로 감수하는지 못하는지가 판가름 나는 것이라고 저는 생각합니다.

자신의 생각이 옳았거나 턱없는 오해나 무시를 받았거나 윗사람이 자기보다 못한 수준에 있을 때, 사람들이 하는 반응은 '씩' 하고 웃는 겁니다. 세상에서 하지 말아야 할 것이 이런 행동입니다. 그 웃음은 '가소롭지만 내가 참지'라는 의미를 담고 있습니다. 절대 아랫사람이든 윗사람이든 뭘 한 것에 대해 '씩' 웃는 버릇은 버려야 합니다.

성 프란치스코가 자신의 추종자들하고 금식을 한 적이 있습니다. 제자 중 하나가 잘난 척을 하느라 앞에다 죽을 한 대야씩 떠 놓고 금식을 했습니다. 한 주가 지나고 두 주가 지나고 이제는 도저히 참지 못할 지경에 이르렀습니다. 결국 어느 한 제자가 죽을 떠먹었습니다. 다른 제자들 모두 죽을 먹은 제자를 째려봤답니다. 이럴 때 성 프란치스코는 어떻게 했을 것 같습니까? 만약 그때 프란치스코가 '씩' 웃었으면, 째려 본 것과 다를 바 없는 겁니다. 그런데 프란치스코는 같이 먹어버렸습니다. 왜 금식을 합니까? 금식은 주를 닮아 사랑하자고 하는 겁니다. 금식해서 째려볼 것 같으면 먹고 째려보지 않는 게 더 좋습니다. 내가 정당할 때에 주변에 타협하는 사람들이 있으면 머리를 꼿꼿이 세우고 더욱 오두방정을 떨게 되어 있습니다. 그러지 마시고 그냥 똑같이 묻혀 있으면 됩니다.

저도 유학 시절에 아주 큰 실수를 한 적이 있습니다. 같은 시기에 저보다 나이가 많은 목사님이 유학을 왔습니다. 그런데 이분은 목사를 하려고 한 것은 아닌데, 어찌하다 보니 목사밖에 할 수 없었답니다. 신학 대학을 졸업하고 또 군대는 가야 하니 군목으로 가서 편하게 지내려고 안수를 받은 분이었습니다. 그리고 제대해 봤자 별 볼 일이 없을 것을 예상하고 10년 이상 군목 생활을 해서 소령까지 진급했답니다. 제대를 해서 연금을 탈 수 있게끔 하고서는 여기저기 수소문해서 미국 기관 목사 추천사를 받아 유학을 왔습니다. 그러고는 공공연히 자기는 미국에 눌러앉겠다고 하더군요. 그래서 제가 그분과 만날 때마다 싸웠습니다. 너 같은 '강아지' 때문에 올 수 있는 사람이 못 온다고 말이죠. 그랬더니 옆에서 구경하던 사람들이 둘 다 '강아지'라고 하더군요. 나는 사람들에게 '나를 이 사람과 함께 도매금으로 넘기지 말라'고 하며 그 목사님을 자꾸 밀어냈습니다. 지금 생각하면 참 어리석은 일이었습니다. 그렇다고 '우리는 똑같습니다'라고 그럴 필요는 없지만, 밀지 말고 그냥 가만히 있으면 되는 거였습니다. 저는 그런 사람이 아니라고 선을 그으려고 참 많은 애를 썼습니다. 어리석고 철없는 짓이었습니다. 신앙적 차원에서 이를 훈련한 적이 없었기 때문이었던 것 같습니다. 내가 정당하는 것을 증명하기에 급급해서 그 정당한 것을 어떤 식으로든 나타내고 어떻게 힘을 써야 하는지를 너무 몰랐습니다.

우리가 함께 가는 싸움에서 제일 조심해야 하는 것은 '거치는 것을 두지 않는 것'이며, '내 맘에 들지 않는 것을 참는 것'입니다. 사도 바울이 '내가 고기를 먹어서 다른 사람들이 시험을 받는다면, 나는 평생 고기를 먹지 않겠다'고 한 것처럼 말이죠. 이것은 '나는 다르다'가 아닙니다. 같이 갈 생각을 해야 합니다.

에베소서 5:15-17을 봅시다.

> 그런즉 너희가 어떻게 행할지를 자세히 주의하여 지혜 없는 자같이 하지 말고, 오직 지혜 있는 자같이 하여 세월을 아끼라. 때가 악하니라. 그러므로 어리석은 자가 되지 말고, 오직 주의 뜻이 무엇인가 이해하라.

주의 뜻이 뭡니까? 제자에게 요구하신 하나님의 명령은 결국 우리가 하나님의 자녀이기에 거룩한 나라로 함께 가는 싸움을 하라는 것입니다. 그분의 백성으로 함께 가라고 하십니다. 그래서 18-21절에 나오는 제자도는 이런 것들입니다.

> 술 취하지 말라. 이는 방탕한 것이니 오직 성령으로 충만함을 받으라. 시와 찬송과 신령한 노래들로 서로 화답하며, 너희의 마음으로 주께 노래하며, 찬송하며, 범사에 우리 주 예수 그리스도의 이름으로 항상 아버지 하나님께 감사하며, 그리스도를 경외함으로 피차 복종하라.

성령 충만은 하나님의 뜻을 따라 사는 제자도의 완성이라고 할 수 있습니다. 그 성령 충만은 북받치는 감사, 환희, 희열 등으로 나타나는 것이 아니라 여기에는 '복종'이라는 원리로 강조되고 있다는 것이 의미심장합니다.

'복종'이 왜 등장할까요? 빌립보서 2:3을 보면 "겸손한 마음으로 각각 자기보다 남을 낫게 여기[라]"는 말씀이 나옵니다. 이것이 함께 가는 싸움입니다. 함께 가는 데 있어서 제일 중요한 것은 교만한 마음과 독선적인 마음을 가지지 않는 것입니다. 상대방을 대접하고 배려하는 마음을 갖는 것입니다. 그래서 신앙의 최고 행동 원리는 사랑입니다. 사랑은 복종으로 나타납니다. 상대방을 대접해주는 겁니다.

성경은 이렇게 푸는 셈입니다. 둘이 함께 가면 의견이 두 개가 나옵니다. 셋이 가면 셋이 나오고, 넷이 가면 넷이 나옵니다. 그럴 때 서로 의견이 다르면 합의해서 맞춰야 합니다. 혼자 가면 100퍼센트 만족할 수 있습니다. 자기 생각대로 하면 되니까요. 둘이 갈 때는 50퍼센트만 만족하고 나머지 50퍼센트의 불만은 감수해야 합니다. 그래야 둘이 갈 수 있습니다. 셋이 가면 30퍼센트 만족하고 70퍼센트는 포기할 각오를 해야 합니다. 그래서 여럿이 함께 간다는 것은 실력이 없으면 불가능합니다. 그러니 몇천 명씩 모이는 교회라면 도대체 얼마나 만족을 할 수 있겠습니까? 10퍼센트 정도 될까요? 그 10퍼센트가 뭐냐면 중요한 원칙, 목표만 일치하면 나머지는 감수해야 함께할 수 있습니다.

혼자서도 하나님 앞에 가기가 어려운데, 주님은 우리에게 이웃들과 함께 오라고 하십니다. 이웃은 신자와 비신자들을 다 포함합니다. 우리는 이웃과 함께 가야 하는 특정한 시대와 환경에 처해 있습니다. 그 길을 가는 동안 가족, 가문, 동창, 이웃 등 우리에게 주어진 주변인들과 함께 가야 하는 어떤 책임과 짐도 져야 합니다. 그 사람들과 함께 가려면 아주 중요한 원칙 몇 개를 제외하고는 대부분 양보할 수밖에 없습니다. 이를 잘 양보해서 가장 중요한 문제에 상대방을 잘 동참시키느냐가 제자의 역할입니다.

재미있는 질문 하나 하겠습니다. '성가대원들이 무더운 여름에도 가운을 입어야 한다? 아니다, 가운을 벗어도 된다?' 여러분은 어떻게 생각하십니까? 저는 벗을 수도 있다고 생각합니다. 그러나 꼭 입어야 한다는 쪽이 많으면 저는 우기지 않습니다. 그게 그렇게 중요한 것이 아니기 때문입니다. 그런데 우리는 이런 것 때문에 갈라섭니다. 안 되면 가운을 투피스로 만들어서 하나만 입으면 됩니다. 그건 중요한 게 아닙니다. 그런데 이런 것들로 사람들은 '입는 파'와 '안 입는 파'로 갈라섭니다. 그래서 함께 가질 못합니다. 무엇 때문에 그렇습니까? 마음에 들지 않는 것을 감수하는 훈련을 받지 못해서 그렇습니다. 서로 그 꼴을 못 보는 거죠. 그래서 '서로 피차 복종하라'는 것은 굉장히 중요한 제자훈련의 원칙입니다.

순종

어쩌면 에베소서 5:22-6:9에서 신앙의 최고 원리를 소개한다고 볼 수 있습니다. 이는 다 성령 충만입니다. 성령 충만의 대표적 모습은 순종입니다. 먼저, "아내들이여, 자기 남편에게 복종하기를 주께 하듯 하라"(22절)입니다. 남성분들은 이 말씀만 나오면 되게 좋아하시고, 여성분들은 떨떠름하게 생각하십니다. "주께 하듯 하라"고 합니다. 이건 참 무서운 원리입니다. 그다음 6:1에 가면 "자녀들아, 주 안에서 너희 부모에게 순종하라"고 하고, 5절에 가면 "종들아, 두려워하고 떨며 성실한 마음으로 육체의 상전에게 순종하기를 그리스도께 하듯 하라"고 합니다. 물론 그 반대쪽 요구도 있습니다. "남편들아, 아내 사랑하기를 그리스도께서 교회를 사랑하시고 그 교회를 위하여 자신을 주심같이 하라"(5:25)가 나오고

"또 아비들아, 너희 자녀를 노엽게 하지 말고 오직 주의 교훈과 훈계로 양육하라"(6:4)가 나오며, "상전들아, 너희도 그들에게 이와 같이 하고 위협을 그치라. 이는 그들과 너희의 상전이 하늘에 계시고 그에게는 사람을 외모로 취하는 일이 없는 줄 너희가 앎이라"(9절)가 나옵니다.

그러나 에베소서 5:18-21에서 제자도의 가장 중요한 원리로 복종을 제시하고서 "아내들이여……복종하[라], 자녀들아……순종하라, 종들아……순종하[라]"가 먼저 나오는 것은 이들이 순종을 요구 받는 배역이기 때문입니다. 아내와 자녀와 종이 더 책임이 많아서 그런 게 아닙니다. 남편이나 부모나 상전도 책임은 동등하지만, 순종의 원리가 제자도에서 훨씬 강조되어야 할 원리이기 때문입니다. 그렇기 때문에 우리는 상대방이 함께 갈 만한 사람인지 아닌지는 예수를 믿는 것과 주의 사랑이라는 대원칙에서만 따지고, 이에 충돌하지 않으면 나머지는 자신에게 책임을 묻는 버릇을 들여야 합니다. 그게 제자훈련입니다. 일흔 번씩 일곱 번을 용서해야 하고, 남을 나보다 낫게 여겨야 합니다. 그리고 하나님이 그리스도 안에서 우리를 용서하듯 모든 사람을 대해야 합니다. 우리는 지고 고난 받고 죽도록 부름받았다는 것을 잊지 말아야 합니다. 여러분은 이 배역에 관한 문제를 혼동하지 말아야 하고, 이런 자세로부터 출발해야 합니다.

여러 번 강조했듯이 '예의'라는 것은 상대방의 존재 가치를 인정하는 것입니다. 그 존재 가치를 세상적 상식과 교양의 차원에서 인정하는 것이 아니라 하나님의 은혜와 사랑이라는 차원에서 인정하는 것입니다. 사실, 우리는 상대방이 어떻게 될지 모릅니다. 사울이 스데반을 죽였을 때는 아무도 그가 대사도 바울이 될 것이라고 예상하지 못했습니다. 성경에는 이런 사례가 꽤 많습니다. 아브람이 믿음의 조상 아브라함이 될 줄 몰랐고, 모세가 위대한 구국 영웅이 될 줄 몰랐습니다. 하나님이 사람을 쓰시면 언제든지 변하고 기적이 일어난다는 사실을 우리는 인정하고 상대방을 대해야 합니다.

골로새서 3:12을 봅시다.

> 그러므로 너희는 하나님이 택하사 거룩하고 사랑받는 자처럼 긍휼과 자비와 겸손과 온유와 오래 참음을 옷 입고.

성경을 보면 이런 점에서 가장 많이 놀랍니다. 앞서 언급했듯이 서신서에는 전도에 관한 이야기가 거의 없습니다. 대신 골로새서 3:12과 같은 내용은 정말 많습니다. 이 말씀은 전부 상대방을 배려하고 기다려 주는 겸손한 자세를 말합니다. 제자는 이를 훈련하는 겁니다. 얼굴에 '쌩'한 표정을 짓는 것이 아닙니다. 똑똑한 것이 눈에 보이면 안 됩니다.

언젠가 저희 교회에서 예배 중에 어느 성도가 대표 기도를 했습니다. 그런데 그 기도를 듣는 교인 절반이 숨이 막혀서 죽을 뻔했습니다. 기도에 쉼표가 없어요. 말이 얼마나 빠른지 머리로 이해할 틈이 없이 도망가는 겁니다. 외운 건지 뭔지 정말 방언 같았습니다. 머리가 쫓아갈 수가 없었습니다. 너무 청산유수라 골짜기를 휘젓는 바람 같고, 떨어지는 폭포 같았습니다. 독수리가 날개 치듯 올라가는 것 같고, 물을 거스르는 물고기 같았습니다. 전부 눈 뜨고 쳐다봤습니다. 그 후유증이 바로 그다음 주 기도 순서를 맡은 분에게 단적으로 나타났습니다. 이 성도도 똑똑한 걸로는 둘째가라면 서러운 분입니다. 이 성도는 기도를 일부러 더듬으면서 했습니다. 지난 주 기도한 사람이 잘난 척한 걸 누구나 느꼈다는 것을 알고 이 성도는 반대로 행한 겁니다. 너무 진지하게 가슴이 막혀서 말이 안 오는 것같이 기도를 해버렸습니다. 이것도 악질입니다. 그게 왜 악질이냐면 이 사람은 기도를 한 것이 아니라 앞선 사람을 기도하는 행위로 정죄했기 때문입니다. 어느 교회든 이런 성도는 다 있습니다. 제가 자꾸 이런 것을 강조하니까 저희 교회 성도들은 머리를 들지 못하고 있습니다. 이런 사람들은 다 교회에서 열심 있고 실력 있는 성도입니다. 진심이 있는 사람이에요. 가짜는 아닙니다. 그러나 이를 그렇게밖에 표현 못한다는 것이 문제입니다. 배려를 배운 적이 없어서 그렇습니다. 제자훈련은 이런 것을 훈련하는 겁니다.

골로새서 3:13-17을 보십시오.

누가 누구에게 불만이 있거든 서로 용납하여 피차 용서하되, 주께서 너희를 용서하신 것같이 너희도 그리하고 이 모든 것 위에 사랑을 더하라. 이는 온전하게 매는 띠니라. 그리스도의 평강이 너희 마음을 주장하게 하라. 너희는 평강을 위하여 한 몸으로 부르심을 받았나니 너희는 또한 감사하는 자가 되라. 그리스도의 말씀이 너희 속에 풍성히 거하여 모든 지혜로 피차 가르치며 권면하고, 시와 찬송과 신령한 노래를 부르며, 감사하는 마음으로 하나님을 찬양하고, 또 무엇을 하든지 말에나 일에나 다 주 예수의 이름으로 하고, 그를 힘입어 하나님 아버지께 감사하라.

하나같이 상대방을 배려하는 원리가 녹아 있습니다. 하나님이 한 영혼을 얼마나 불쌍히 여기시는지를 살펴보고 인간 존재를 평가하고 겸손한 마음으로 대할 것을 명하는 재미있는 표현입니다.

만일 가까운 지인이 여러분에게 상담을 요청하거든, 그 문제를 듣고 난 후에 "우리 점심 먹고 나서 계속해요"라고 하십시오. 점심 먹으면서 대화를 다른 곳으로 돌려, 그 사람이 오늘 왜 만났는지 잊고 돌아가게 하세요. 그렇게 돌려보내는 것이 상담입니다. 상담은 선한 일을 위해서 오는 게 아니라 자폭하려고 할 때 마지막으로 오는 게 상담입니다. 자폭하려는 사람에게 충고나 독려를 해서 보내면 안 됩니다. 입시 철이 되면 대학교에 들어가지 못한 사람들이 생기게 마련입니다. 그럴 때, "공부 안 하니까 그렇지, 기도 안 했으니까 그렇지" 이러면 안 됩니다. "야, 나도 재수, 삼수했어"라는 말이 오히려 위로가 됩니다. 상대방이 힘을 얻도록 새로운 희망을 주는 것이 배려입니다. 하나님이 그걸 원하십니다.

계속 이야기한 것처럼, 하나님은 우리를 예수의 증인으로 삼으시려고 전도적 사명을 주셨습니다. 그러나 이 전도적 사명은 전도라는 행위적 사건보다는 우리가 사람들을 기다리고 찾아가는 자세가 어떠해야 하는지에 대해 요구하고 있고, 우리가 누구인지를 우리의 성품과 인생의 가치와 삶의 모습을 통해 전할 것을 요구합니다. 그러므로 전도적 사명은 현실에서 우리와 부딪치는 모든 문제 곧 존재 자체, 성품, 삶의 자세, 원리, 방법, 가치관 등에 대한 반응이 가장 중요한 요소임을 확인할 수 있습니다.

우리는 하나님이 모든 사람을 나와 같이 사랑하시고 긍휼히 여기시고 구원하려 하신다는 것을 잊지 않아야 합니다. 그래서 다른 사람들이 우리 마음에 들지 않고, 우리가 보기에 부족한 부분이 있어도 섣부른 심판을 하지 않아야 합니다. 그리고 우리는 기다려야 합니다. 하나님이 우리를 통하여 그들을 부르실 것을, 우리와 그들이 서로 합력하여 하나님 앞에 동등한 거룩과 의와 영광으로 설 것을 기대해야 합니다. 왜 성경이 이 일을 강조할까요?

골로새서 3:15을 다시 한번 봅시다.

> 그리스도의 평강이 너희 마음을 주장하게 하라. 너희는 평강을 위하여 한 몸으로 부르심을 받았나니 너희는 또한 감사하는 자가 되라.

나와 너는 하나라는 것을 잊지 않아야 합니다. 주 앞에서 나만 있지 않습니다. 달리기를 해서 선착순으로 등수 내에 든 사람만 하나님의 사랑과 보상을 받는 게 아닙니다. 하나님이 십자가 곧 예수 그리스도를 통하여 세상의 그늘에 있는 자들과 죽음에 있는 자들을 찾아오셨다는 것을 이해하고 사는 것입니다. 만약 이를 기억한다면 우리가 사람을 대하고 평가하고 기대하는 모든 것에 대해 달라질 수밖에 없습니다. 그래서 우리에게 주어진 모든 조건에 대해 불평할 수 없고, 어떤 사람 때문에 지고 있는 짐 곧 나에게 요구하는 인내와 희생에 대해 불만을 가질 수 없습니다.

인내

성도가 가진 중요한 신앙의 원리 중의 하나가 '순종'이고, 또 다른 하나는 '인내'입니다. 부부가 결혼 생활을 실패하는 가장 큰 이유는 서로 상대방이 내 짐을 덜어 줄 것이라고 기대하기 때문입니다. 혼기가 찬 젊은 남녀에게 배우자의 조건을 물으면, 공통적으로 '이해심이 많은 사람'을 꼽습니다. 이해심이 많기를 바란다는 것은 앞으로 자기 배짱대로 계속 살겠다는 의지의 선언입니다. "내가 하는 것에 대해 네가 양보해라" 이거죠. 그걸 이해심이 많은 사람이라고 표현하는 겁니다. 그러나 그 말만 들으면 무슨 정당한 요구 같습니다. 그러나 기혼자 여러분, 결혼하고 여태껏 살면서 경험한 바에 의하면 짐이 덜어지던가요? 아닙니다. 짐도 웬만한 것이 아니라, 아주 그냥 덤터기를 썼죠. 이럴 줄 모르고 결혼했죠. 시집에 웬 친척이 그리 많은지, 그 친척들은 왜 사사건건 말썽이고 다달이 순서대로 일을 일으키는지 모릅니다. 남편들도 처갓집에 웬 행사가 그렇게 많은지 그냥 넘어가는 날이 없습니다. 이런 생각은 기혼자라면 누구나 한 번쯤 생각해봤을 겁니다. 그런데 이런 생각은 근본적으로 잘못된 것입니다. 배우자를 자기 짐을 덜어주는 대상으로 기대했기 때문입니다. 내가 배우자에게 이해심을 요구한다면 자신 역시 그만큼 혹은 그 이상의 이해심을 가져야 합니다.

우리가 주를 향한 열심과 진심이 있는 것은 사실입니다. 그런데 자기 스스로 무엇을 하겠다고 정합니다. 그러고는 그걸 할 수 있는 모든 조건은 하나님 보고 만들어 내라고 합니다. 이런 막무가내 신앙 행위가 어디 있습니까? 하나님이 우리에게 요구하시는 것은 그게 아닙니다. '십자가를 지라'고 하십니다.

골로새서 3:15을 다시 보십시오. "너희는 평강을 위하여 한 몸으로 부르심을 받았나니 너희는 또한 감사하는 자가 되라"고 했습니다. 이렇게 연결된 것은 대단히 재미있습니다. 여러분이 지는 짐을 부담으로, 억울함으로 여기지 마십시오. 그 모든 것이 얼마나 감사한 일인지를 알아야 합니다. 여러분은 그 일 때문에 부름받았고, 그 일로 인해 여러분의 인생이 드디어 보람과 가치를 갖는 것입니다. 하나님의 크신 은혜로 우리가 구원받았을 뿐 아니라 예수 그리스도의 십자가 사역에 동참하는 특권을 누리는 것입니다. 이것은 대단한 복입니다. 이 특권이 없으면 우리는 나중에 하늘나라에 가서 면류관을 쓸 이유가 없습니다. 세상 사는 동안 잠시 겪는 고생으로 하나님 나라에서 영원토록 자랑스럽게 된다는 것은 하나님의 대단한 배려이며 복입니다. 칠순이 넘었는데 50년 더 살 분이 있다면 그건 큰 벌입니다. 혹 하나님이 중요한 일 때문에 오래 살게 하시면 감당하셔야죠. 그건 특별한 일이 있기 때문에 하나님이 그 일을 맡기시려고 더 많은 시간을 허락하신 줄 알고 감당해야 합니다. 그러나 모든 날과 일은 우리에게 짐이라는 것을 잊지 마십시오. 여러분이 살아 있는 한 여러분은 땀을 흘려야 하고 고민하셔야 합니다.

우리는 텔레비전 광고에 나오는 배우처럼 해맑은 웃음을 지을 수가 없습니다. 그건 머릿속에서 하는 겁니다. 우리가 어떻게 그런 티 없는 웃음을 지을 수 있습니까? 우리가 지고 있는 짐은 매일 져야 하는 건데 어떻게 그렇게 아무 고민 없이 웃을 수 있습니까? 새 옷을 사면 그렇게 웃을 수 있고, 새로운 냉장고나 세탁기를 들여놓으면 그렇게 웃을 수 있나요? 안 됩니다. 천하에 어떤 걸 해보아도 우리가 질 짐이 줄지는 않습니다. '최신형 청소기를 샀더니 모든 고민도 다 빨아들이더라.' 이런 건 없습니다.

그래서 이것이 전부 감사로 갑니다. 감사로 결론이 요구되는 이유는 우리가 지는 짐의 영광과 가치를 아는지 묻는 셈이고, 하나님의 자녀로 부름받아 사는 인생살이가 근본적으로 어떤 형태를 취하는 어떤 일인지 아느냐고 묻는 셈입니다. 내가 요구한 것이 이루어졌기 때문이 아닙니다. 하나님이 나에게 십자가를 지라고 하신 그 길의 영광과 특권을 알기 때문입니다. 내가 나를 증명하기 위해 상대방을 죽이는 경쟁적 차원에서 하는 승리가 아닙니다. 내가 나를 쳐 복종시켜 하나님이 하시는 일 곧 그리스도의 남은 고난을 교회를 위해 내 육체에 채우기 때문입니다. 그리스도의 남은 고난이 무엇입니까? 예수께서 십자가를 지셔서 우리를 구원하신 그 길을 잇는 것입니다. 그것이 제자도입니다. 우리는 기다려야 합니다. 한없이 용서해야 합니다. 십자가를 져야 합니다. 상대방에게 지라고 하지 말아야 합니다. 밥을 먹지 않아도 배부르고 잠을 안 자도 피곤하지 않는 일은 없습니다. 누군가 갑자기 은혜를 받았다고 펄펄 뛰더라도 그냥 두십시오. 발바닥이 뜨거워서 그러는 겁니다. 아기 곰이 숯불 위에 올라선 것과 같습니다.

제자훈련은 갈라디아서 5:16과 같은 결론에 이르러야 합니다. "내가 이르노니 너희는 성령을 따라 행하라. 그리하면 육체의 욕심을 이루지 아니하리라." 바로 성령을 좇는 생활입니다. 성령을 따라 사는 삶은 에베소서 5장에서 본 바와 같이 복종하는 것입니다. 복종하는 것은 다른 말로 다른 사람과 함께 가기 위해 심판권을 포기하고, 나의 권리와 주장을 감추고 희생을 감수하는 자세를 말합니다. 그리고 함께 가기 위하여 이해할 수 없는 상대방의 말과 행동을 대신 지고 감사하는 것입니다. 이는 골로새서 3장에서 확인했던 것입니다. 모든 일에 희생을 감수해야 하는 상황에서 우리는 성령의 열매가 "사랑과 희락과 화평과 오래 참음과 자비와 양선과 충성과 온유와 절제"(22-23절)라는 것을 압니다. 제자훈련에서 가장 중요한 특징은 성품이지 능력이 아닙니다. 그 성품은 전부 상대방 곧 이웃 간의 관계에서 이루어지는 것입니다. 상대방을 용납하는 것이요, 상대방의 유익을 위해 희생하는 것이요, 함께 가는 싸움을 위한 기다림이고 겸손이며 온유라는 것을 확인하실 것입니다.

마태복음 5:43-45을 보십시오.

'또 네 이웃을 사랑하고 네 원수를 미워하라' 하였다는 것을 너희가 들었으나 나는 너희에게 이르노니 '너희 원수를 사랑하며 너희를 박해하는 자를 위하여 기도하라. 이같이 한즉 하늘에 계신 너희 아버지의 아들이 되리니, 이는 하나님이 그 해를 악인과 선인에게 비추시며 비를 의로운 자와 불의한 자에게 내려주심이라.

주께서 일찍이 예수 믿는 자들 곧 제자 된 자들에게 요구하신 신앙의 모범적 표를 심령이 가난하고, 애통하고, 의에 주리고 목마르다는 팔복으로 소개한 것을 우리는 압니다. 특히 앞의 말씀은 마태복음 5장을 마무리하는 내용입니다. 왜 원수를 사랑하고 핍박하는 자를 위해 기도해야 합니까? 이유는 단 하나입니다. 45절에 나온 바와 같이, "하늘에 계신 너희 아버지의 아들이 되[기 위해서]"입니다. 하나님이 우리에게 맡긴 일은 원수를 사랑하고 우리를 핍박하는 자를 위하여 기도하는 일입니다. 하나님은 실제로 먼저 그 일을 하셨습니다. 원수 된 우리를 그리스도의 십자가로 화목하게 하시고 사랑하사 그의 자녀라는 귀한 특권을 우리에게 허락하셨습니다. 이것이 하나님이 하신 일입니다. 그 결과 우리가 예수를 믿고 이 자리까지 온 것입니다.

그러므로 제자도는 우리가 누구였으며, 어떻게 이 자리에 왔는지를 이와 같이 펼쳐 내지 않고서는 증명할 수 없습니다. 우리가 원수를 사랑하는 것은 하나님이 원수였던 우리를 사랑하셨기 때문이요, 우리를 핍박하는 자를 위해 기도하는 것은 우리가 하나님 앞에 몹쓸 짓을 한 자들임에도 불구하고 그분께서 우리를 위하여 그 아들을 아끼지 않았기 때문입니다. 이것 외에는 우리가 믿고, 얻은 은혜들을 나타낼 다른 방법은 없습니다. 이것이 아니면 우리의 신앙이라는 것은 그저 상식과 교양이 되고 말 것입니다. 우리는 그 이상이어야 합니다. 그래서 예수께서 뭐라고 말씀하셨습니까? 마태복음 5:46-48입니다.

> 너희가 너희를 사랑하는 자를 사랑하면 무슨 상이 있으리요? 세리도 이같이 아니하느냐? 또 너희가 너희 형제에게만 문안하면 남보다 더 하는 것이 무엇이냐? 이방인들도 이같이 아니하느냐? 그러므로 하늘에 계신 너희 아버지의 온전하심과 같이 너희도 온전하라.

"너희가 너희를 사랑하는 자를 사랑하면 무슨 상이 있으리요?" 이는 상식입니다. "또 너희가 너희 형제에게만 문안하면 남보다 더하는 것이 무엇이냐?" 이는 윤리와 도덕입니다. 우리는 그 이상의 것을 하도록 부름받았습니다. "그러므로 하늘에 계신 너희 아버지의 온전하심과 같이 너희도 온전하라"고 말입니다. 이것이 제자도입니다.

이 훈련을 하셔야 합니다. 여러분이 하나님 앞에 부름받은 것,

그래서 얻은 구원과 그 목표하는 것과 보상 받을 모든 일의 내용이 무엇이며, 그 내용을 어떻게 펼쳐야 하는지를 성경이 요구하는 방식대로 훈련해야 합니다. 용서하고 기다리고 희생하고 사랑해야 할 것입니다. 함께 가는 싸움을 위하여 우리의 권리와 주장을 감추고 양보하며 희생해서 하나님이 우리를 통해 일하시는 구원 사역과 베푸시는 사랑에 거침돌이 되지 않아야 합니다. 그에 따른 절제와 희생이 바로 제자훈련입니다.

지혜, 분별과 안목

제자훈련은 믿음, 소망, 사랑이라는 근본 원리로 이루어져 있습니다. 우리가 믿고 소망하는 것을 함께 가는 싸움이라고 했는데, 그 싸움에서 우리가 절제하고 양보하고 희생해야 합니다. 제자훈련을 근본적으로 잘 사용하기 위해서는 이해와 원칙이 필요합니다. 제가 보기에 그 이해와 원칙은 분별과 안목이라고 생각합니다. 한마디로 지혜라고 얘기해도 좋습니다.

　우리가 함께 갈 사람들을 만났을 때, 현재 그 사람의 수준에 맞게 우리가 가진 것을 전달하고, 그 사람이 일정 수준에 도달할 수 있도록 인도하며, 그 사람에게 거침돌이 되지 않으면서 그 사람이 분발하여 스스로 제어하도록 격려한다는 게 사실 쉽지 않습니다. 내가 믿는 바를 상대방에게 전해야 하는데 그렇게 간단하지 않습니다. 상대방은 종교에 대한 편견을 갖고 나에게 답을 달라고 합니다. "하나님이 있다면 보여줘 봐!" 이런 식으로 나온다 말이죠. 우리가 믿는 것이 무엇인지를 이들에게 전하려면 상당히 많은 시간과 시행착오를 겪어야 할지도 모릅니다. 그런데 우리는 '두드리면 열린다' '열 번 찍어 안 넘어 가는 나무 없다' 이런 생각으로 접근합니다. 이것은 너무 미련한 생각입니다.

베드로후서 1:3-7을 봅시다.

> 그의 신기한 능력으로 생명과 경건에 속한 모든 것을 우리에게 주셨으니, 이는 자기의 영광과 덕으로써 우리를 부르신 이를 앎으로 말미암음이라. 이로써 그 보배롭고 지극히 큰 약속을 우리에게 주사 이 약속으로 말미암아 너희가 정욕 때문에 세상에서 썩어질 것을 피하여 신성한 성품에 참여하는 자가 되게 하려 하셨느니라. 그러므로 너희가 더욱 힘써 믿음에 덕을, 덕에 지식을, 지식에 절제를, 절제에 인내를, 인내에 경건을, 경건에 형제 우애를, 형제 우애에 사랑을 더하라.

하나님의 자녀로 부름받고 그분의 성품에 참여하는 자로 부름받은 우리에게 "믿음에 덕을, 덕에 지식을, 지식에 절제를, 절제에 인내를, 인내에 경건을, 경건에 형제 우애를, 형제 우애에 사랑을 더하라"고 합니다. 믿음은 모든 성도의 시작이고 뿌리입니다. 그런 의미에서 사랑은 완성이고 열매입니다. 그런데 이 말씀에서 믿음과 사랑 사이에 뭔가 많다는 사실을 알 수 있습니다. 믿음이면 다 되는 것 같고, 사랑이면 다 되는 것 같지만 그렇게 간단한 문제가 아닙니다. 내가 믿고 사랑하기로 결심하면 다 되는 게 아닙니다. 믿음에서 온전한 사랑에 이르는 그 거리가 멀다는 것을 기억하고, 많은 훈련을 해야 그 자리에 도달할 수 있다는 것을 알아야 합니다.

이 부분을 오해해서 가장 크게 해를 끼친 사람이 워치만 니

(Watchman Nee)입니다. 제가 아는 어떤 교회에 '워치만 니' 바람이 분 적이 있습니다. 그 교회 젊은이들이 변하기 시작했습니다. 완전한 신앙인으로 살기로 결심한 것입니다. 그러면서 교회 어른들을 무시했습니다. 젊은이들이 볼 때 어른들이 세상에 타협하며 살고, 말씀대로 살지 않는 것을 이해할 수 없었습니다. 젊은이들은 매일 모여서 기도하고 찬송하고 힘을 다해 봉사했습니다. 돈 받지 않고 야학을 열고, 지체 장애인들을 위해 일하고 말이죠. "오, 주님"을 진심으로 고백하며 기도하고 찬송했습니다. 누가 봐도 놀라웠습니다. 하지만 그런 그들이 실패를 했습니다. 이유는 그렇게 하지 않은 다른 사람들이 신앙인이 아닌 게 되어 버렸기 때문입니다. 무슨 말인지 아시겠습니까? 자기가 주를 향한 열심과 믿음을 가졌다고 해서 그게 다가 아닙니다. 그 믿음과 헌신이 눈물을 흐르게 하는 게 아니라 현실에서 눈물이 흘러야 합니다.

대표적으로 이런 예를 생각해 봅시다. 첫사랑이 왜 깨질까요? 첫사랑이 깨지는 이유는 단 하나입니다. 사랑을 이룰 힘이 없기 때문입니다. 사랑은 좋아하는 것이 아니고 같이 살아가는 힘입니다. 사랑을 하려면 "자기야, 나 사랑해?" "그럼, 난 당신을 사랑해"로 되는 게 아닙니다. 둘이 같이 살려면 일단 먹어야 합니다. 비가 오면 피할 곳이 있어야 합니다. 첫사랑이 깨지는 것은 그 사랑을 지키고 꽃 피우기 위해 다른 무엇이 필요한지를 모르기 때문입니다. 첫사랑을 할 때는 꼭 목숨을 걸고 합니다. 첫사랑이 깨지면 자살을 생각합니다. 그렇죠? 그때는 너무 순수하고 진실하여 온 힘과 정성을 다합니다. 그러나 그 사랑을 지키고 보호해야 하는 것에 대해서는 생각하지 않습니다. 그때는 지키고 보호해야 하는 이유와 힘을 모르기 때문에 깨지는 겁니다. 나중에 보면 대부분은 현실적 조건이 좋은 남자나 여자한테 고무신 거꾸로 신고 갑니다. 남자가 돌아서는 것보다 여자가 돌아서는 경우가 많은데, 그건 여자의 변심이 아니라 사랑을 지킬 실력을 갖춘 자를 선택하는 현명함 때문입니다. 사랑을 지켜 낼 실력을 가진 자는 상당히 많은 현실적 능력을 가지고 있습니다.

믿음이 사랑으로 나타나려면 무수한 산과 강을 건너야 합니다. 하나님의 사람으로 사는 것은 "주를 믿어요, 난 주님의 편이에요"라는 고백으로 할 수 있는 게 아닙니다. 내가 잘하고 싶은 것과 잘하는 것은 다르니까요. 믿음과 사랑이 내 것으로 되기 위해서는 그 모든 과정을 거쳐야 합니다. 그래서 훈련이 필요합니다. 사랑은 수채화 같은 게 아닙니다.

언젠가 제가 신학대학원에서 '설교 연습'이라는 수업을 했습니다. 학생들이 설교를 하면 제가 평을 해주는 식으로 강의를 진행했습니다. 한 학생이 설교를 수채화같이 했습니다. 그래서 듣는 자들이 속된 말로 '뿅' 갔습니다. 한 편의 시요 거룩한 음악이었습니다. 그런데 제가 초를 쳤습니다. "학생, 마치 어느 가을 날 코스모스를 본 것 같아요. 이것만큼 예쁜 게 없지요. 그런데 코스모스로 김치는 못 담궈요." 무슨 얘기인지 아시겠죠?

결혼 전에는 절대로 연인이랑 순댓국집, 설렁탕집 같은 곳을 가면 안 됩니다. 그때는 지저분해지지 않는 것을 먹습니다. 오렌지주스나 몽블랑 커피, 파스타나 스테이크 등 입을 가장 작게 열고 먹을 수 있는 곳으로 가야 합니다. 결혼하면 순댓국을 먹습니다. 길거리 음식도 거침없이 먹습니다. 그러고 남으면 싸 오기까지 합니다. 또 오렌지 주스보다 삼겹살 같은 걸 먹습니다. 그게 힘이 나거든요. 오렌지 주스 마시고는 '뽀빠이'가 될 수 없는 법입니다. 우리는 다 신앙을 너무 감상적으로 합니다. 튼튼해지는 싸움을 해야 합니다. 거친 것과는 이야기가 다릅니다.

베드로후서 1:5-7에 나온 대로 말하자면 "믿음에 덕을, 덕에 지식을, 지식에 절제를, 절제에 인내를, 인내에 경건을, 경건에 형제 우애를, 형제 우애에 사랑을" 더해야 합니다. 우리는 하나의 신앙이 얼마나 풍성하도록 계획되었는지를 볼 수 있습니다. 그래서 믿음이 좋다는 것은 선명함과 단호함에 대한 문제가 아니라 풍성함에 대한 문제임을 확인해야 합니다. 여기서 풍성함은 그 넓이와 깊이와 높이가 커지는 것을 말합니다. 그 안에 덕과 지식과 절제와 인내와 경건과 사랑으로 부요해진 믿음을 말합니다.

우리가 함께 가는 싸움이 힘든 이유는 단호하고 배타적일 정도로 유일함을 주장해야 하기 때문입니다. 대표적으로 '하나님 외에는 다른 신이 없다' '예수 그리스도로 말미암지 않고는 구원을 얻을 수 없다'는 주장입니다. 그러나 이것들이 어떤 식으로 우리 것이 되고, 우리 안에서 어떻게 신앙으로 커지는지는 각자 다릅니다. 누구는 죽을병에 걸려서 하나님을 만나기도 하고, 누구는 권태로웠다가 하나님을 만나기도 하고, 누구는 위기에서, 누구는 성공해서 하나님을 만나기도 합니다. 또 신앙이 평화 속에 발전하는 사람이 있고, 고난 속에 발전하는 사람이 있습니다. 우리가 이런 문제에서 분명히 경계해야 하는 사상은 근본주의입니다.

근본주의는 하나의 내용이 언제나 동일한 하나의 형태만을 취한다고 보는 견해입니다. 예를 들어, '믿음이 좋다는 것은 새벽 기도를 하는 것이다'라고 단정해 버리는 것입니다. 믿음이 나쁜데 새벽 기도를 하는 예는 드뭅니다. 새벽 기도하는 정도면 신앙이 좋은 사람입니다. 그러나 드물게 새벽 기도를 한 번도 안 해보던 사람이 정말 다급한 일이 생겨서 새벽에 뛰어나오는 일도 있습니다. 산 기도를 많이 하면 신령해집니다. 그러나 산기도 갔다가 뱀에 물린 사람도 봤습니다.

인생살이에서 한 사람이 성장하는 데 있어서 제일 중요한 것은 잘 먹고 잘 자는 것입니다. 그런데 밥이 보약이고 잠이 보약인 것은 말거리가 되지 않습니다. 특별하거나 비상한 방법으로 성장하면 말거리가 됩니다. 인삼이니 녹용이니 개소주를 먹었더니 병이 나아 튼튼해졌다고 하는 것들을 말합니다. 그러나 밥 대신 인삼을 먹거나 녹용을 먹지는 않습니다. 이것은 특별한 것들이기에 위기에 처했다가 회복되면 말거리가 됩니다. 그래서 우리는 밥보다 녹용이, 밥보다 인삼이 낫다는 생각을 합니다. 그렇지 않습니다. 밥이 최고입니다. 밥으로 안 돼서 비상한 방법을 동원해야 할 때가 있습니다. 밥은 비상한 수단이 아닙니다. 일반 수단입니다. 비상하다는 것만으로 보통보다 낫다고 하지 않습니다. 치유할 수 있기 때문에 보통을 넘어서는 것으로 알고 있지만 사람은 밥 먹고 살아야지 인삼 먹고 살 수 없습니다. 인삼, 녹용을 먹어 건강이 회복되면 다시 밥을 먹어야 합니다. 그러므로 일반적 방법과 내용을 과소평가하는 것은 잘못된 생각입니다.

신앙에서도 마찬가지입니다. 한 길만 달리는 것, 단호하고 선명한 것은 하나의 목표와 가치를 이루기에는 유리하지만 그것이 모든 사람을 살려내는 방법이 아닌 경우도 많습니다. 단호하고 선명한 것은 방향을 제대로 잡는 대신에 그렇지 못한 사람을 정죄하려는 버릇도 있습니다. 그래서 우리는 직선과 곡선의 차이를 알아야 합니다. 근본주의는 직선입니다. 직선은 이쪽저쪽을 확연히 구별하고 분별하는 장점을 가지고 있지만 목적을 이루는 데에는 대단히 나쁜 방법입니다. 왜냐하면 목표에 도달하고 그 목표를 이루기 위해서는 직선으로만 갈 수 없기 때문입니다. 예를 들어 저희 교회에서 '무역센터 옥상에 가자'고 하면, 교회 밖으로 나가서 무역센터 맨 꼭대기를 쳐다봅니다. 우리의 목적, 무역센터를 볼 때는 직선으로 봅니다. 그 직선은 방향과 목표를 말하는 것이지 갈 수 있는 길을 말하는 게 아닙니다. 무역센터 꼭대기를 갈 때에는 걸어가든, 차를 타고 가든, 길 따라 가서 1층에 도착해서 한 층씩 걸어 올라가거나 엘리베이터를 타고 올라갈 것입니다. 직선으로 갈 수 있는 자는 슈퍼맨밖에 없습니다.

겨우 기기 시작한 갓난아기는 높은 곳에 두지 않습니다. 그때는 자기가 목표하는 지점을 보고 갈 수 있다고 믿고 직선으로 가기 때문입니다. 주위를 살피지 않습니다. 그래서 아기들은 높은 책상 위에서 어떤 물건을 잡으러 공중에서 직선으로 가려고 합니다. 그래서 꼭 떨어져서 웁니다. 이런 사상이 근본주의입니다. 하나의 내용은 하나의 형태를 가진다고 생각해서 목표와 방향에 직선을 그려 실제로 사람이 가야 하는 길과 방법을 정죄하는 부작용을 낳기도 합니다.

보통 근본주의는 생활에서 나타나기보다는 말에서 나타나는 법입니다. 그래서 말로는 근본주의자를 이길 수 없습니다. 말로 싸우면 완전주의, 이상주의가 이기는 법입니다. 다시 생각해 봅시다.

저희 교회에서 무역센터 꼭대기까지 직선으로 가려면 어떻게 가야 합니까? 근본주의 신앙관은 일단 벽들을 뚫고 가야 합니다. 이마가 깨질 때까지 벽을 들이받다가 순교하는 것입니다. 이것은 미련한 짓입니다. 실제로 가지 못할 뿐 아니라 어쩌면 가지 않으려고 쇼를 하는 것인지도 모릅니다. 가려고 한다면 출입구로 가서 여러 길을 돌아서 가야 합니다. 어찌 보면 정반대로 가는 것처럼 보이지만 반대편으로 가는 게 아니라 목적지를 가기 위해 도는 겁니다. 우회는 목표 지점에 가기 위한 실제적 싸움이지 목표를 혼동하거나 외면한 것은 아닙니다.

그래서 우리는 용기와 만용, 지혜와 타협이라는 선에 대해 깊은 통찰력을 가져야 합니다. 목적지에 도착하기 위하여 돌아갈 수밖에 없는 것, 막힌 산 때문에 돌고 막힌 강 때문에 돌아가는 것은 회피하고 외면하는 것과는 다릅니다. 목표 지점을 가다가 장애물이 있어서 도는 것은 외면하고 회피하는 것 같습니다. 그런지 아닌지는 본인만이 압니다. 목표 지점에 기어코 가기 위해 쉬고 밥을 먹는 것입니다. 가기 위해 흉내만 내고 실제로 가지 않는 것과 다릅니다.

예전에 목사들이 공산권 선교에 대해 심각하게 논쟁한 적이 있습니다. 공산권 선교를 실제로 하자는 것인지, 어차피 실제로 할 수 없으니 쇼를 하자는 것인지를 논의했습니다. 대단히 재미있는 논쟁 아닙니까? 공산권 선교는 정말 어렵습니다. 옛날 공산권 선교는 실제로 다 비밀에 붙여졌습니다. 누가 가서 돈을 어떻게 썼는지 보고할 수 없었습니다. 그래서 공산권 선교라는 이름으로 아주 드물게 선교 헌금을 착복하신 분들이 있었습니다. 반면에 어떤 분들은 이 세상 어느 지역보다 공산 치하에 있는 영혼들이 제일 불쌍하다며 목숨을 걸고 선교를 하기도 했습니다. 어떻게 돈을 썼는지 보고를 하거나 누가 언제, 어디를 간다고 설명을 할 수가 없으니 개인적으로 욕을 먹으면서도 비밀을 지키면서 일을 한 사람도 있었습니다. 이런 것들이 어려운 점입니다.

그래서 우리는 이런 일들을 통해 용기와 만용의 차이, 지혜와 타협의 차이를 아는 분별과 안목이 필요하다는 것을 느낄 수 있습니다. 그런 면에서 저는 인생과 경륜에 있어서 많은 경험을 쌓고 이를 말씀에 비추어 분별력을 키우는 것이 제자훈련이라고 생각합니다. 그리고 키운 분별력으로 실제 목표 지점을 향하여 걸어가는 싸움도 제자훈련이라고 여깁니다.

대표적인 예를 들어보겠습니다. 솔로몬이 왕이 되어 이름을 떨친 유명한 사건이 있습니다. 여인 둘이 애 하나를 데리고 솔로몬에게 왔습니다. 누가 친모인지 친자 확인 소송을 제기했습니다. 한 집에 사는 여인 둘이 애를 낳았는데, 해산한 지 사흘 만에 한 엄마가 자다가 자기 아이를 깔아 죽였습니다. 그러고는 밤중에 일어나서 죽은 자기 아이를 옆에 자던 엄마 아이와 바꿔 놓고 산 아이를 자기 아이라고 우겼던 사건입니다. 친모는 자기 아이를 압니다. 그런데 상대방도 친모의 아이를 자기 아이라고 우깁니다. 그러자 솔로몬이 판결을 내렸습니다. "둘이 서로 자기 아이라고 우기니, 그 아이를 반으로 나눠 줘라"고 말이죠. 그러니까 누가 양보를 했습니까? 친모가 양보했습니다. 왜 그랬나요? 자기가 옳은 것보다 자기 아이를 살리는 게 더 중요했기 때문입니다. 이것이 지혜 곧 분별과 안목입니다. 모든 성도가 갖고 있어야 하는 지혜입니다. 누가 살아야 하는지의 싸움입니다.

또 다른 예가 있습니다. 모세의 기도입니다. 이스라엘 백성이 400년간 노예로 살던 이집트를 탈출한 뒤, 모세가 율법을 받으러 시내 산에 올라갔습니다. 40일 동안 아무 소식이 없자 시내 산 아래에서 백성들이 금송아지를 만들었습니다. 하나님이 백성들을 다 죽이겠다 하셨습니다. 그럴 때 모세가 뭐라고 했습니까? "이 백성을 죽이시려면 제 이름도 빼 주십시오"라고 했습니다. 이게 무슨 이야기인지 아시겠어요? 지금 우리가 맡은 일이 무엇인지 알아야 합니다. 내가 옳은지, 내가 얼마나 굉장한지가 아닙니다. 이 백성을 구하는 것이 하나님의 뜻입니다. 내 자식을 살리는 것이 더 중요한 문제입니다. 이것이 십자가 정신입니다. 주께서 우리를 위하여 기꺼이 죽으셨습니다. 누가 더 중요합니까? 우리가 더 중요합니다. 예수 그리스도의 목숨보다 우리가 더 가치 있다는 의미가 아닙니다. 하나님의 일하시는 초점이 어디에 있느냐는 뜻입니다. 이해하시겠습니까?

우리가 신앙생활을 하면서 이 훈련이 아직 덜 되었다는 걸 확인하는 때가 있습니다. 바로 오해받을 때입니다. 우리는 자신이 오해받는 꼴을 못 견딥니다. 교회가 깨지고 상대방이 묵사발이 되는 한이 있어도 내가 옳다는 것만은 증명해야 합니다. 이 싸움에서 다 집니다. 그러지 말고 애를 살리는 싸움을 해야 합니다. 이게 제자도입니다. 십자가를 지는 것은 애를 살리는 싸움이고, 친구를 위하여 목숨을 버리는 것이며, 많은 열매를 위해 밀알이 되는 것입니다. 나를 증명하기 위해 다른 사람을 죽이지 말고, 다른 사람을 살리기 위해 내가 죽어야 합니다. 성경에 나오는 모세와 바울의 기도가 바로 이런 것입니다. "이 백성을 멸하시려면 나도 함께 빼 주십시오.

내 골육 친척이 구원을 얻기 위해서라면 내가 저주를 받아도 좋습니다"라는 기도가 나오는 이유입니다. 그런데 우리는 그렇게 하지 않습니다. 나를 증명하기 위해 우리는 얼마든지 다른 사람을 죽입니다. 그건 아주 잘못 가는 것입니다. 그런 문제만 넘어선다면 제자도가 무엇이고, 제자훈련이 무엇이며, 우리가 어떻게 가야 하는지를 아는 일에 실수하지 않을 것입니다.

비슷한 예를 하나 더 들겠습니다. 살다 보면 분별과 안목 곧 지혜의 차원에서 무엇이 정직이냐는 싸움을 겪을 때가 있습니다. 어느 날 한 여인이 제게 상담을 요청했습니다. 이 여인은 자기에게 과거가 있다고 고백했습니다. 지금은 다시 결혼해서 잘 살고 있습니다. 남편은 자기가 과거가 있다는 것을 모릅니다. 그걸 숨기고 잘 살아왔는데, 이 여인이 예수를 믿게 되었습니다. 신앙생활을 하다 보니 자신의 과거가 찔리기 시작했습니다. 그래서 남편에게 자신의 과거를 고백해야 할 것 같다는 것입니다. 그런데 고백을 하면 현재 잘 살고 있는데 평지풍파를 일으키게 생겼으니 어떻게 하면 좋겠냐는 상담이었습니다. 여러분은 어떻게 생각하십니까?

저는 이런 문제에 대해 고민할 게 없다고 생각합니다. 제 답은 "얘기하지 마십시오"입니다. 제 대답에 대해서 여러분은 어떻게 생각하십니까? 그 여인이 남편에게 정직하게 얘기를 해야 옳습니까? 하지 말아야 옳습니까? 제가 먼저 답을 얘기했으니까, 다 아시겠죠? 그럼 "왜 하지 않아야 합니까?"라고 물으시면 안 됩니다. 왜 하지 말아야 하는지 그걸 모르면 안 됩니다. 모른다는 건 정직의 의미를 몰라서 그렇습니다. 과거를 고백하는 것이 정직하다는 말은 정직의 의미에 부합하지 않습니다. 자기 과거를 고백하는 것은 상대방에게 자기 짐을 떠넘기는 것에 불과하기 때문입니다. 내가 과거를 이야기하지 않고 남편을 속이면서 지금 이런 삶을 살고 이런 대접을 받는 게 잘못이라는 생각이 들겠죠. 그러나 그 짐은 자기 스스로 져야 합니다. 그 사실을 남편에게 이야기함으로써 가정이 깨지는 것이 아니라 더 근본적으로 '난 이제 정직하게 할 말을 다 했어. 그러니까 이제부터 용서하든 안 하든 그건 당신 책임이에요'가 됩니다. 그래서는 안 됩니다. '과거는 얘기하는 것이 아니다'라는 말이 아닙니다. 과거를 얘기하고 같이 풀어야 할 때가 있습니다. 이것은 전혀 다른 문제입니다. 우리는 종종 '나는 정직했다' 혹은 '내가 잘못했다고 사과했다'는 것만으로 그다음부터는 상대방이 무조건 나를 용서해야 하고, 무조건 없었던 것으로 해야 한다고 요구합니다만, 그건 잘못입니다. 만일 과거를 얘기해야 할 상황이 되어 얘기를 한다면 벌을 달게 받을 각오를 해야 합니다. 짐을 넘기는 태도는 안 됩니다. 그것은 정직이 아닙니다. 내 짐을 상대방에게 떠넘기는 것을 정직이라고 하지 않습니다. 그것은 '책임 회피'라고 합니다. 평생 그 짐을 지고 미안해하며 사셔야 합니다. 그것이 정당한 신앙입니다. 하나님이 자신의 과거를 감춰 주시고 지금까지 자기가 받은 대접을 감사하면서 다른 모든 문제에서 희생을 감수하면서 사는 게 정당한 신앙입니다. 이것을 잘못 사용하지 마십시오. 물론 어려운 내용입니다.

신앙생활을 할 때 훌륭하거나 성공한 것을 모범이나 표준으로 삼으면 안 됩니다. 신앙생활에 있어서 가장 훌륭한 모범은 평범한 것입니다. 평범하다는 것은 못났거나 타협을 하거나 게으르다는 것이 아닙니다. 유별나지 않다는 것입니다. '나만 다르다'고 생각하지 않습니다. 그래서 우리가 가는 길이 유별나지 않고 훌륭하지 않다고 제가 계속 강조하는 것은 앞서 예를 든 바와 같이 우리의 신앙 훈련은 짐을 지고 가는 것이기 때문입니다. 짐을 지고 가는 사람이 멋있을 수는 없습니다. 멋있는 사람은 전부 훈장을 달고 나타나지 짐을 지고 나타나지 않습니다. 그래서 세상에서 우리는 고민이나 짐을 털고 백마를 타거나 칼을 높이 든 모습으로 승전가를 부르는 승리자의 모습은 찾아보기 어렵습니다. 오늘도 일을 다 끝내지 못한 일꾼같이, 아직도 풀지 못한 숙제가 많은 학생같이 내 몫을 하는 모습으로 비춰집니다. 그렇기에 평범하고 일상적 소시민으로 보이는 것이 당연합니다.

이런 일에 대한 오해는 텔레비전 영향이 커 보입니다. 물론 꼭 텔레비전 때문만은 아닙니다. 그러나 텔레비전에서 과장해서 보여주는 현대인의 삶이 우리에게 적지 않은 영향을 준 것은 사실입니다. 광고나 드라마, 동화 같은 인생은 없습니다. 광고나 드라마, 동화는 인생을 책임지지 않습니다. 모든 동화는 공주와 왕자가 결혼하는 것으로 끝입니다. 결혼한 다음부터는 동화가 될 수 없습니다. 결혼하면서부터 드디어 지지고 볶는 삶이 시작되기 때문입니다.

예전에 「초원의 빛」이라는 영화가 있었습니다. 나탈리 우드(Natalie Wood)와 워렌 비티(Warren Beatty)라는 배우가 나온 영화입니다. 그 영화는 철부지였을 때 가진 첫사랑의 환희와 격렬함이 초점인 듯하지만, 그 영화의 백미는 나중에 정신병까지 앓았던 나탈리 우드가 회복한 후에 옛 애인이 결혼했다는 소식을 듣고 찾아갔으나 후줄근한 옷을 입고 평범한 여자와 지지고 볶으며 살고 있는 모습을 보고 끝나는 부분입니다.

좋은 옷을 입고 물에 손도 안 담그고 사는 게 위대한 인생이 아닙니다. 땀 흘려 열심히 사는 게 귀한 평가를 받아야 하는데, 드라마나 동화를 통해 이상하게 전도되고 있습니다. 현대인의 풍조에 밀려 전투적 인생을 살아가는 현실은 외면되고, 텔레비전 드라마에 나오는 배우에 넋이 빠져서 사모하는 그런 시대에 우리는 살고 있습니다. 드라마는 재미를 주기 위해 만든 텔레비전 프로그램입니다. 우리가 늘 경험하는 일상은 재미가 없습니다. 그래서 드라마를 보면 언제나 말도 안 되는 이야기가 전개됩니다. 일상생활은 평범하고 반복되며 다 지루하고 권태롭습니다. 하지만 드라마는 재미를 위해 반복되는 일상은 빼 버립니다. 그런 면에서 드라마는 재미는 있으나 일상에 대한 책임이 없습니다. 그렇기 때문에 드라마에 넋이 빠져 있으면 지는 겁니다. 그런 옷을 입고 있을 수가 없습니다. 그런 옷을 입고 어떻게 설거지를 하고 마루 걸레질을 할 수 있습니까? 그런 드라마를 보고 웃고 즐기다가 현실로 돌아오면, 우리는 '이게 뭐냐' 싶을 겁니다. 그 드라마에 나오는 단역, 지나가는 아저씨 아줌마 같잖아요.

인생은 즐기는 게 아니고 책임지는 싸움이라는 것을 놓치지 않아야 합니다. 제가 이 책 초반부에서 여행 가는 것은 큰 죄라고 말했습니다. 여행은 잠시 본연의 임무를 떠나는 탈영과 같습니다. 요즘은 여행 가는 것을 무슨 큰 특권이고 잘난 것인 양 많이 부추깁니다. 그래서 여행을 갔다 와서 떠벌리는데 그게 자기 수치라는 걸 모릅니다. 물론 새로운 힘을 얻기 위해 잠을 자듯이 한 번씩 힘을 얻기 위해 여행을 할 수 있습니다. 그러나 여행이 그런 새로운 힘을 얻기 위한 것이 아니라 도망가는 것이라는 징조가 나타나면 조심해야 합니다. 현실을 도피하기 위한 여행의 징조는 여행을 가는 빈도가 높아지는 것으로 확인할 수 있습니다. 여행을 갔다 와서 다음 여행을 가기까지 간격이 점점 짧아진다면 여행 중독입니다. 한 번 다녀온 여행으로 현실 책임을 도피하기 시작하면 그다음 여행을 가는 간격이 짧아집니다. 그리고 자주 나가고, 가서 오래 있고, 돌아오면 짜증을 내기 시작합니다. 이런 현상은 정상적 생활의 책임들을 방해하고 병들게 합니다. 우리가 실제로 신앙생활을 해 나가는 일에 있어서는 그 생활이 직선적이지 않고 곡선적이라는 분별이 있어야 하고, 그 생활이 지지고 볶는 싸움이라는 것을 잊지 않아야 합니다.

우리의 싸움은 보이는 싸움도 아니고, 자랑하는 싸움도 아니며, 시원한 싸움이 아니라는 사실을 아는 안목이 있어야 합니다. 우리가 목표하고 부름받은 자리에 가기 위하여 현실이라는 길목을 돌고 돌아서 그곳에 도착해야 합니다. 돌고 도는 길이 감춰져 있을 뿐 아니라 권태롭기 짝이 없는 인내의 싸움이며 반복적 싸움이라는 것도 잊지 않아야 합니다. 게다가 아무리 좋은 신앙과 방법을 가지고 있다 하더라도 문제가 하루아침에 해결되는 싸움이 아니고 근본적으로 짐을 지고 가는 싸움입니다.

그 짐은 언제쯤 벗을 수 있습니까? 여러분이 이 세상을 하직해야 벗을 수 있습니다. 우리는 신앙이 내가 진 짐을 벗게 하고 모든 문제를 해결해줄 것이라고 생각합니다. 하지만 성경이 요구하는 제자훈련의 목록들을 보면 우리가 살아 있는 동안 그 짐을 지는 것이 답이라고 가르칩니다. 이는 마치 건물의 기둥과 같습니다. 기둥은 건물에게 필요한 지붕을 이고 있습니다. 여러분의 신앙생활과 인생살이에서 지고 있는 짐은 여러분의 것입니다. 그 짐이 개인적인 것이든 사회적인 것이든 여러분이 책임을 다하는 것이지, 어떤 방법으로든 그 짐을 벗어버릴 수 있을 거라고 기대한다면 이는 본연의 자리에서 도망가려는 것입니다.

대표적 성경 말씀으로 마태복음 11:28-30을 봅시다.

'수고하고 무거운 짐 진 자들아, 다 내게로 오라. 내가 너희를 쉬게 하리라. 나는 마음이 온유하고 겸손하니 나의 멍에를 메고 내게 배우라. 그리하면 너희 마음이 쉼을 얻으리니, 이는 내 멍에는 쉽고 내 짐은 가벼움이라' 하시니라.

이 말씀은 대단히 재미있습니다. 예수께서는 수고하고 무거운 짐 진 자들을 초대하면서 쉬게 하겠다고 하셨습니다. 그러나 짐을 대신 져 주신다는 내용은 없습니다. 우리는 얼핏 보기에 "수고하고 무거운 짐 진 자들아, 다 내게로 오라"고 하셨으니 주님이 그 짐을 대신 져 줄 것으로 기대하지만 그런 내용은 없습니다. 오히려 "나는 마음이 온유하고 겸손하니 나의 멍에를 메고 내게 배우라"고 말씀하십니다. 그러면 "너희 마음이 쉼을 얻[는다]"고 합니다. 이 말씀의 핵심은 예수 그리스도께서 지신 짐 곧 십자가를 보고 마음에 쉼을 얻는 것입니다. 주께서는 그 멍에는 쉽고 가볍다고 하셨습니다. 그러나 그 짐은 쉽지 않습니다. 그렇다면 어떤 의미에서 쉽다고 하신 걸까요? 마음이 억울하지 않다는 의미에서 쉽습니다. 그 짐을 지는 것이 아버지께서 기뻐하시는 일이요, 주님의 책임입니다. 그 짐은 열매를 얻는 구원 사역의 짐입니다. 예수께서 기꺼이

지신 짐입니다. 우리에게도 '너희가 지는 짐이 무엇인지 알고 어떻게 져야 하는지 나를 보고 배우라'고 하십니다. 그러면 우리 마음이 쉼을 얻는 것입니다. 바로 헛된 세상에서의 보상과 억울함에서 벗어나야 합니다. 짐을 지고 묵묵히 가는 것, 매일의 길을 반복하는 것이 우리의 싸움이요, 제자 된 가장 중요한 책임입니다.

이제 우리는 아주 중요한 결론을 얻었습니다. 세상에서도 그렇고 신앙에서도 엘리트가 있고 리더가 있습니다. 그러나 성경은 엘리트나 리더가 영웅이라고 한 적이 없고 가장 뛰어난 사람이라고 얘기한 적도 없습니다. 예를 들면 모세, 다윗, 엘리야 등은 그들의 생애가 우리에게 전달해줄 메시지나 교훈하는 바가 많기 때문에 성경에서 설명될 뿐입니다. 그 사람들이 다른 사람보다 훌륭해서 선택된 사람들이 아닙니다. 그러므로 우리가 "모세나 바울처럼"이라고 말하는 것은 그들의 유명세에 대한 욕심이 아니라 모세가 간 인생길, 바울이 걸은 신앙의 모습들이라는 것을 잊어서는 안 됩니다. 그들이 간 충성된 길을 모델로 삼아야지, "나는 베토벤이 좋아"라고 이야기함으로써 자신의 엄청난 음악성을 가진 것을 과시하려는 발언이라면 곤란합니다. 우리는 영웅주의를 벗어버리고 감춰진 자로, 여러 사람 중에 하나로 귀한 직분을 감수할 줄 알아야 합니다.

마태복음 25:31-40을 봅시다.

인자가 자기 영광으로 모든 천사와 함께 올 때에 자기 영광의 보좌에 앉으리니 모든 민족을 그 앞에 모으고 각각 구분하기를 목자가 양과 염소를 구분하는 것같이 하여 양은 그 오른편에 염소는 왼편에 두리라. 그때에 임금이 그 오른편에 있는 자들에게 이르시되 '내 아버지께 복 받은 자들이여, 나아와 창세로부터 너희를 위하여 예비된 나라를 상속받으라. 내가 주릴 때에 너희가 먹을 것을 주었고, 목마를 때에 마시게 하였고, 나그네 되었을 때에 영접하였고, 헐벗었을 때에 옷을 입혔고, 병들었을 때에 돌보았고, 옥에 갇혔을 때에 와서 보았느니라.' 이에 의인들이 대답하여 이르되 '주여, 우리가 어느 때에 주께서 주리신 것을 보고 음식을 대접하였으며, 목마르신 것을 보고 마시게 하였나이까? 어느 때에 나그네 되신 것을 보고 영접하였으며, 헐벗으신 것을 보고 옷 입혔나이까? 어느 때에 병드신 것이나 옥에 갇히신 것을 보고 가서 뵈었나이까?' 하리니 임금이 대답하여 이르시되 '내가 진실로 너희에게 이르노니 너희가 여기 내 형제 중에 지극히 작은 자 하나에게 한 것이 곧 내게 한 것이니라.'

이 구절은 내 형제 중에 지극히 작은 자 하나에게 한 것이 작은 일이 아니라는 말씀입니다. 그 일은 큰일입니다. 우리는 누구에게나 있는 것을 가치 있게 여기지 않는 버릇이 있습니다. 보석은 대부분 희소가치 때문에 보석이 되는 경우가 많습니다. 유명한 사람도 어떤 독특함 때문에 인정받는 경우가 많습니다. 이는 세상의 법칙입니다. 세상은 경쟁적이고 남과 다른, 나만 가진 것에 대해 평가를 합니다.

하지만 하나님은 그렇지 않으십니다. 하나님은 가장 좋은 것을 누구에게나 주십니다. 공기나 물이 대표적입니다. 하나님 입장에서 다이아몬드 같은 것은 하나도 중요한 것이 아니기 때문에 누구는 가지고 누구는 가지지 않게 하십니다. 하나님이 중요하게 여기시는 것은 모든 성도에게 주십니다. 구원, 사랑, 성령의 내주, 우리를 불꽃같은 눈으로 보호하시는 것은 모든 성도에게 주십니다. 그러나 성령의 특별한 체험, 방언, 은사는 중요한 것이 아니기 때문에 누구는 받고 누구는 받지 못합니다. 성령의 은사를 받아서 꼭 더 낫다는 증거는 없습니다. 하나님이 필요하셔서 누구에게 허락하는 것이지만 그것이 꼭 더 낫다는 표시는 아닙니다.

그래서 우리가 신앙생활 속에서 가장 조심히 다뤄야 할 것은 모두에게 주신 것을 과소평가하지 않는지 점검하는 태도입니다. 제가 보기에 대부분의 성도들은 지지고 볶고 사는 것을 과소평가하는 것 같습니다. 그렇게 사는 것을 소중히 여기십시오. 형제 중에 누가 아프다고 했을 때, 병문안 한 번 가는 것이 정말 중요한 일입니다. 누가 어렵다는 얘기를 들어서 도움을 주었다면 그 일이 주께 한 것입니다. 이런 일들은 우리에게 늘 있습니다. 배우고 가진 사람만이 할 수 있는 일이 아니고 모든 사람이 할 수 있는 일입니다. 그 일의 소중함을 알고, 그 일을 충성스럽게 할 줄 알아야 합니다. 세상의 가치에 빠지지 말아야 참다운 제자요, 참된 신앙생활의 모습이며, 훌륭한 길을 가는 것입니다.

한국 교회에서 하고 있는 제자훈련은 전도 훈련으로는 좋습니다. 그러나 저는 제자훈련이라는 이름으로 부르는 것에 대해서는 조금 유감입니다. 저는 제자훈련은 기술 훈련이기보다 인격 훈련으로 가는 게 맞다고 생각합니다. 물론 제자훈련을 하거나 시키는 사람들이 100퍼센트 틀렸다고 말하는 것은 아닙니다. 그러나 그러한 제자훈련의 내용들을 접할 때마다 우리가 늘 해야 하는 존재론적 신앙인의 모습에서 왜 이렇게 전도만 생각하는지 모르겠습니다.

전도는 우리가 가만히 있어도 전도입니다. 무슨 일이든 일어난 일에 대해서 반응을 하면 그 일은 바로 전도여야 하는 겁니다. '저 사람은 다르구나'가 되어야 합니다. 우리는 전도를 해야만 신앙인인 줄 알았습니다. 누가 잘못하면 피식거리거나 고개를 돌릴 줄이나 알았지 품을 줄 모릅니다. 우리는 사랑으로 삶을 보여줘야 합니다.

주님을 더 깊이 만나고 닮겠다고 산 기도를 갔다 왔는데, 왜 눈은 독사를 닮아서 내려왔을까요? 왜 하나님을 더 믿겠다고 열심을 내면 인간미가 없어집니까? 본래 하나님의 형상을 닮으면 인간미가 없어지고 점점 재수가 없어지는 겁니까? 더 이기적이고 냉소적으로 변합니다. 말이 통하지 않고 자기주장만 내세웁니다. 더 겸손해지고 더 많이 따뜻해야 하는데 말이죠. 신앙이 좋은 사람은 멋있어야 합니다.

여러분은 이 일을 위해 지혜 곧 분별과 안목을 가져야 합니다. 그리고 끈질겨야 하고 성실해야 합니다. 함께 가는 싸움이라는 것을 잊지 말고 자신의 옳음을 증명하기보다는 생명을 살리는 일을 위해 스스로 절제할 줄 알아야 합니다. 이 분별과 안목을 통해 자신을 얼마나 절제해야 하며, 권리나 기쁨을 상대방을 위해 얼마나 양보해야 하는 문제들에 대해 더 많은 지혜가 필요하다는 것을 느낄 것입니다. 여러분의 인생에서 실제로 그 일들을 책임 있게 직면하시고 배우시고 쌓으셔서 풍성한 신앙의 자리로 가야 할 것입니다. 이것이 주께서 부르신 모든 성도에게 허락한 제자도요, 제자훈련의 목적입니다.

하나님, 은혜를 감사합니다.

하나님이 우리에게 귀한 구원을 허락하시고,

예수 그리스도의 귀한 제자라는 신분과 책임도 주셨습니다.

우리가 이 직분을 감당하기 위하여 얼마나 많은 지혜와 깨우침과

인내와 충성이 필요한지 모릅니다.

우리 마음이 먼저 주를 닮게 하시고,

주의 자녀다운 실천을 우리 생애에서 매일매일 펼치게 하옵소서.

주 앞에 서는 그날까지, 우리에게 맡겨진 짐을 지되 기쁨으로

질 수 있게 하옵소서.

그러기 위해 더 많은 깨우침과 분별을 할 수 있게 하시고,

지혜롭고 신자답게 하시고,

열매를 맺는 사람으로서의 책임과 기쁨을 누리는 신자들이

되게 하옵소서.

주 앞에 서는 날 함께 서는 신자들이 되게 하옵소서.

예수 그리스도의 이름으로 기도합니다, 아멘.